AF633921

Regula Stucki

Papier geschichten

Haupt
GESTALTEN

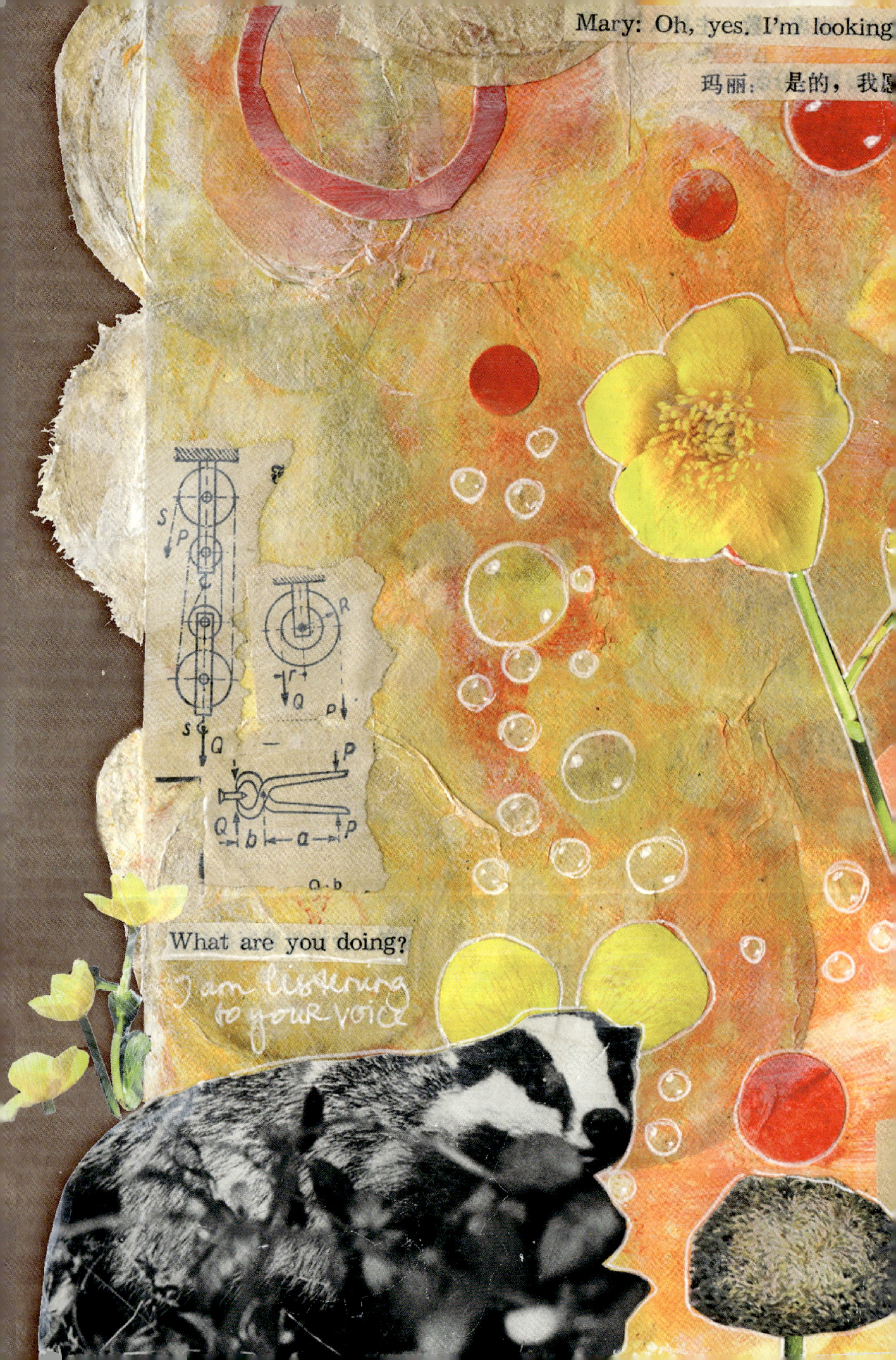
Mary: Oh, yes. I'm looking
玛丽： 是的，我
What are you doing?
I am listening to your voice

Regula Stucki

Papier geschichten

Ideen für
Mixed Media
und Collage

Haupt Verlag

Was ist wo?

Aus nix mach was
Aus nix mach Gold 08
Aus nix mach was mit Papierröllchen 146

Getupfte Gedanken
Was hält dich davon ab zu tun, was du liebst? 12
Wenn du ratlos bist, mache eine Liste 22
Viel Platz für deine getupften Gedanken 78
Wann ist ein Gedanke ein guter? 80
Die Ego-Erbse – denke heute mal an dich 88
Gestehst du dir zu, glücklich zu sein? 148

Sammeln und Sortieren
Schnipselkiste 18
Gedankenliste 22
Wimmelbild 24
Inspirationsbuch 27

Schichten, Lagen und Serien
Mischtechnik 30
Nähen auf Karton 32
Serienbilder 34
Gessozauber 40

Projekte aus Recycling-Materialien
Briefmarkenschnipsel 44
Ansichtskarte an dich selbst 48
Postkartenzine 50
Knöpfchen und Akzente 54
Kaffeeliebe-Beutelbilder 62, 134
Kaffeefarbenstreifen 74

Projekte aus Recycling-Materialien
Längs- und quergestreift 66
Papier von Tee- und Kaffeebeuteln 36
Randvoll Streifen aus vergilbtem Papier 76
Zeit für die Party-Wimpelkette 84
Mappen und Mäppchen aus der Registratur 94

Schrift und Schreiben
Scherenschrift 100
Ugly Lettering - Die eigene Schrift in 3D 98, 102

Faltbuch, Leporello und Journal
Im Zines-Fieber 108, 114
Schokopapierheftchen 112
Crazy Leporello 122
Art Journals 126

Geschichten und Poesie
Fabulieren 136
Gedichte wiederverwerten 142

Material 152

Material-Kreislauf 156

Autorin 158

Dazwischengestreut: viele Gedanken, Anregungen, Ideen, Träume und Schwärmereien.

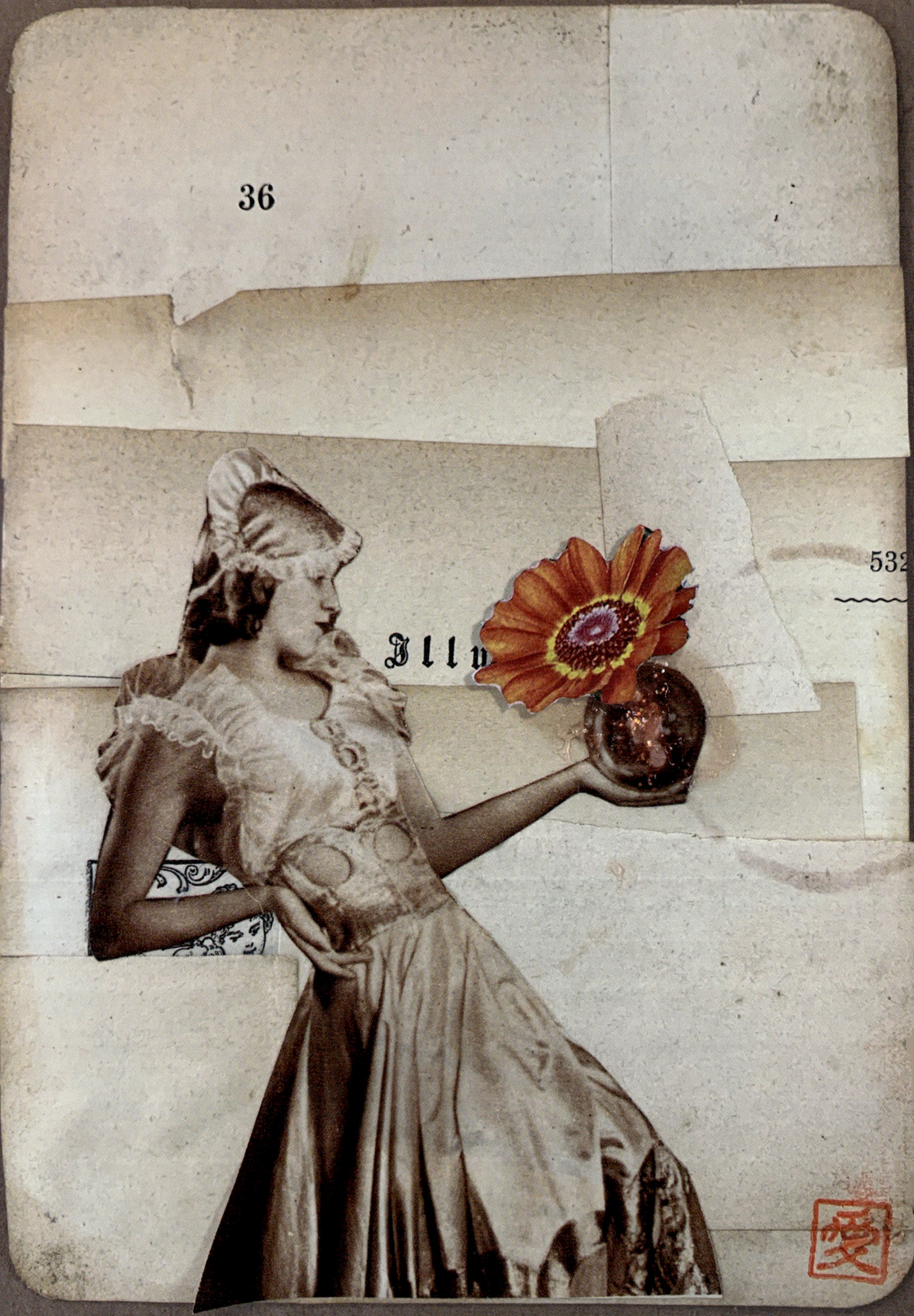
36
Illu
532

EINSTIEG

Aus nix mach was

Wenn es vor meinem Atelier an der 5th Street in New York polterte, schob gerade jemand den Mülltonnendeckel zur Seite und durchwühlte den Abfall nach etwas Brauchbarem. Menschen suchten nach Schätzen, die sich ein paar Häuser weiter für ein paar Dollar vielleicht verkaufen ließen. Nachts dienten Berge von gefüllten Müllsäcken als Matratzen.

Dies alles liegt zwar schon länger zurück, hat bei mir aber einen nachhaltigen Eindruck hinterlassen. Anstatt auf blütenweißes Papier zu schreiben und zu zeichnen, suchte ich nach einer Art, in der ich mit Restmaterialien arbeiten und das Schreiben in meine Bilder einfließen lassen konnte.

Ich wurde fündig. Eine Begegnung mit dem amerikanischen Künstler Jess im Whitney Museum of American Art infizierte mich für immer mit dem Collagenfieber. Seither arbeite ich mit gebrauchten Materialien, mit Büchern und Zeitschriften, Verpackungen, Textilien und Gegenständen, die sich in meinem Fundus angesammelt haben. Erlebnisse, Gedanken und Geschichten gehören genauso dazu. Sie spiegeln sich in meinen Bildern wider und werden weiterverarbeitet.

Es gibt so viele Materialien in unserem Alltag, die viel zu schade sind, um weggeworfen zu werden. In meinem Atelier in Bern ermutige ich andere Menschen dazu, das Faszinierende im scheinbar Wertlosen zu sehen. Was gibt es Schöneres, als daraus Kunst zu machen? Schau dich um, greife nach Schere, Leim und Papier und fange einfach an.

Regula Stucki

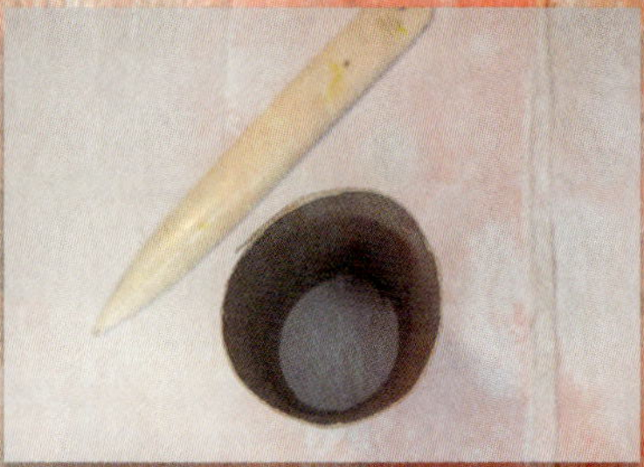

Presse das Röllchen mithilfe eines Falzbeins und falte an beiden Enden ca. 2 cm um.

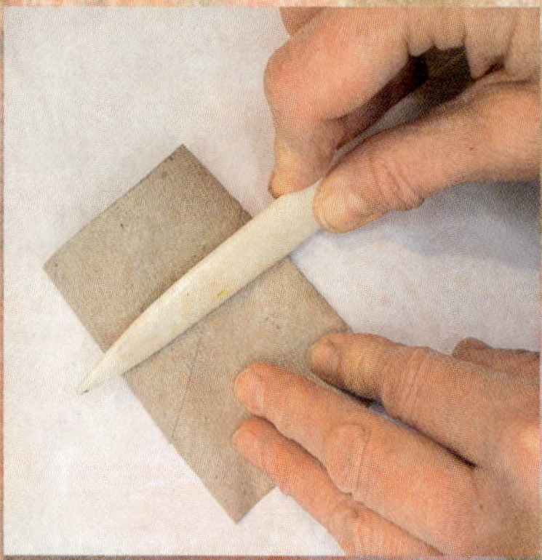

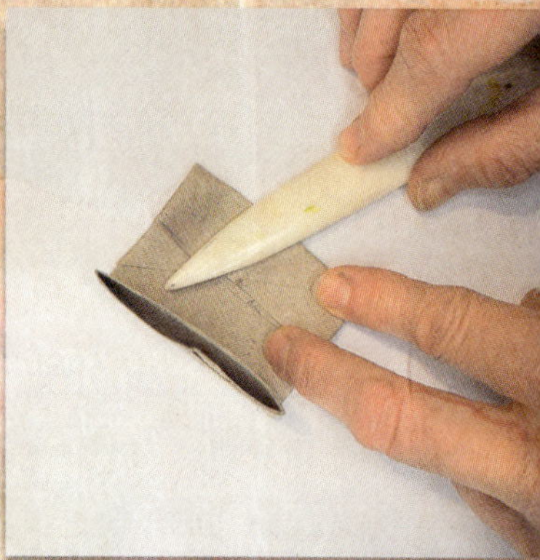

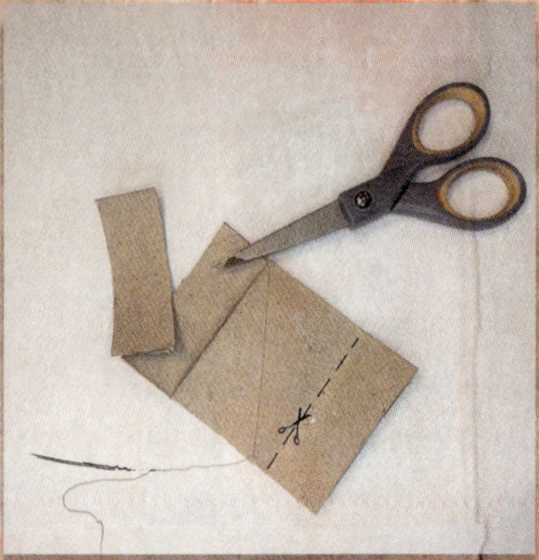

Schneide die oben aufliegenden Teile der Umschläge weg.

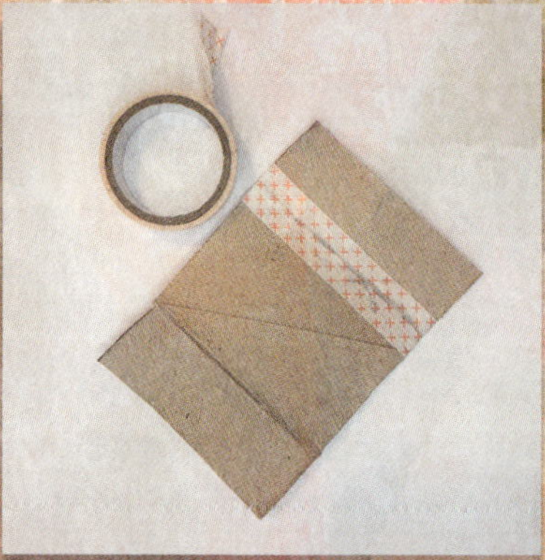

Verschließe eine der Öffnungen mit etwas Washi Tape.

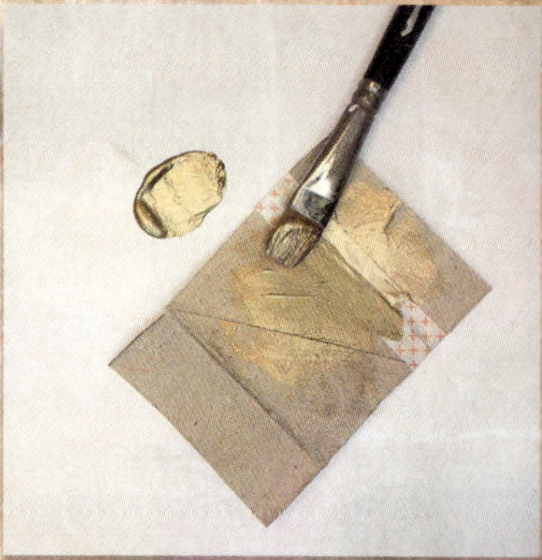

Bepinsle den Karton mit einer Schicht Goldfarbe.

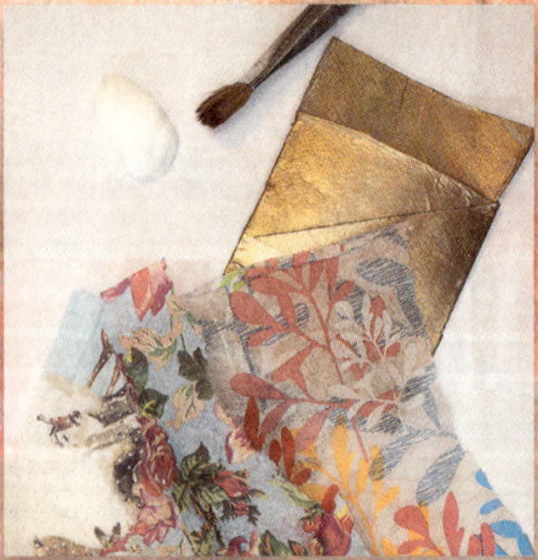

Überdecke die trockene Farbe mit Gel-Medium und lege die erste Lage einer Papierserviette drüber. Vorsichtig andrücken.

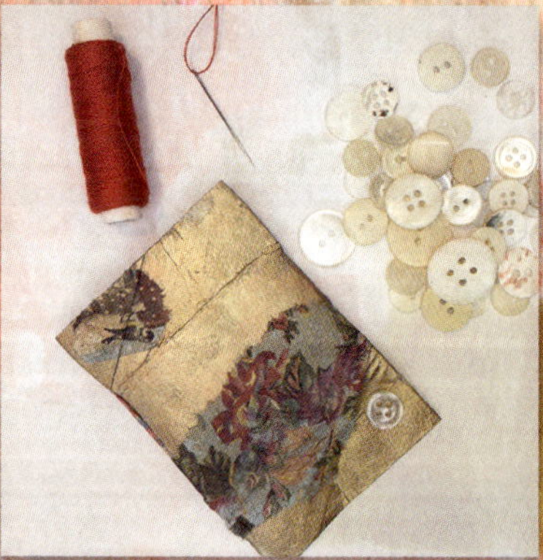

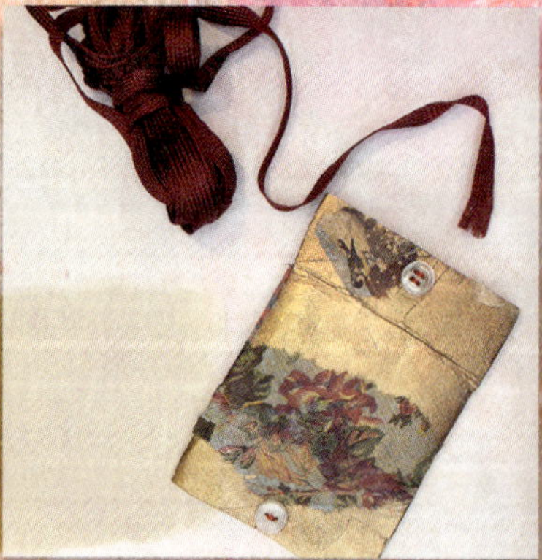

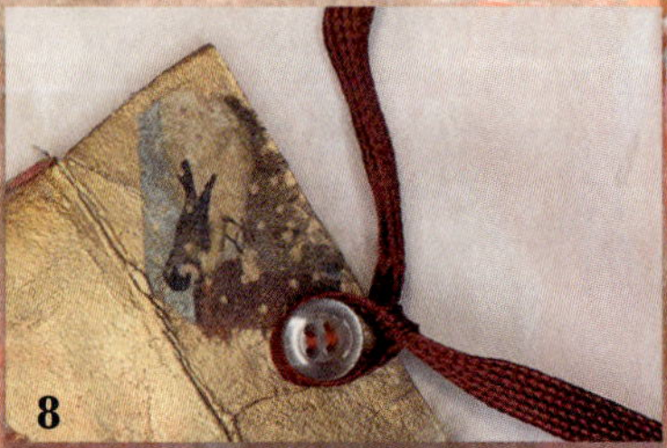

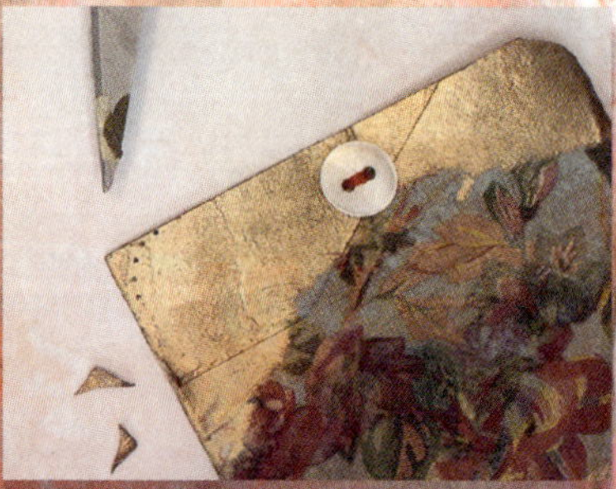

Nähe zwei kleine Knöpfe an, befestige ein Bändchen (s. links) und schneide die Ecken rund.

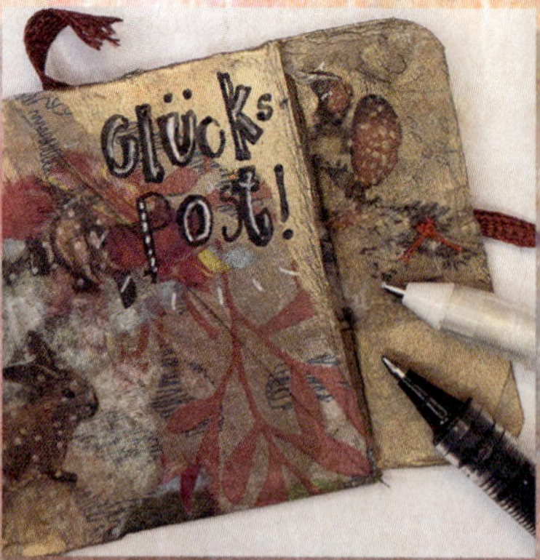

AUS NIX MACH GOLD

Ich habe mich nach dem wertlosesten Material umgesehen, das ich bei mir zu Hause finden kann. Beinahe hätte ich sie übersehen, die leeren Toilettenpapier-Röllchen, die sich in meinem Altpapier verstecken. Früher waren sie beliebtes Bastelmaterial, heute sind sie unterste Kategorie des Altpapiers. Grund genug, daraus etwas Wertvolles zu machen, nicht? Wenn du mir dabei zuschauen möchtest, scanne den Code, er führt dich zum Anleitungsfilm.

zum Video:

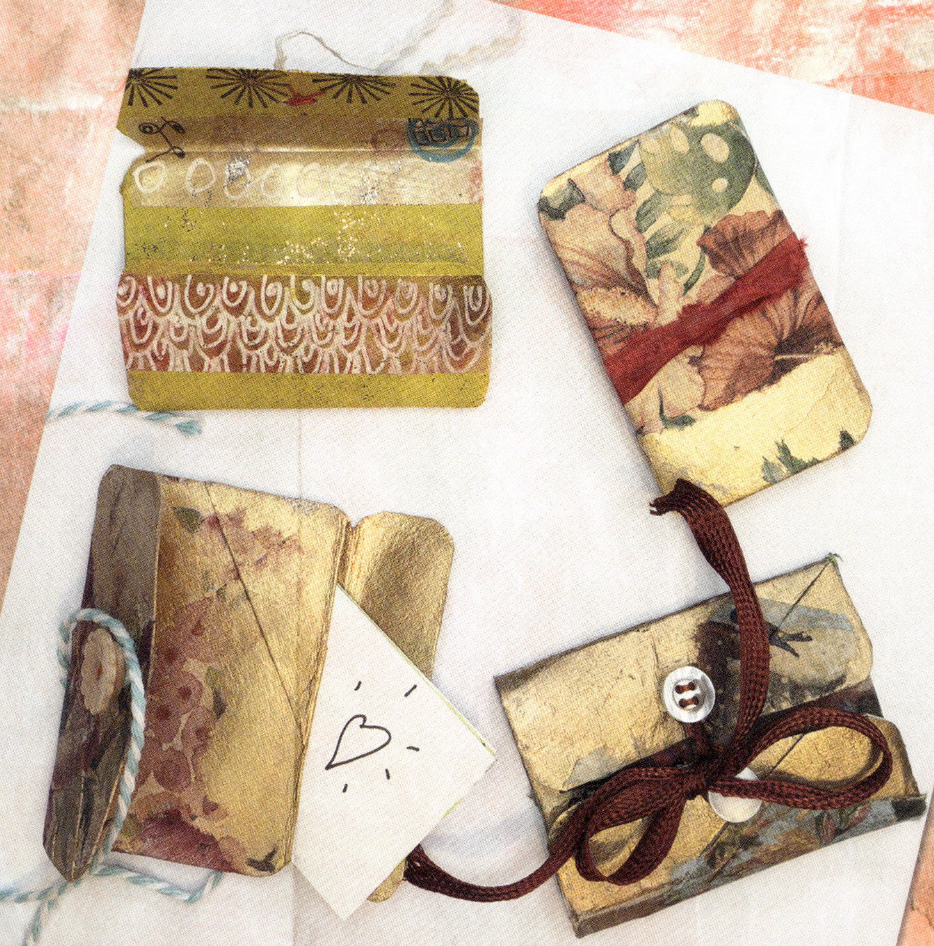

Beschrifte und beklebe die Täschchen ganz nach deinem Geschmack und fülle sie mit einer Überraschung..

Ein Griff in die Fotokiste meiner Mutter (man sieht sie auf der Aufnahme als Schatten mit Kamera·...). Sie war sehr kreativ, hat sich selbst aber nie als Künstlerin bezeichnet. Schade. Sie hatte Sehnsucht nach dem Süden und wohl auch sonst ein paar Träume, von denen ich nichts ahnte.

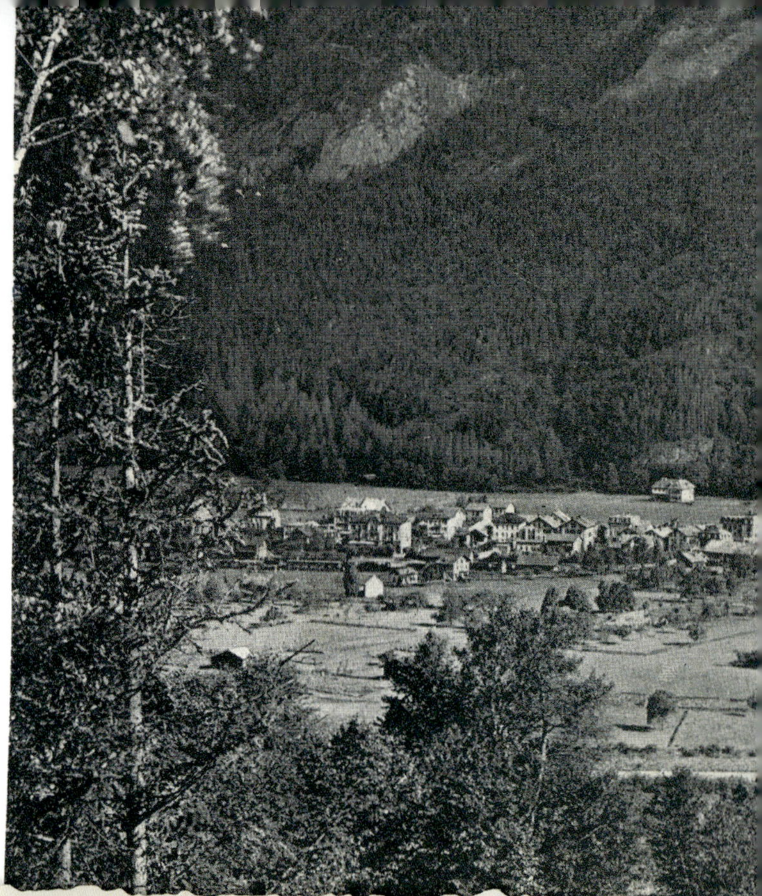

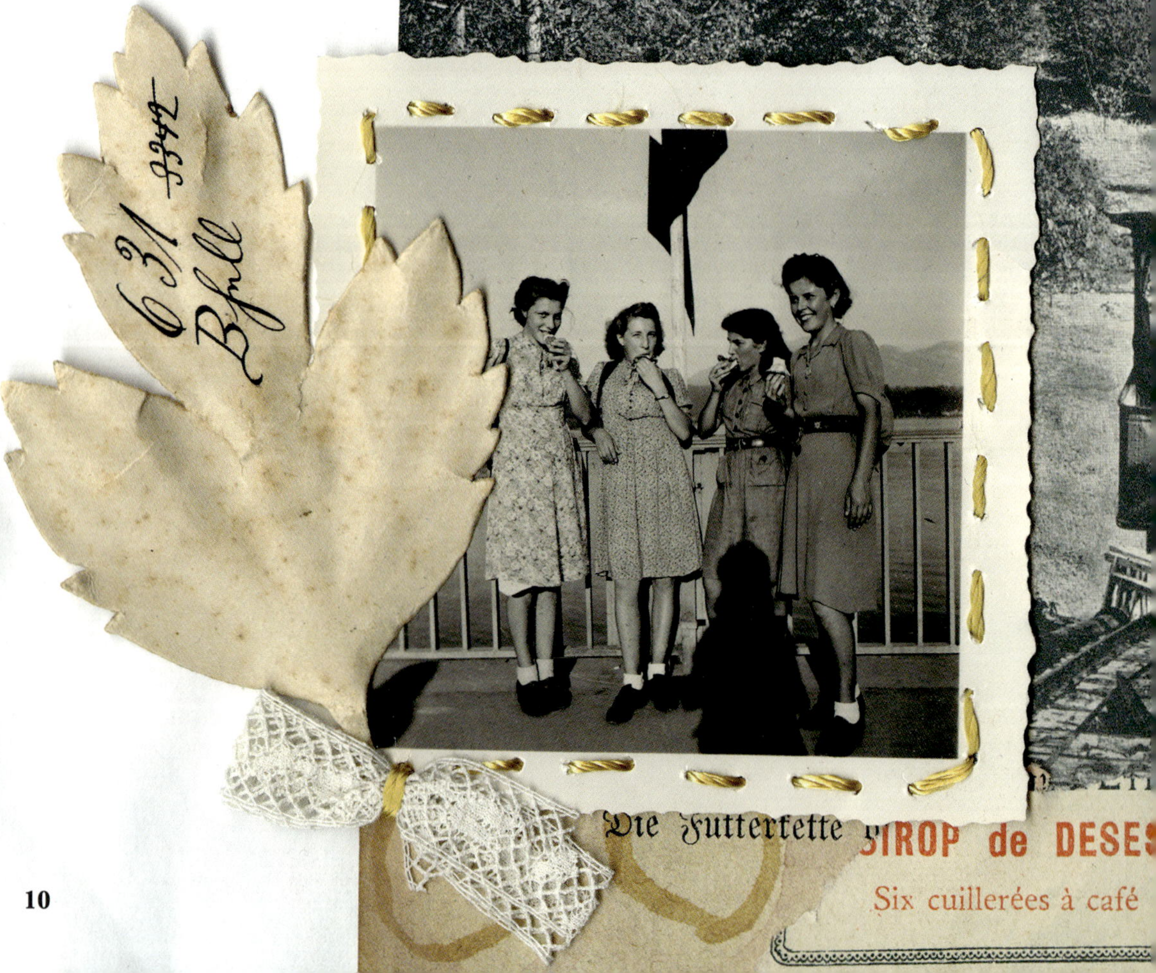

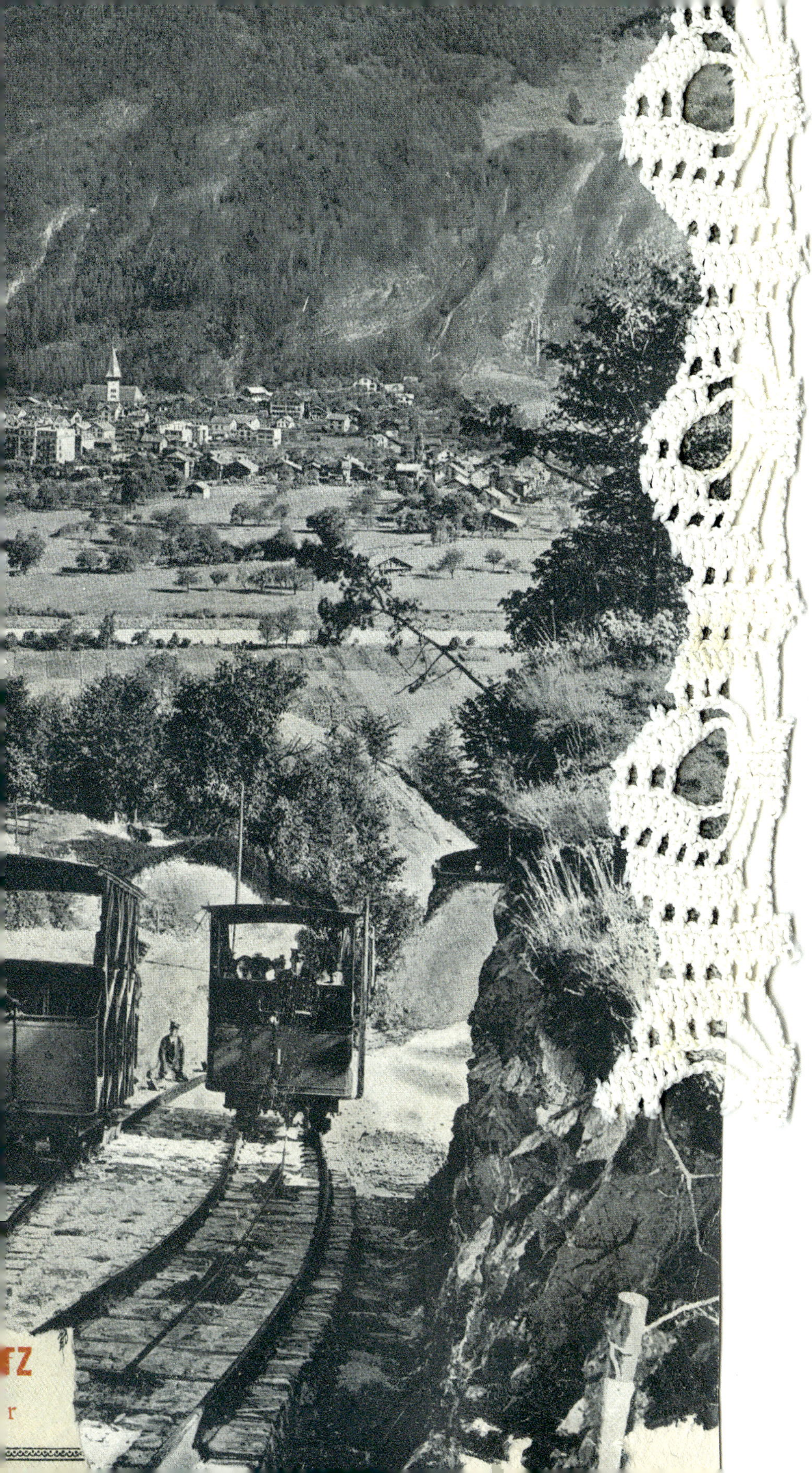

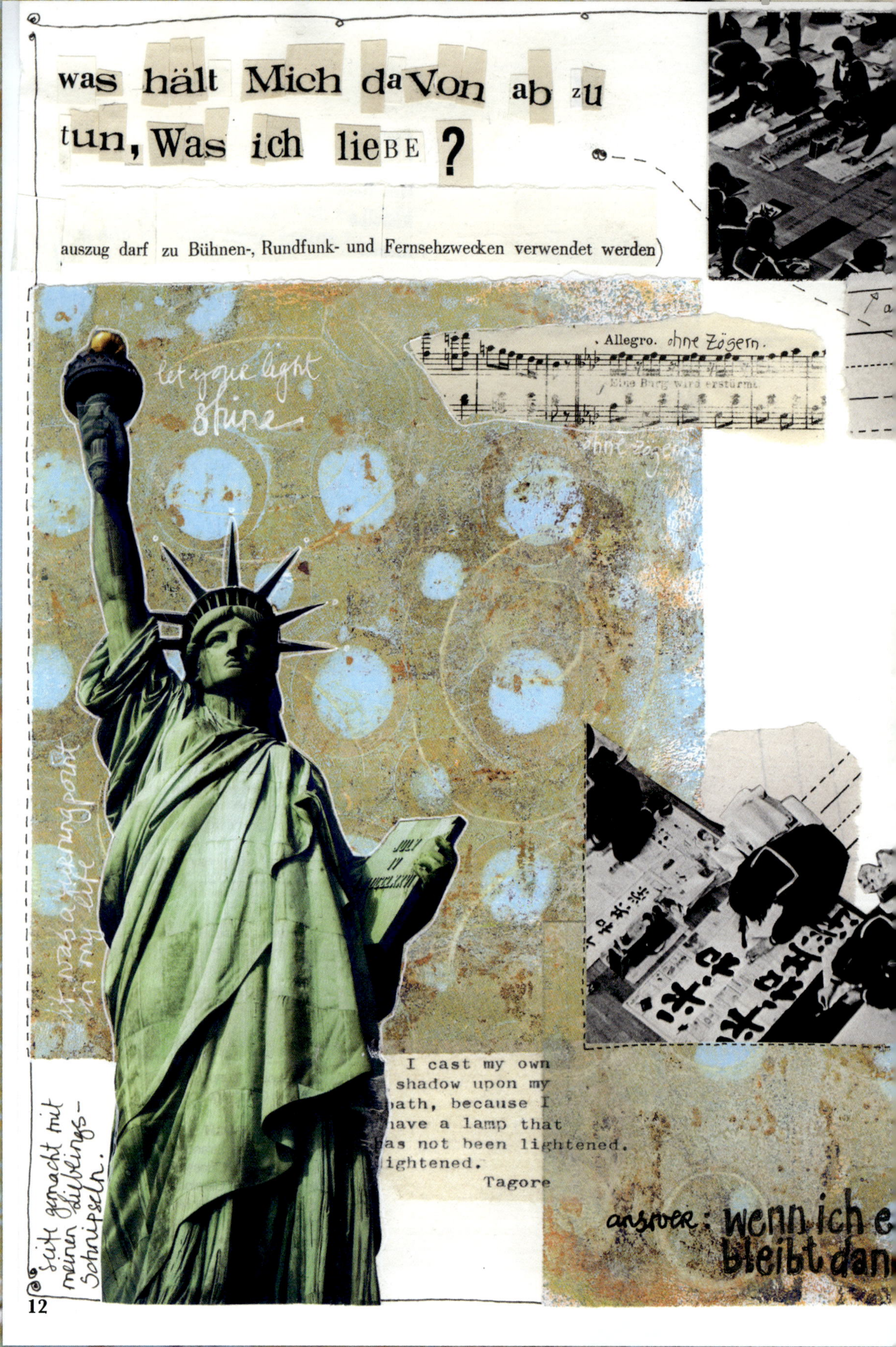
was hält Mich daVon ab zu
tun, Was ich lieBE ?
auszug darf zu Bühnen-, Rundfunk- und Fernsehzwecken verwendet werden)
let your light shine
Allegro. ohne Zögern.
ohne Zögern
it was a turning point in my life
JULY IV MDCCLXXVI
I cast my own
shadow upon my
path, because I
have a lamp that
has not been lightened.
lightened.
Tagore
answer: wenn ich e
bleibt dan
Seite gemacht mit
meinen Lieblings-
Schnipseln.

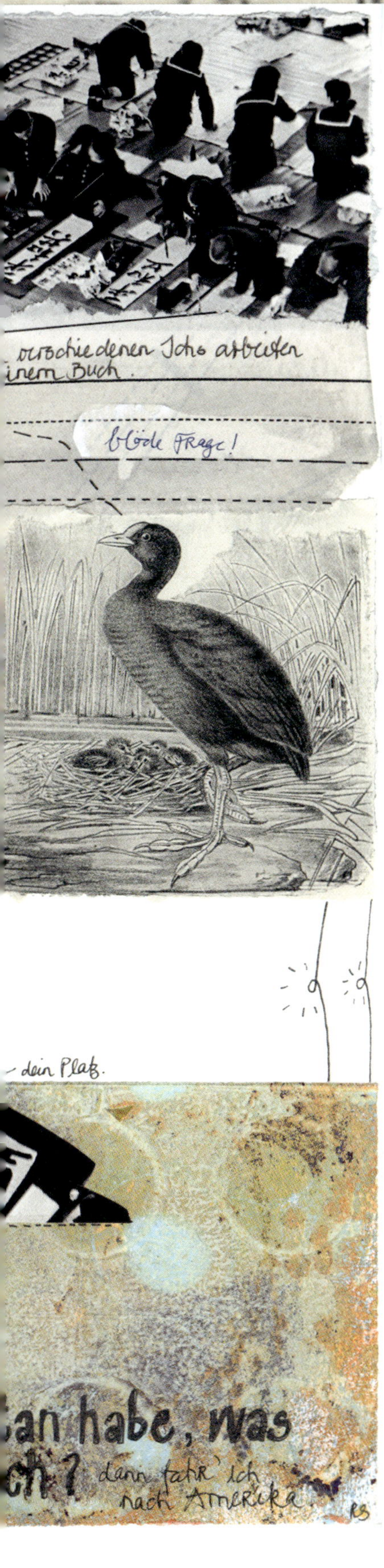
blöde Frage!
dein Platz.
an habe, was
ch? dann fahr' ich nach Amerika
RS

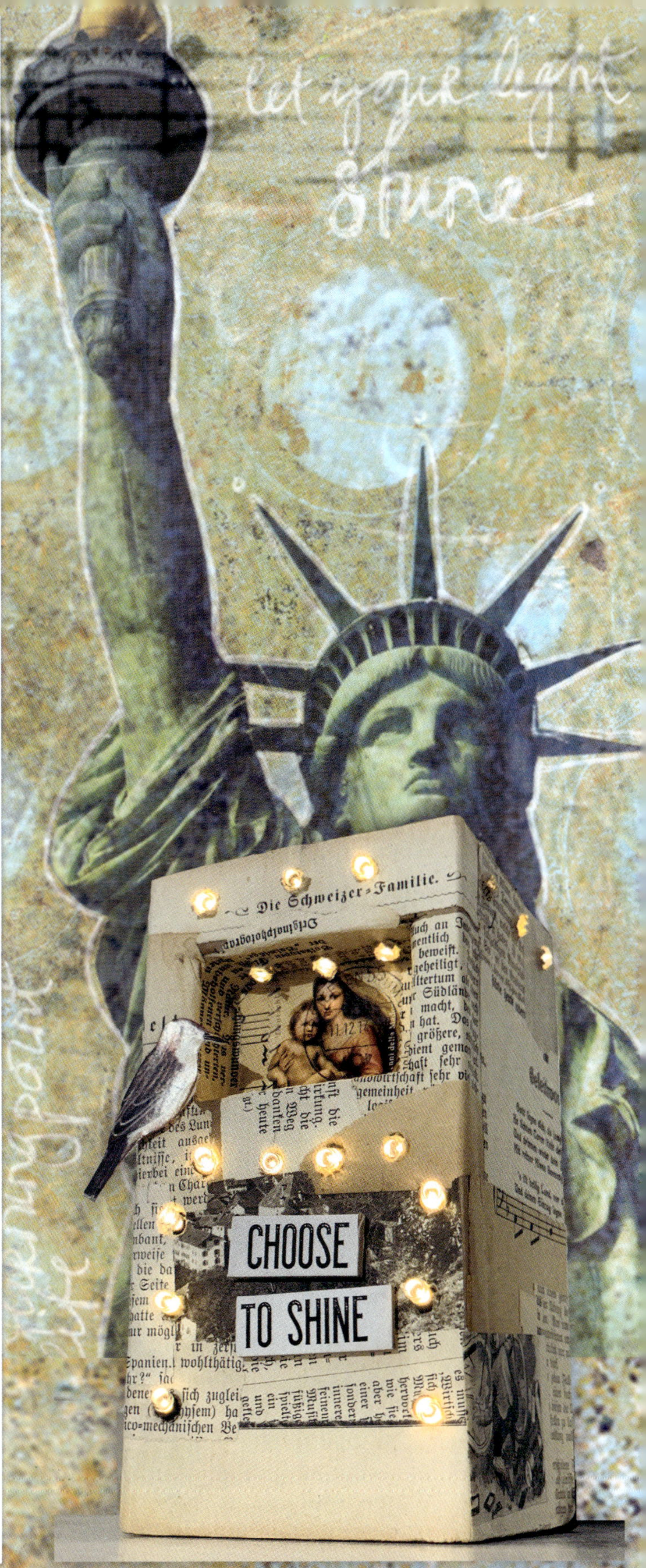
let your light shine
Die Schweizer-Familie.
CHOOSE
TO SHINE

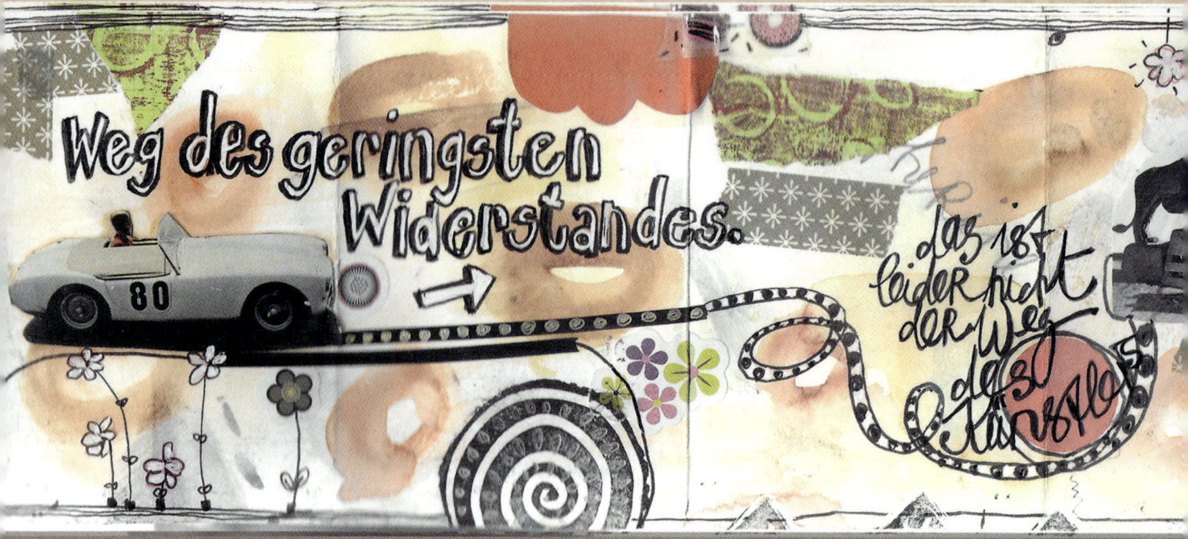
Weg des geringsten Widerstandes.
80
das ist leider nicht der Weg des Künstlers

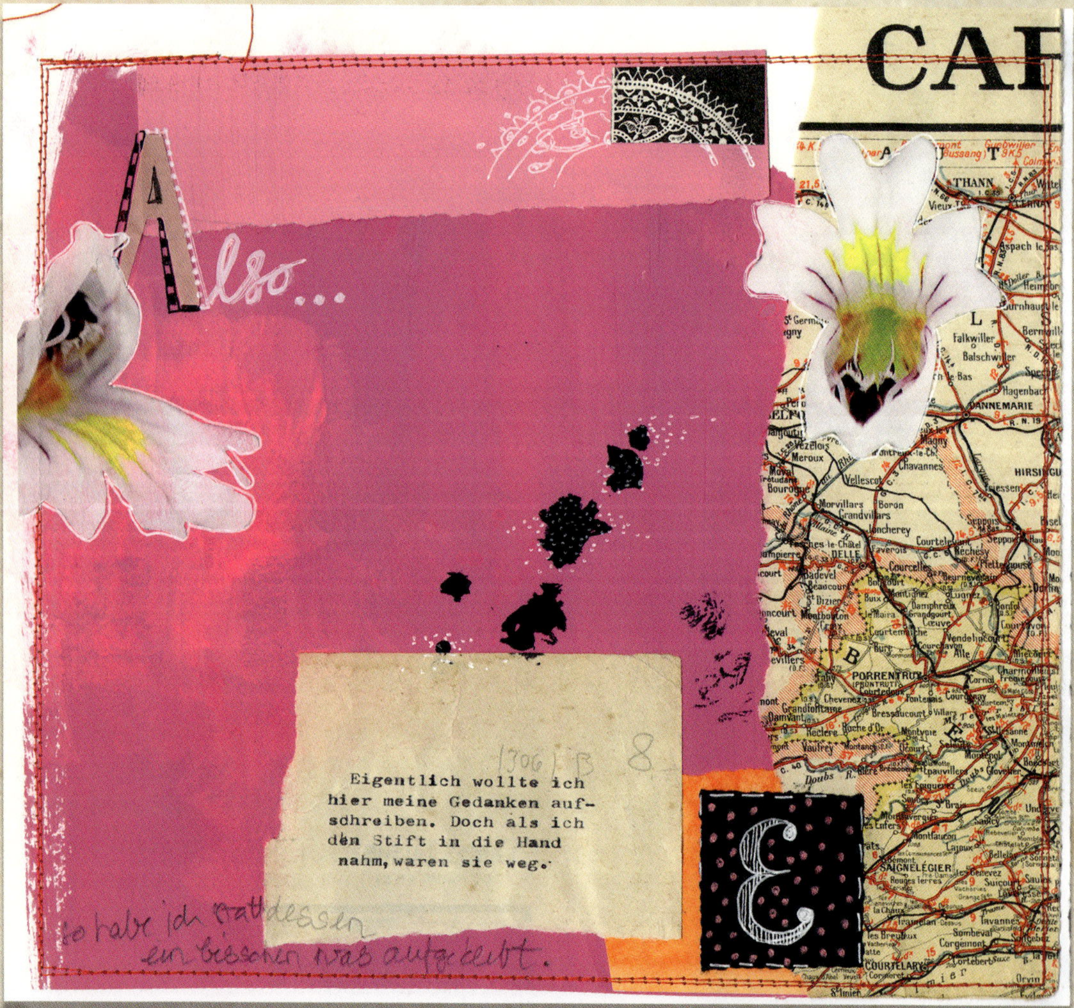
CAF
Also...
Eigentlich wollte ich hier meine Gedanken aufschreiben. Doch als ich den Stift in die Hand nahm, waren sie weg.
So habe ich stattdessen ein bisschen was aufgeklebt.

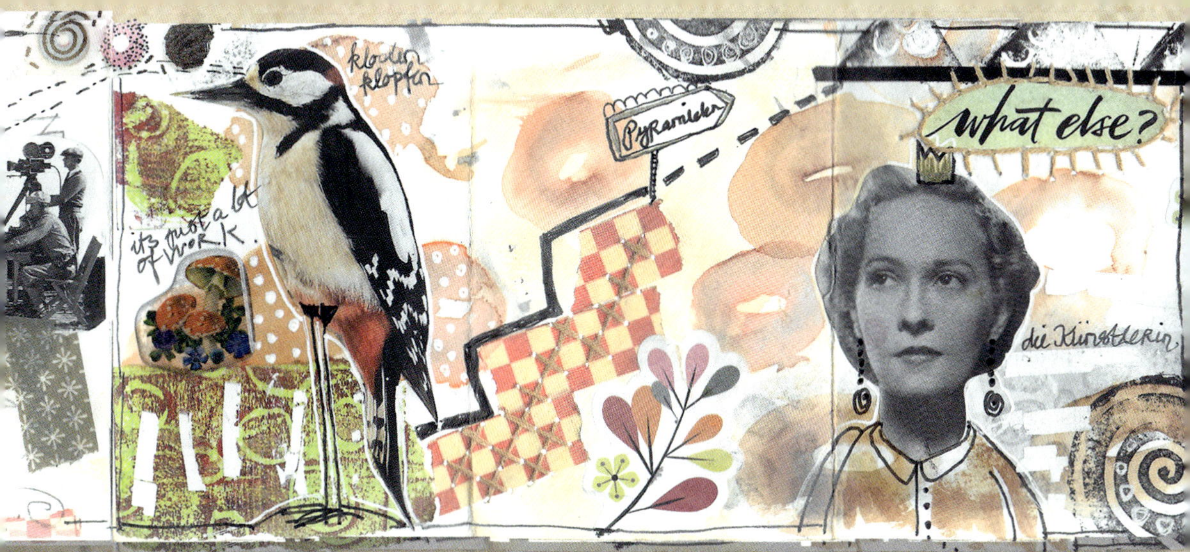

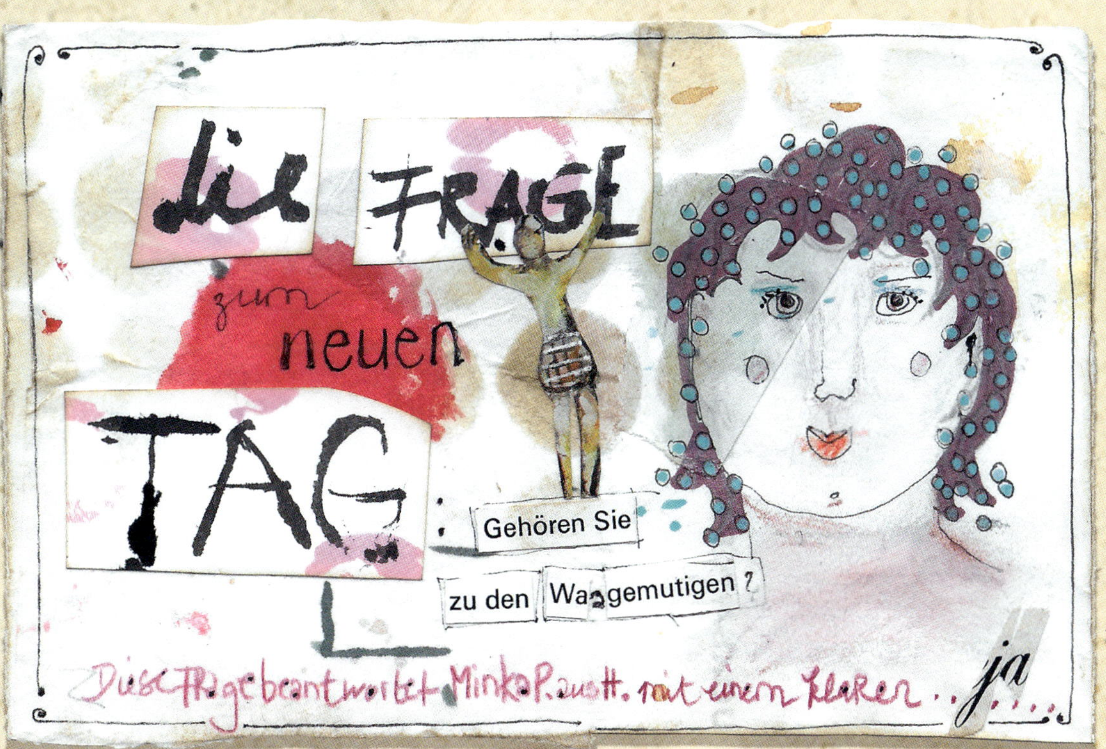

Wenn meine Gedanken am Hüpfen sind, tut es gut, eine Schere zur Hand zu nehmen, etwas aufzukleben oder mit einem Stift zu spielen und zu gestalten.

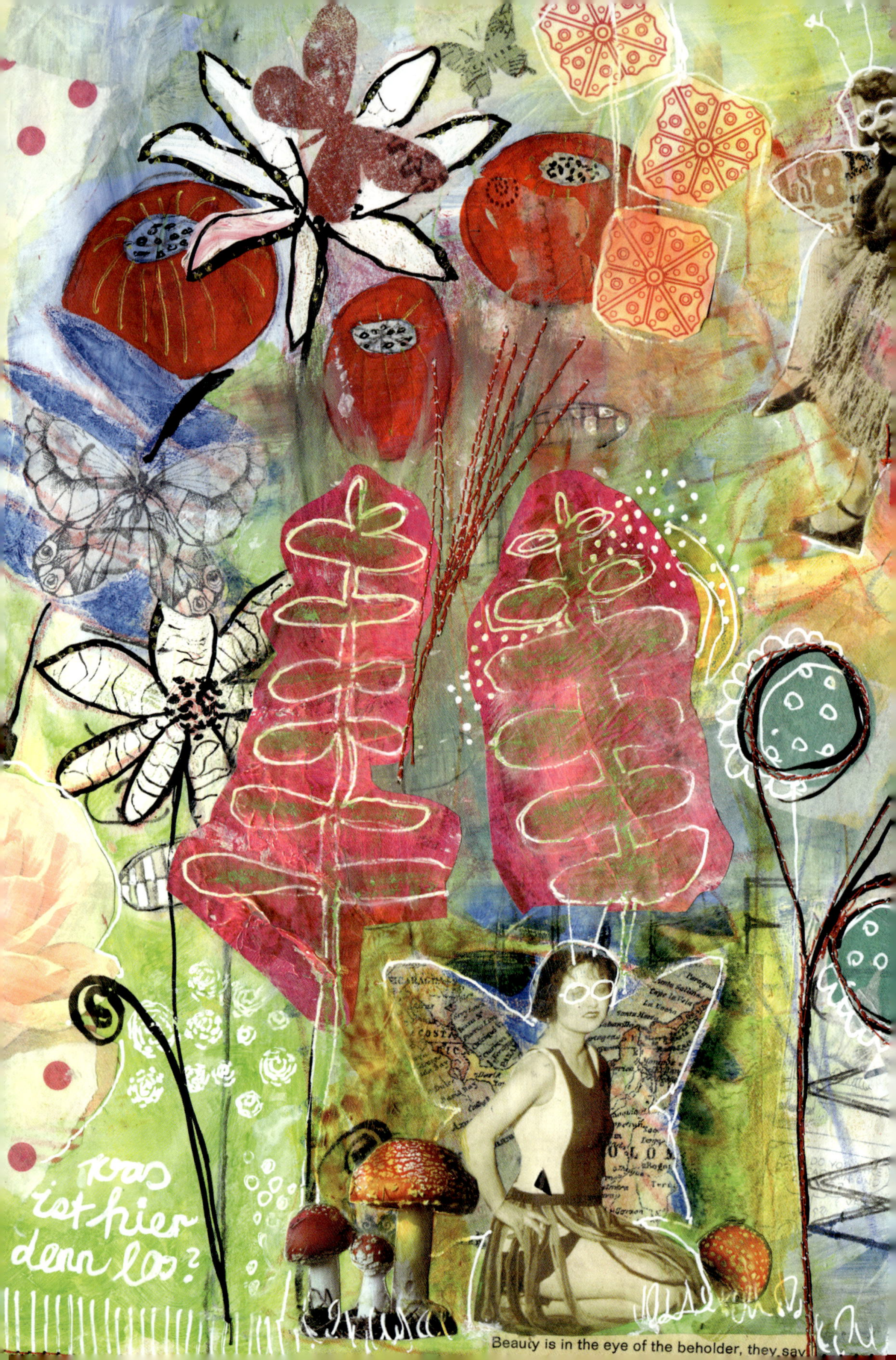
was ist hier denn los?
Beauty is in the eye of the beholder, they say

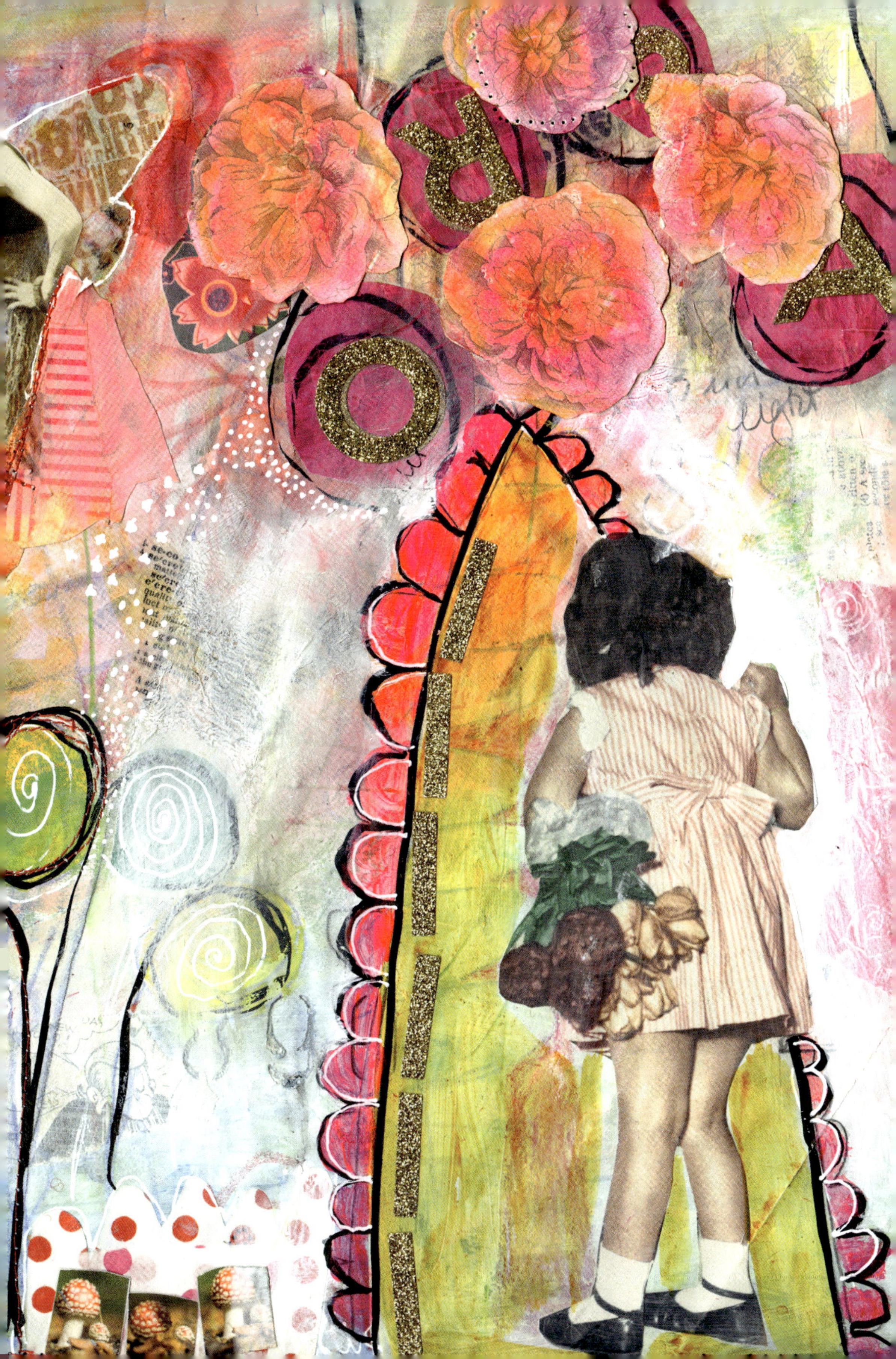

SCHNIPSELKISTE

Schneideabfälle und kleine Schnipsel werfe ich nicht weg, sondern sammle sie in einer großen Kiste. Wenn ich etwas gestalten möchte, hält mich also keine umständliche Materialsuche davon ab. Manchmal lege ich mir nämlich selber Steine in den Weg. Darum ...
Ich zupfe mit offenen oder geschlossenen Augen drei oder mehrere Elemente aus meiner Kiste und arrangiere sie zu einer Collage. Ergänzt mit ein paar unregelmäßigen Zierstichen, entstehen kleine Werke, die ich später in meine Bilder oder Bücher integrieren kann.

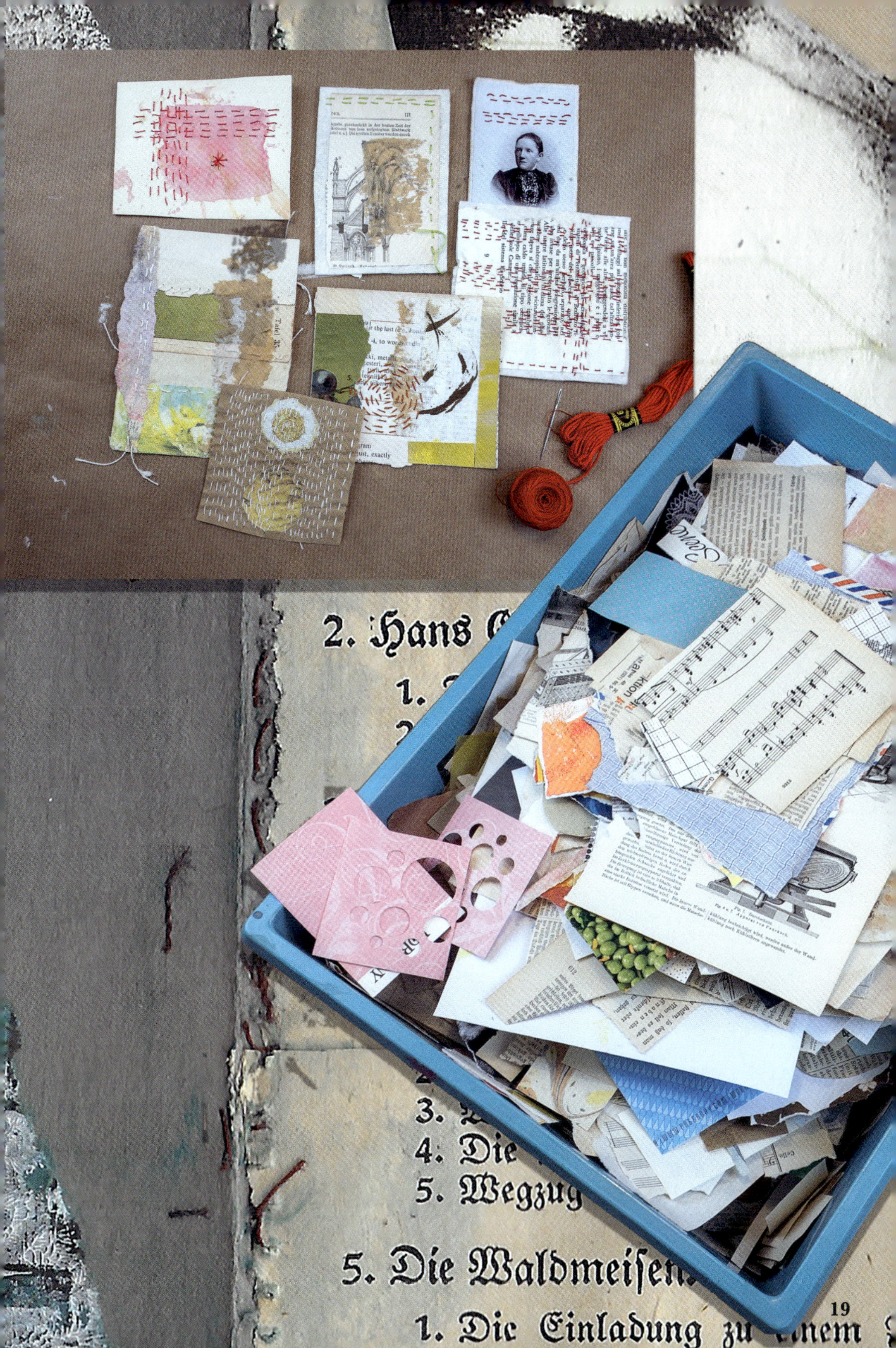
2. Hans G
4. Die
5. Wegzug
5. Die Waldmeisen
1. Die Einladung zu einem

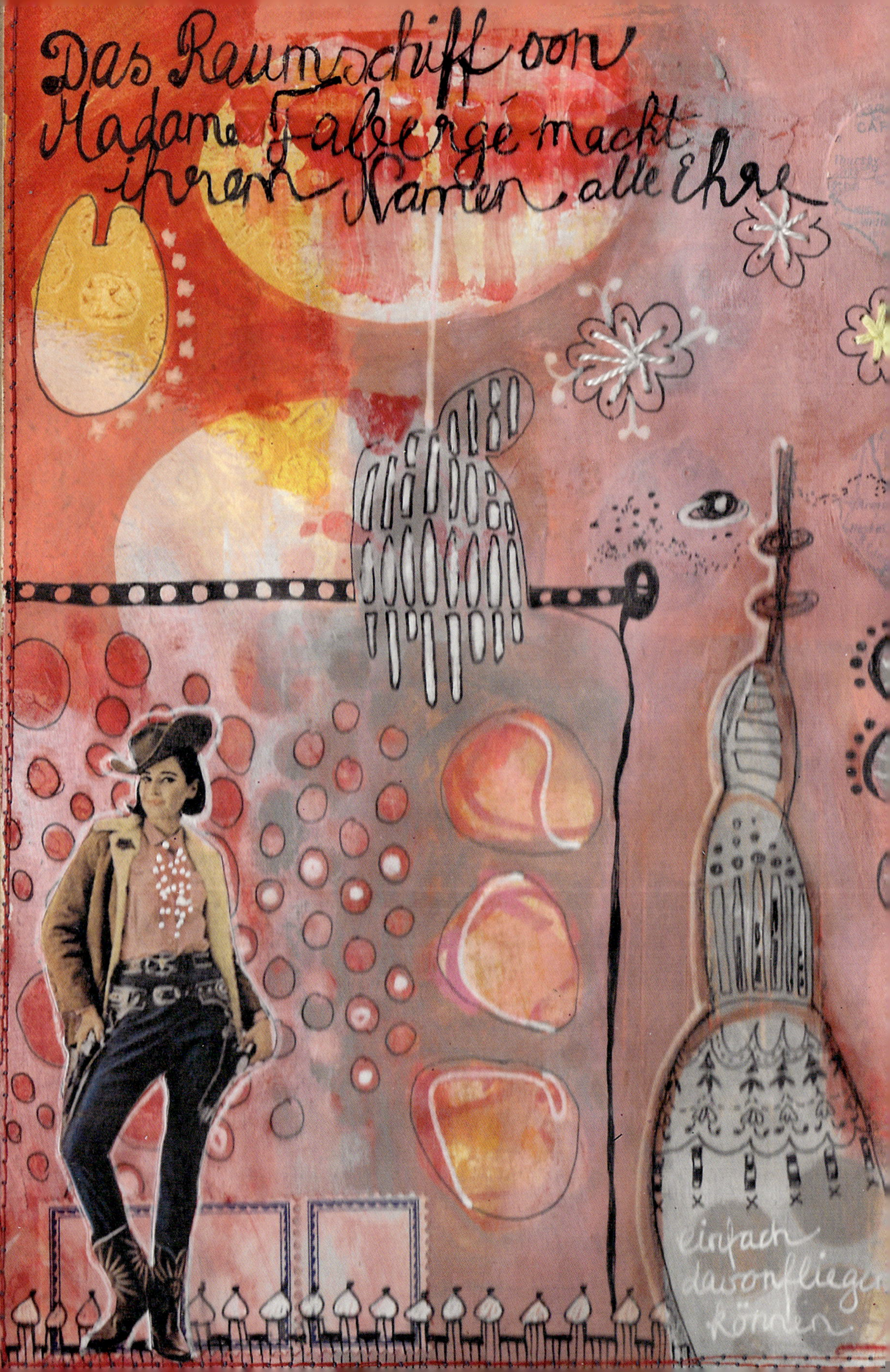
Das Raumschiff von
Madame Fabergé macht
ihrem Namen alle Ehre
einfach
davonfliegen
können

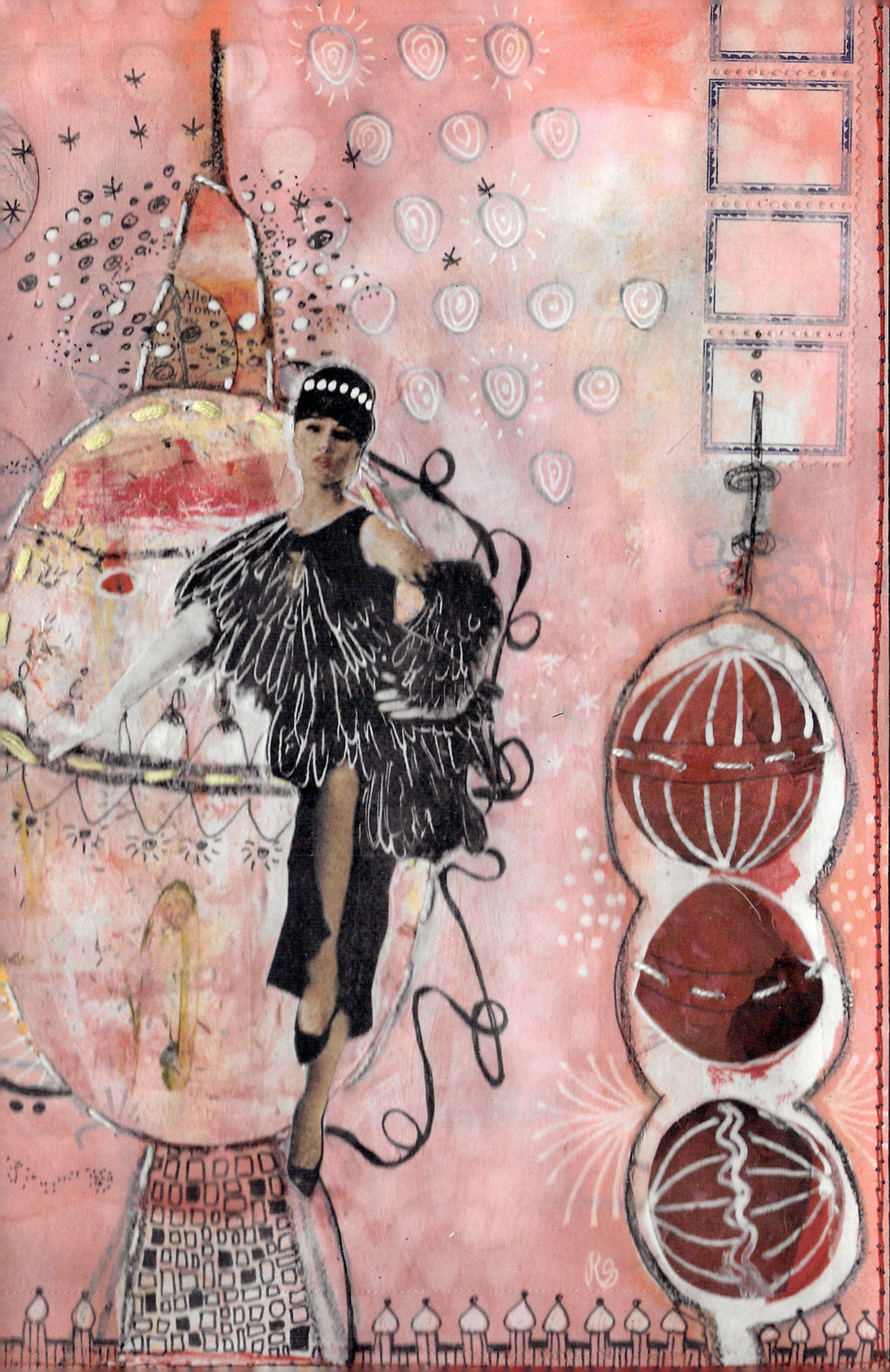

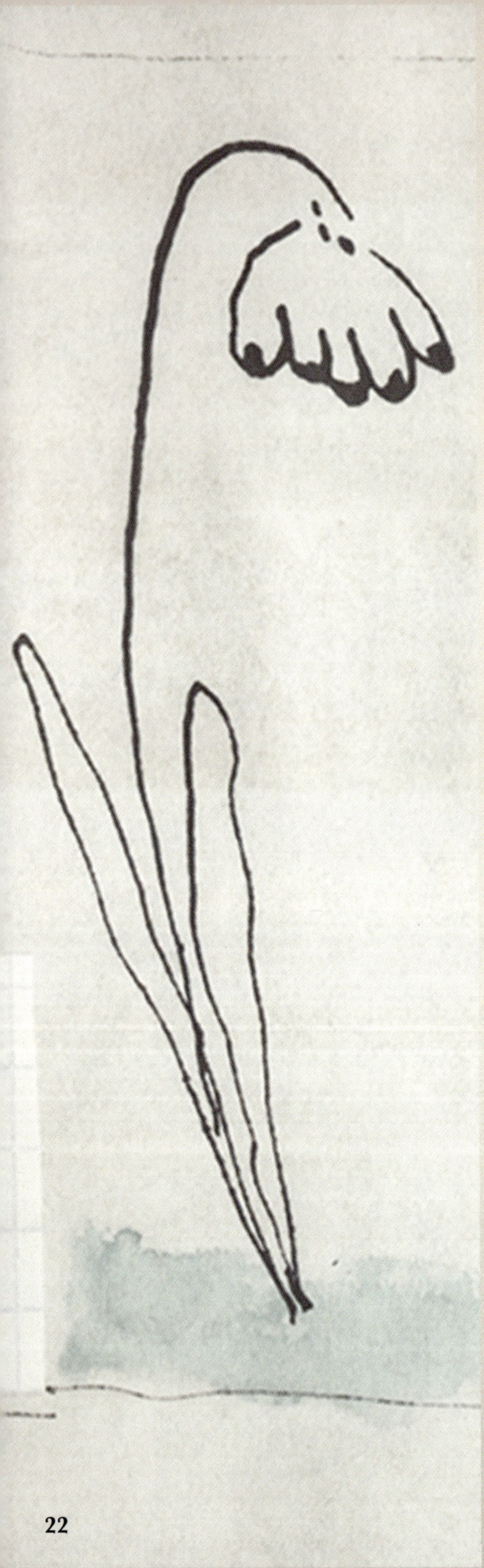

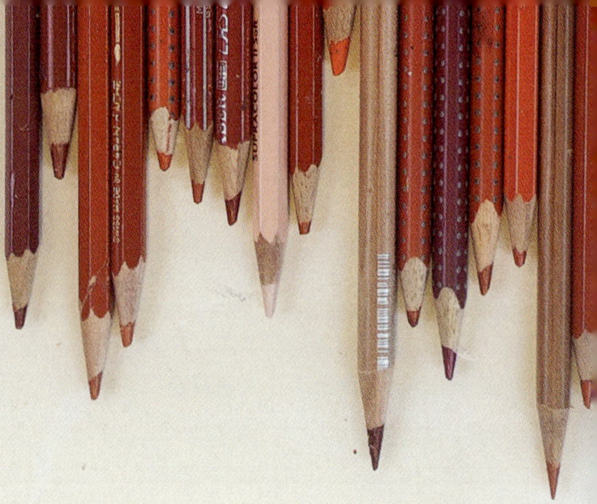

Einige von diesen roten Farbstiften begleiten mich seit meiner Schulzeit. Die Farbe Rot zieht sich durch mein Leben und durch diese Seiten. Sie erscheint immer wieder in Form von Tupfen, Umrandungen und Stickelementen.

Ich mag Kraft- oder Packpapier als Hintergrundmaterial sehr. Vor allem, wenn es schon Gebrauchsspuren aufweist, zum Beispiel von einem Paketversand, einem Einkauf im Regen oder weil es als Malabdeckung verwendet wurde.

Idee: Notiere ein paar Worte und Gedanken auf weißes Papier (das gerne auch schon Spuren und Farbspritzer aufweisen darf), mache ein paar Skizzen oder zeichne ganz unbedarft ein paar Linien und Muster.
Schneide alles in kleine Teile und klebe diese auf braunes Papier. Ergänze dein Werk mit Collageschnipseln, ein paar gestickten Stichen und deinen Kommentaren. Es geht nicht darum zu gefallen. Nimm dir jede Freiheit beim Gestalten und folge deinen Impulsen.

Wenn du ratlos bist,

mache eine Liste von:

Menschen, die dir Eindruck machen.

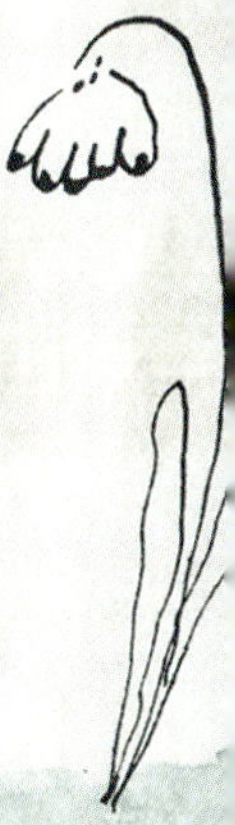

Was es braucht, damit ich von einem Menschen beeindruckt bin:

- Echtsein
- Ehrlichkeit
- Durchhaltewillen
- COURAGE
- Eigensinn
- innere Schönheit, Strahlen
- ein Lächeln
- Grosszügigkeit (wie auch immer)
- Begeisterung für eine Sache*

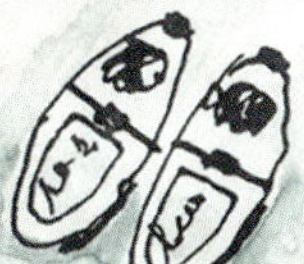

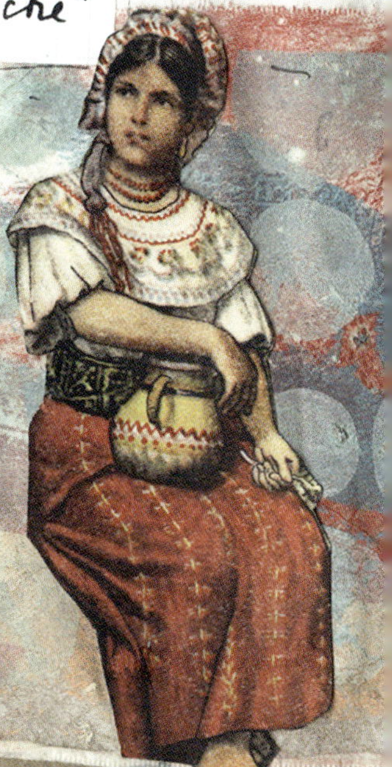

*unabhängig davon, ob sie anderen gefällt

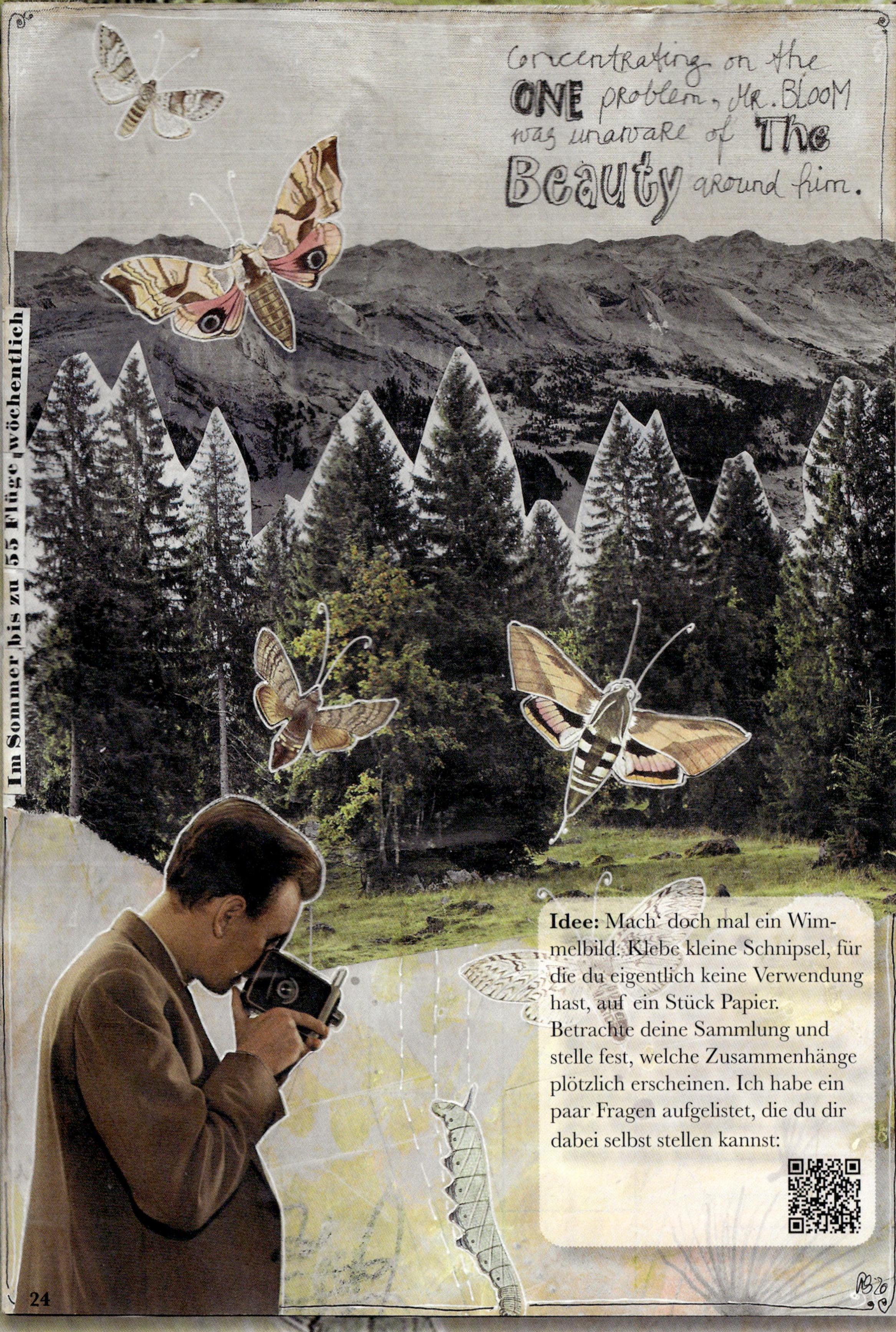

Idee: Mach' doch mal ein Wimmelbild. Klebe kleine Schnipsel, für die du eigentlich keine Verwendung hast, auf ein Stück Papier. Betrachte deine Sammlung und stelle fest, welche Zusammenhänge plötzlich erscheinen. Ich habe ein paar Fragen aufgelistet, die du dir dabei selbst stellen kannst:

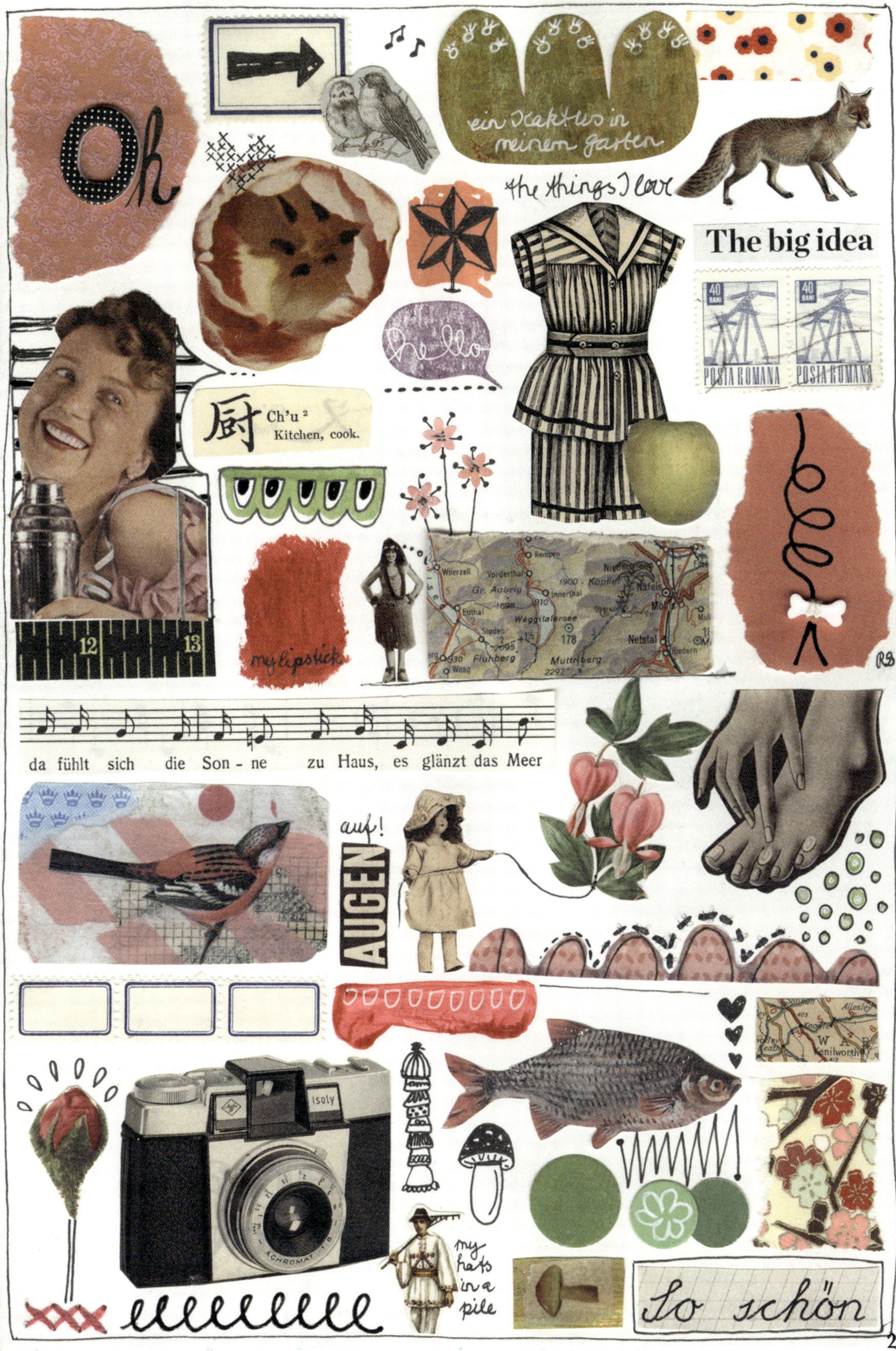
Oh
ein Kaktus in meinem garten
the things I love
The big idea
40 BANI
POSTA ROMANA
40 BANI
POSTA ROMANA
hello
厨 Ch'u ²
Kitchen, cook.
12
13
my lipstick
RB
da fühlt sich die Son - ne zu Haus, es glänzt das Meer
auf!
AUGEN
Isoly
ACHROMAT
my hats in a pile
So schön

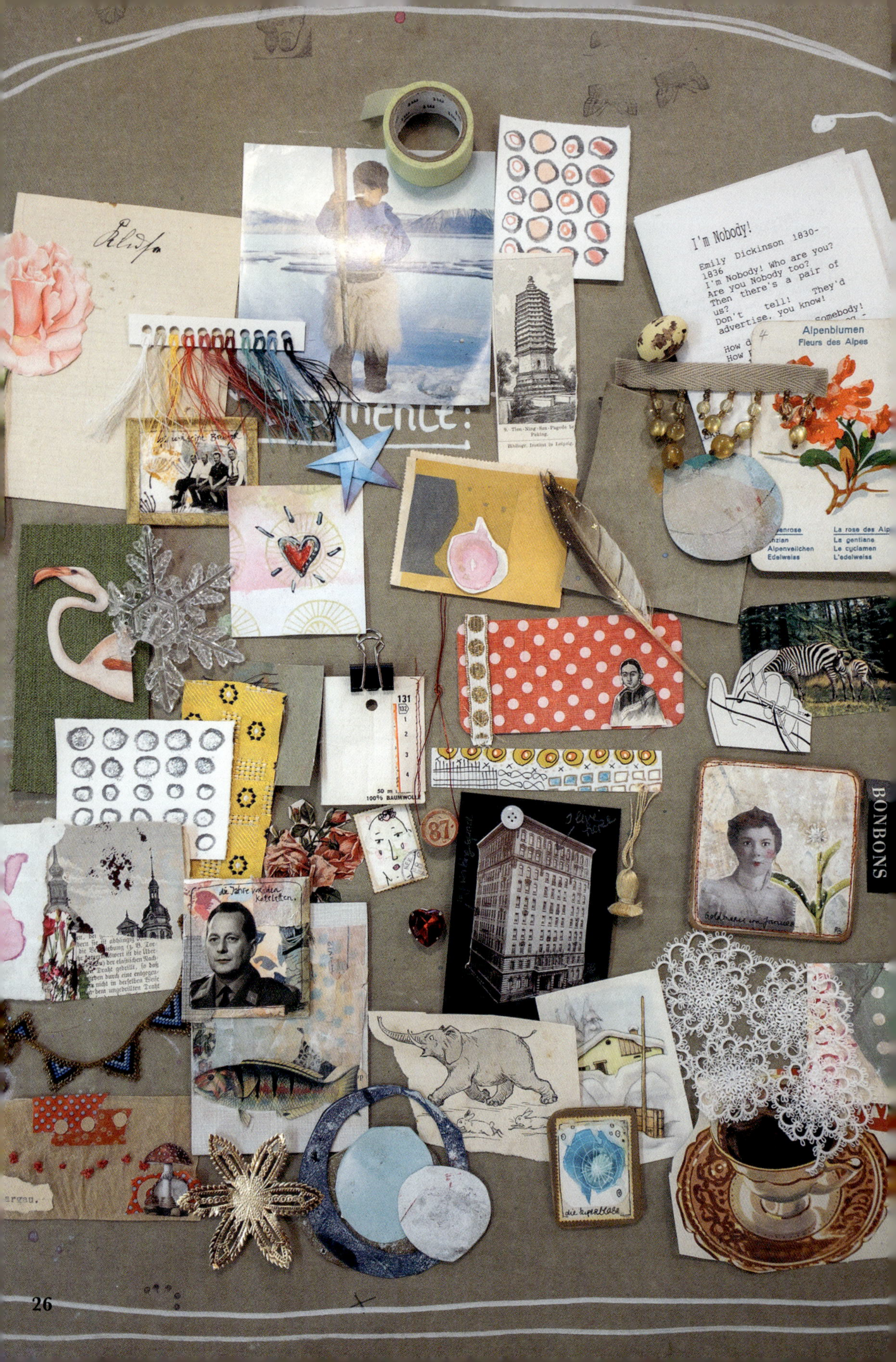
I'm Nobody!
Emily Dickinson 1830-1836
I'm Nobody! Who are you?
Are you Nobody too?
Then there's a pair of us?
Don't tell! They'd advertise, you know!
Alpenblumen
Fleurs des Alpes
Alpenveilchen
Edelweiss
La rose des Alp
La gentiane
Le cyclamen
L'edelweiss
100% BAUMWOLLE
87
die Jahre wurden

SCHICHTEN UND LAGEN

Bei der Mixed-Media-Technik darfst du jedes Material verwenden, mit allen Medien arbeiten und es gibt kein Richtig oder Falsch. Du kannst Schichten kombinieren, welche auslassen und andere wiederholen. Mache, was dir gefällt. Es geht ums Ausprobieren und um die Freude am Tun.

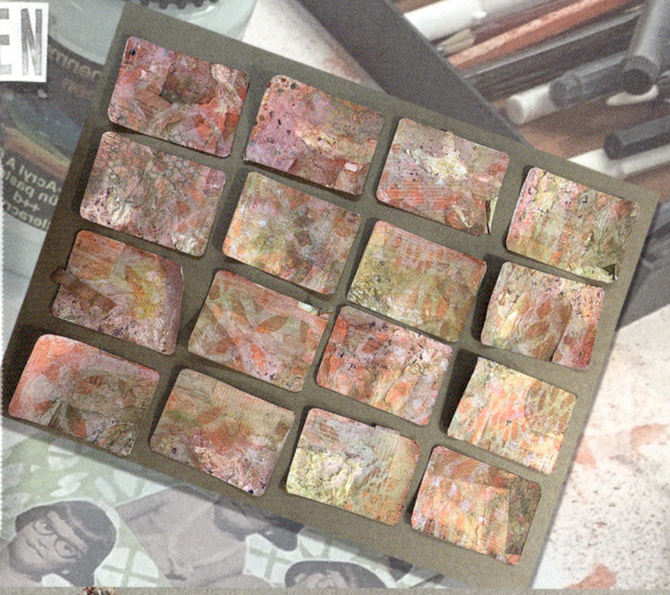

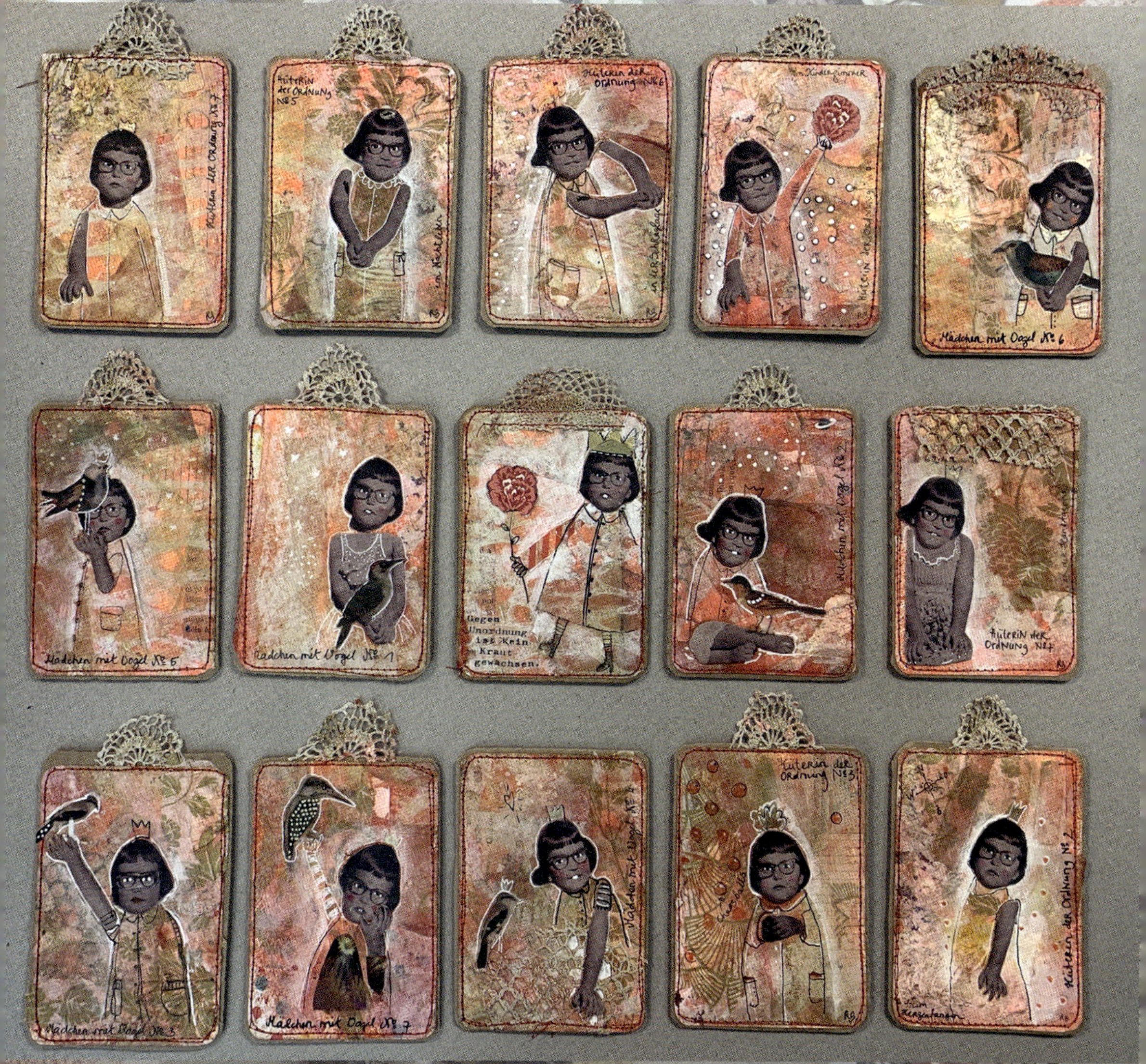

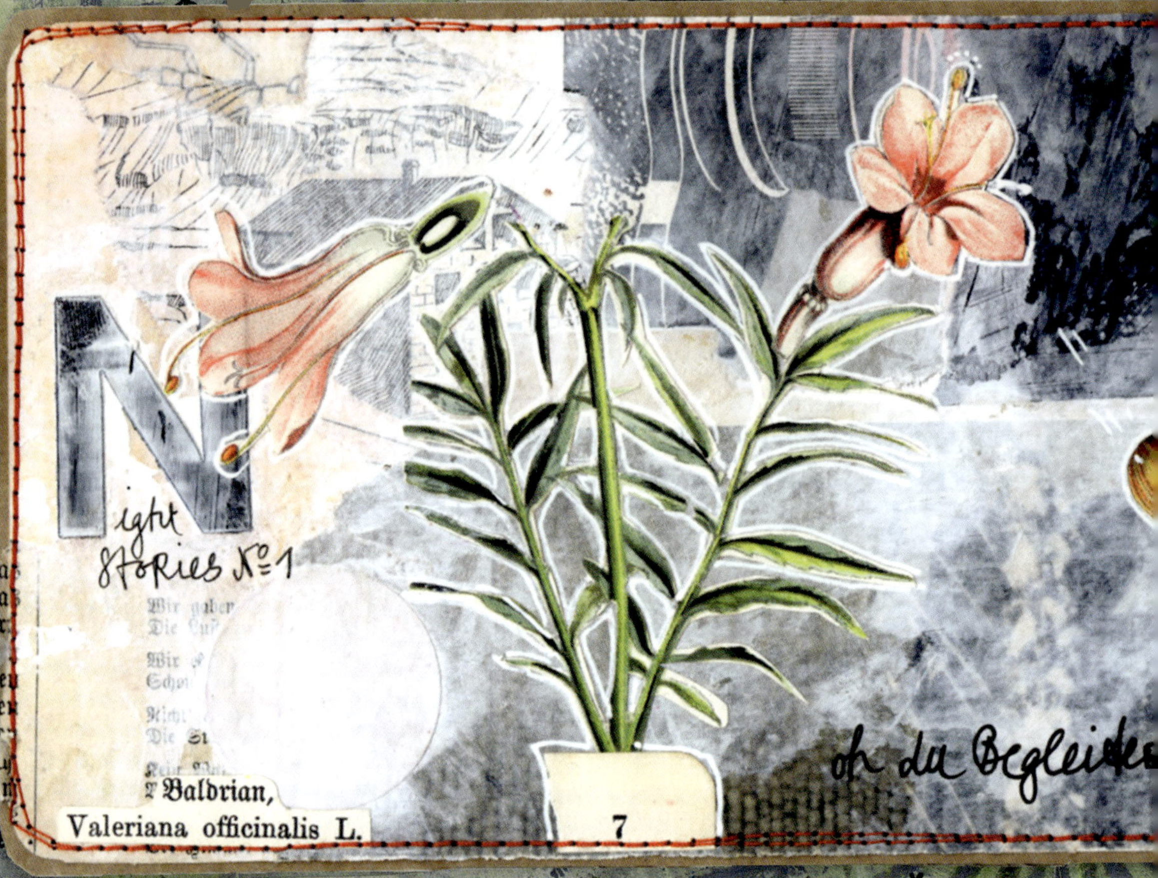

Ich runde alle Ecken ab und nähe die Bilder zweimal auf Wellpappe (max. 3 mm dick). Das schafft jede Nähmaschine spielend. Ich verwende dazu immer roten Faden. Zum einen, weil ich zu faul bin, meine Maschine für jedes Werk umzufädeln. Zum andern ist der rote Faden zu einem Erkennungsmerkmal von mir geworden. Er schafft einen optischen Rahmen und bringt die Farben zum Leuchten.

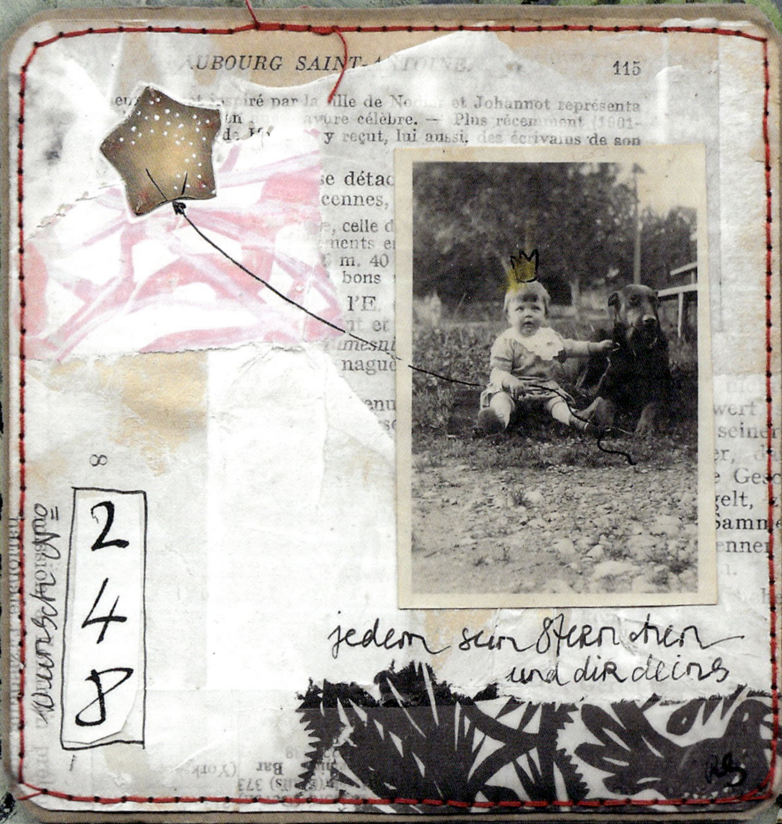

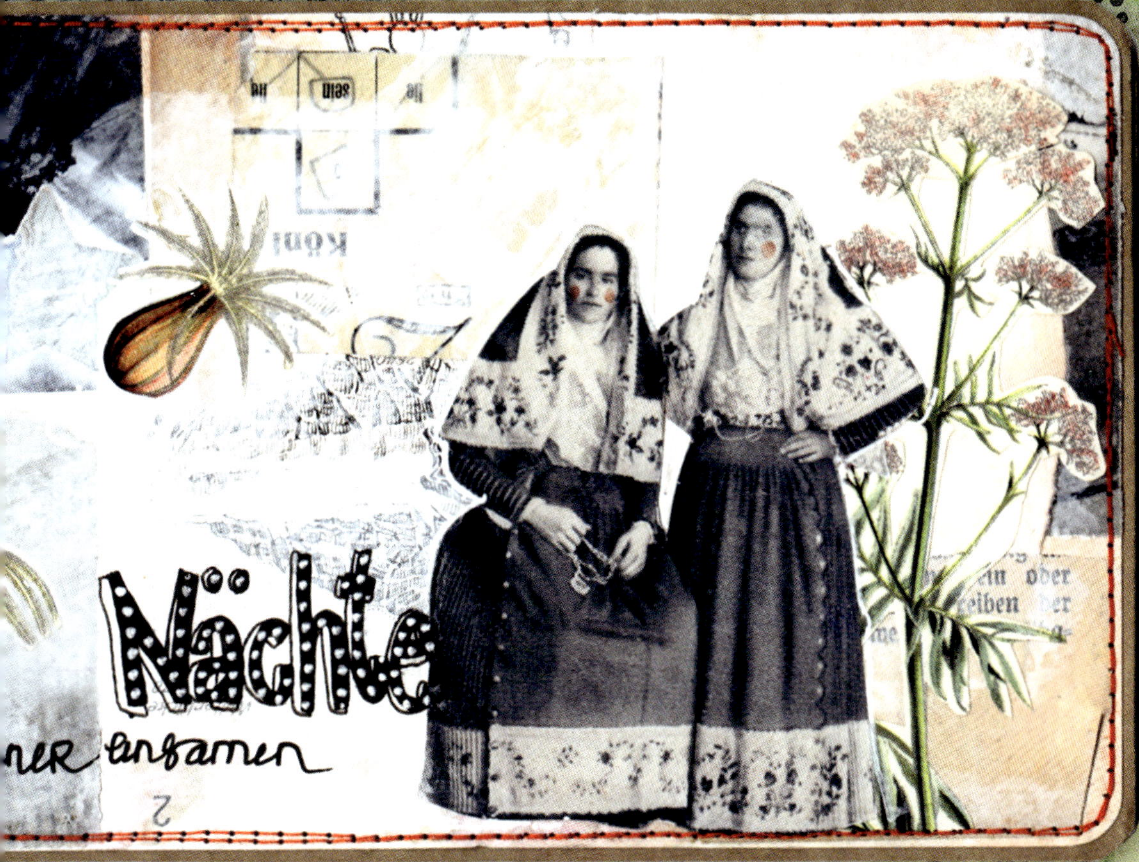
Nächte
ner einsamen

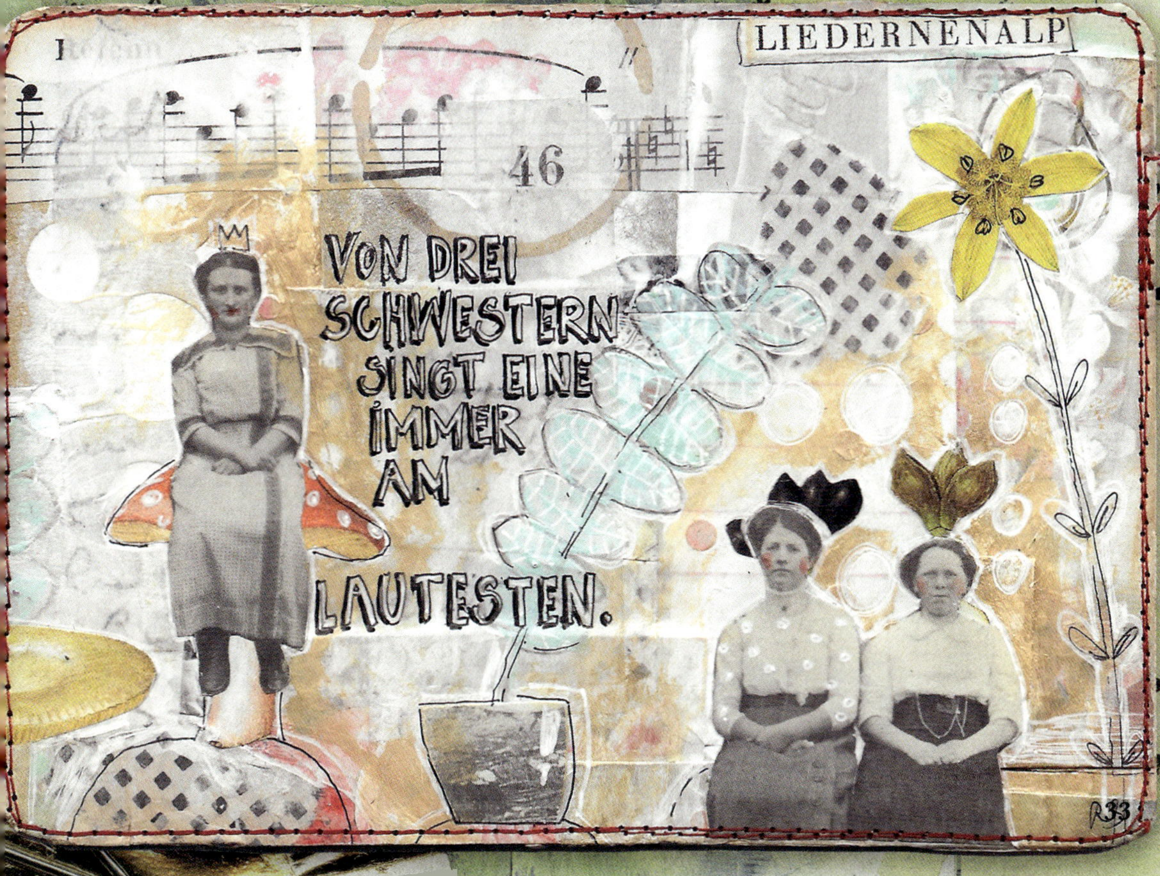
LIEDERNENALP
46
VON DREI SCHWESTERN SINGT EINE IMMER AM LAUTESTEN.

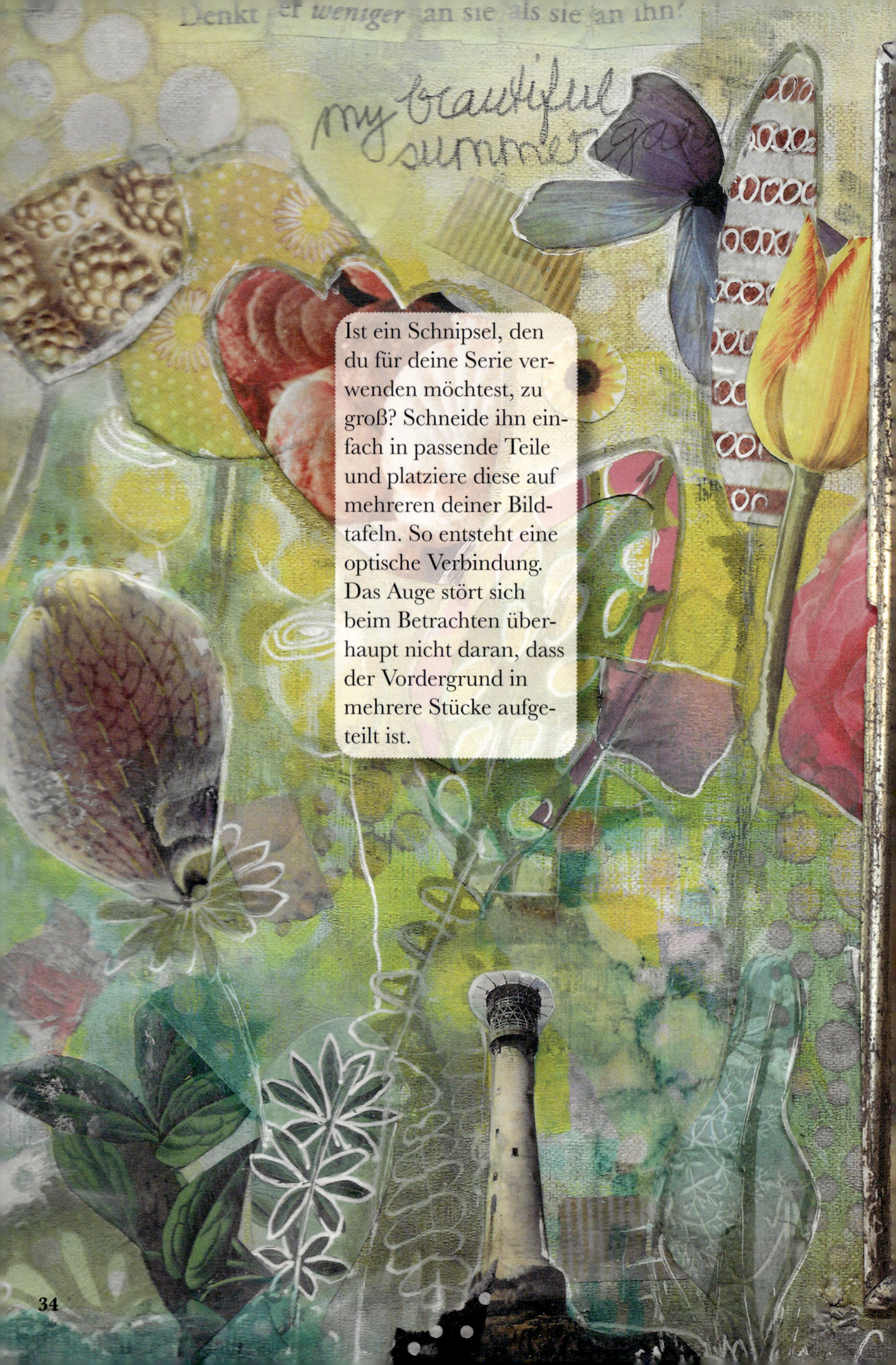

Ist ein Schnipsel, den du für deine Serie verwenden möchtest, zu groß? Schneide ihn einfach in passende Teile und platziere diese auf mehreren deiner Bildtafeln. So entsteht eine optische Verbindung. Das Auge stört sich beim Betrachten überhaupt nicht daran, dass der Vordergrund in mehrere Stücke aufgeteilt ist.

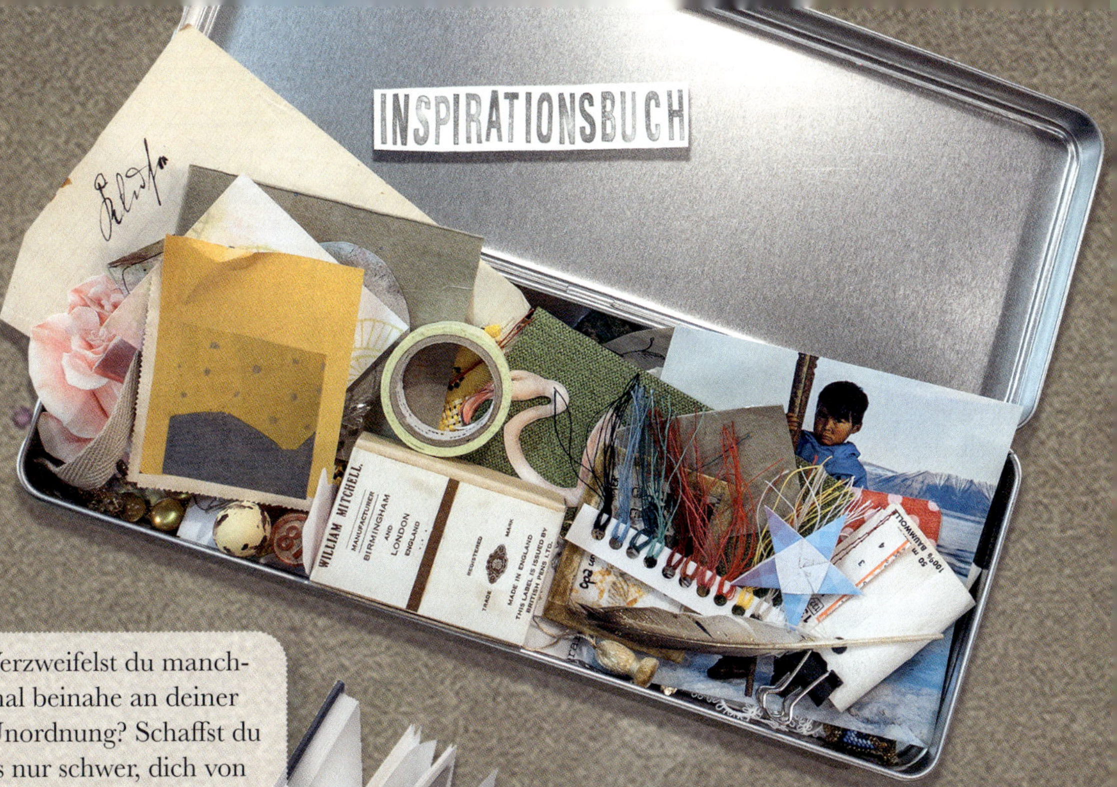

Verzweifelst du manchmal beinahe an deiner Unordnung? Schaffst du es nur schwer, dich von Schnipseln zu trennen, die mit einer schönen Erinnerung verbunden sind? Versorge diesen Schatz doch in einem Buch. Klebe deine Elemente ganz zufällig auf die leeren Seiten und freue dich beim Durchblättern jedes Mal über die inspirierende Fülle. Wenn du dir eines meiner Inspirationsbücher anschauen möchtest, brauchst du nur den folgenden Code zu scannen:

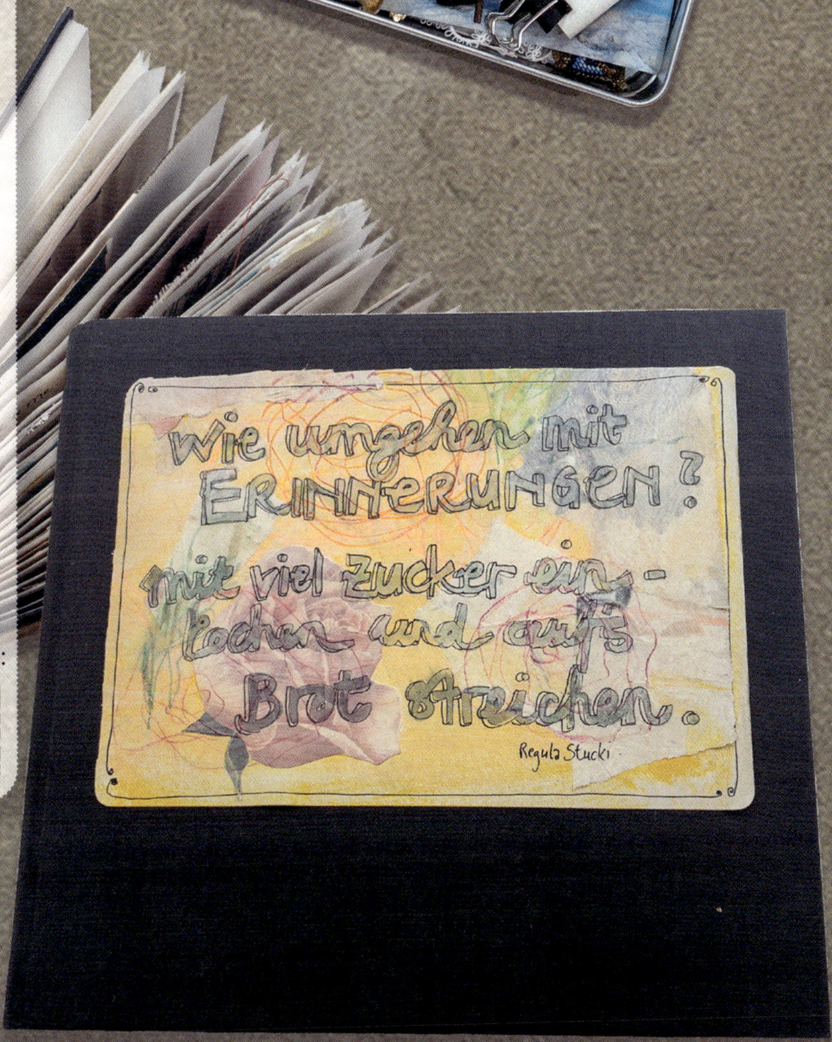

Bei meinen Hintergründen gehe ich immer in ähnlicher Weise vor: Ich arbeite in Ebenen. Die erste Lage besteht aus Papierschnipseln, die ich mit Gel-Medium aufgeklebt habe. Darüber streiche ich Gesso und arbeite die folgende Lage mit Acrylfarbe und Schablonen. Auf den nächsten Seiten zeige ich dir, wie du die Hintergründe bearbeiten und in Serien aufteilen kannst.

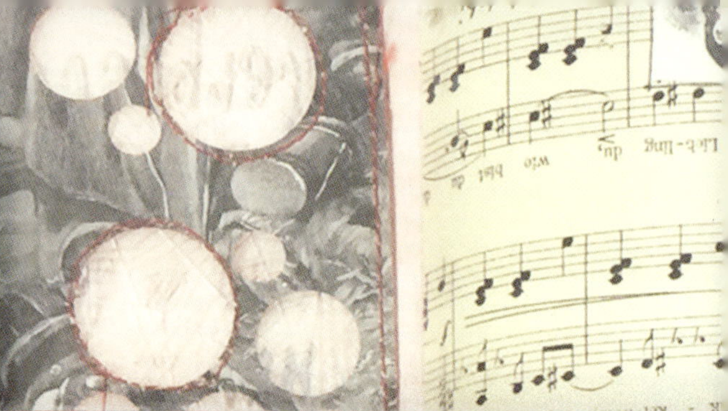

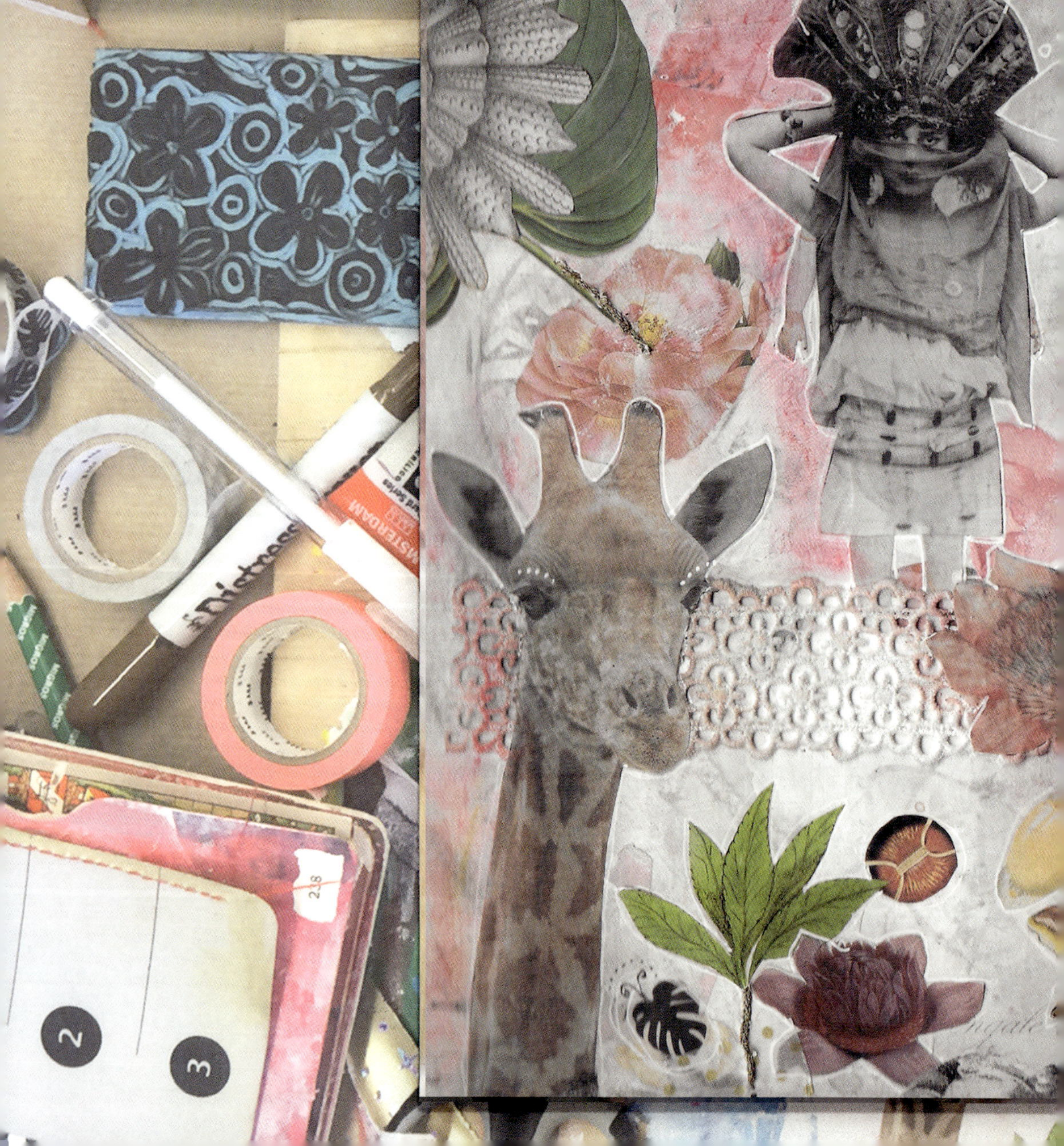

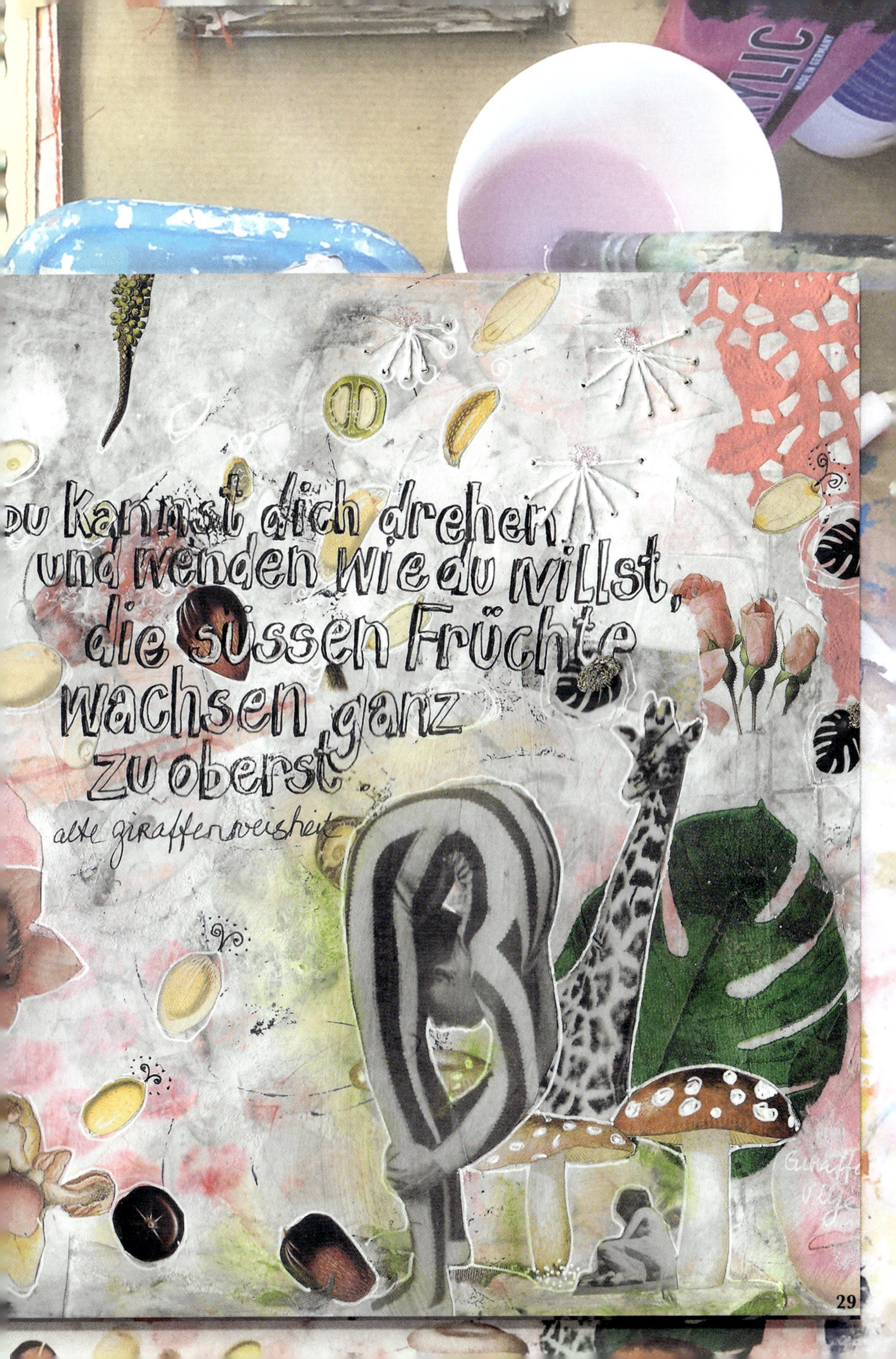
Du Kannst dich drehen
und wenden wie du willst,
die süssen Früchte
wachsen ganz
zu oberst
alte giraffenweisheit

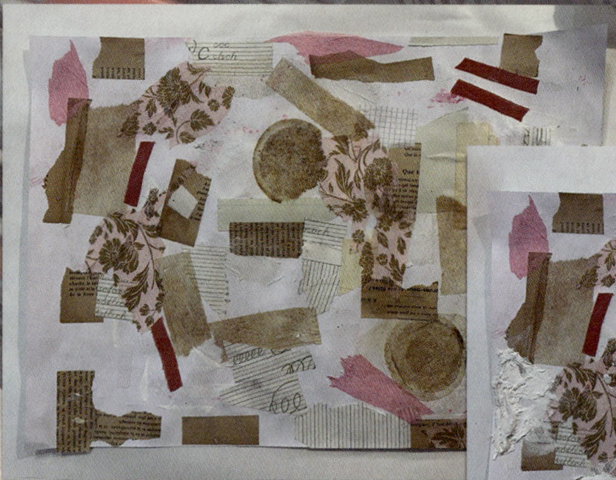

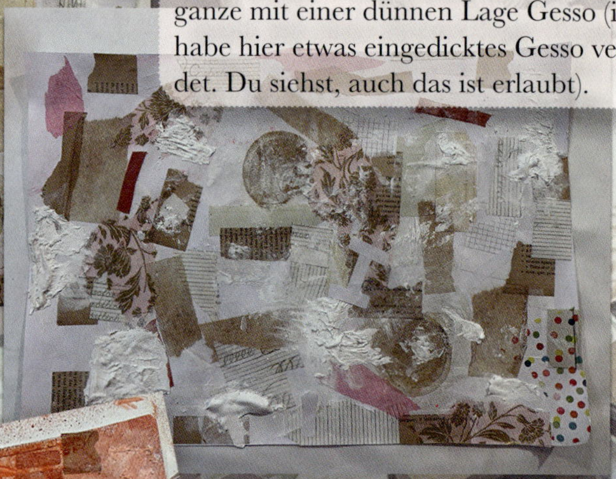

Klebe mit Pinsel und Gel-Medium eine Schicht von zufällig gewählten Schnipseln auf deinen Untergrund und bedecke das ganze mit einer dünnen Lage Gesso (ich habe hier etwas eingedicktes Gesso verwendet. Du siehst, auch das ist erlaubt).

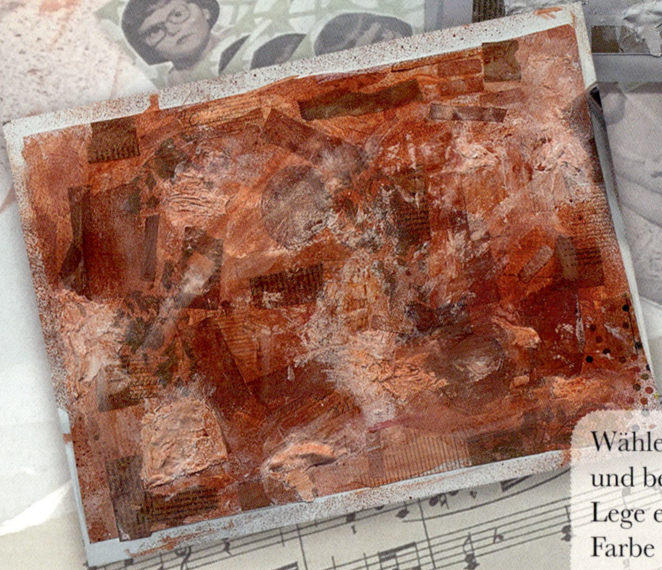

Wähle zwei Acrylfarben (hier Rot und Gold) und bedecke deinen Hintergrund damit. Lege eine Schablone drauf und wische die Farbe mit einem Feuchttuch wieder weg. Trockne diese Schicht und lege eine weitere Farbe darüber, bis dir das Resultat gefällt.

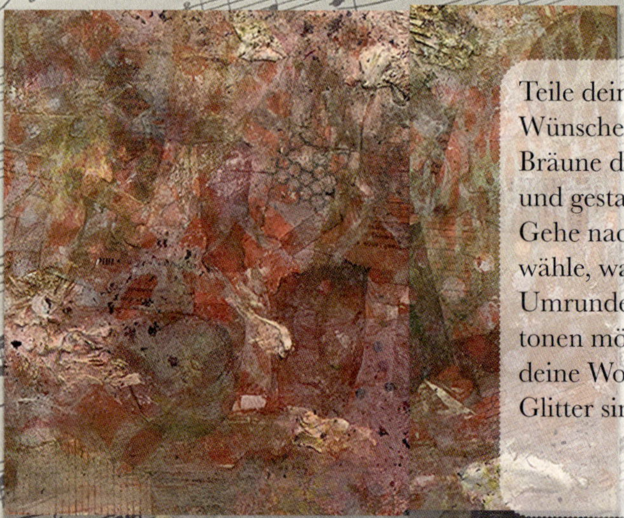

Teile deinen Hintergrund nach deinen Wünschen auf und runde alle Ecken ab. Bräune die Papierkanten mit Distress Ink und gestalte den Vordergrund deiner Serie. Gehe nach deinem Bauchgefühl vor und wähle, was dich interessiert.
Umrunde mit weißem Gel-Stift, was du betonen möchtest, und schreibe mit Fineliner deine Worte auf die Bilder. Glimmer und Glitter sind erwünscht!

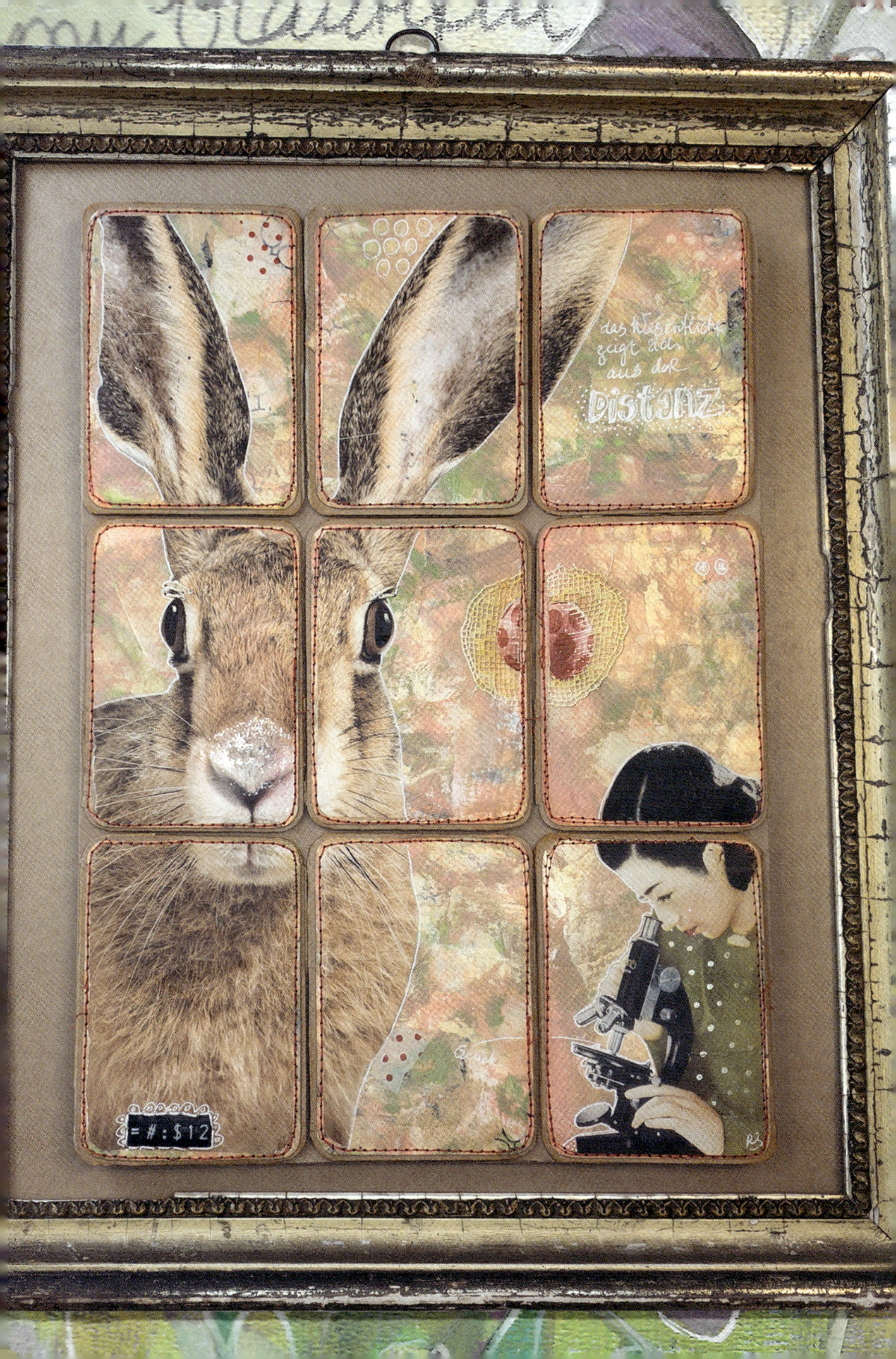
das Wesentliche
zeigt sich
aus der
Distanz
= #:$12

Zum Collagieren mit Gel-Medium eignen sich Papier, Servietten, Seidenpapier, dünne Stoffe, Tapeten, Fotos und vieles mehr. Nicht zu vergessen Teebeutel oder Kaffeepads! Das dünne, naturgefärbte Papier besitzt einen besonderen Reiz. Am besten lässt du die Beutel etwas antrocknen, öffnest sie dann vorsichtig, entleerst sie und kompostierst den Inhalt. Das Papier natürlich behalten ...

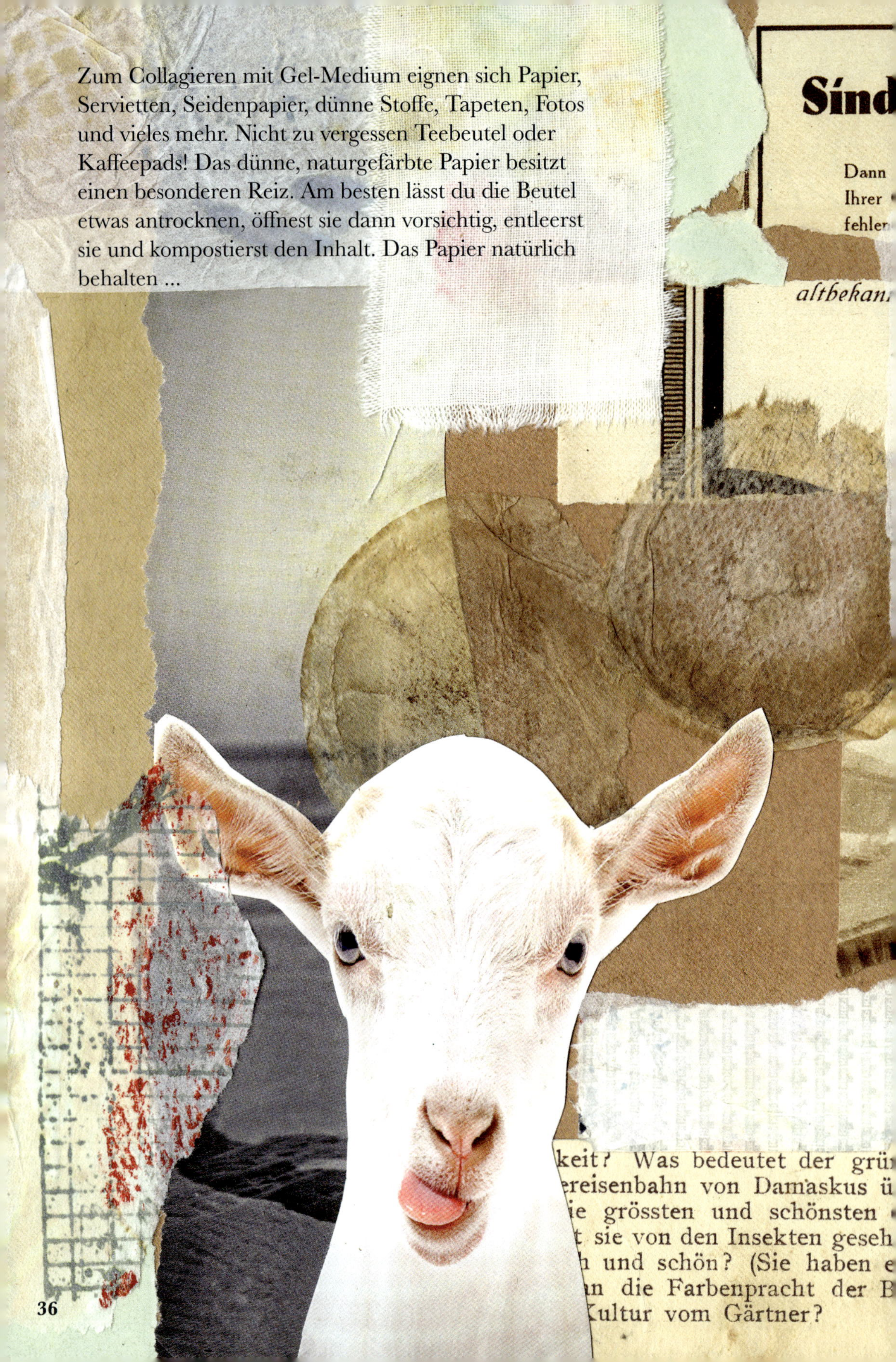

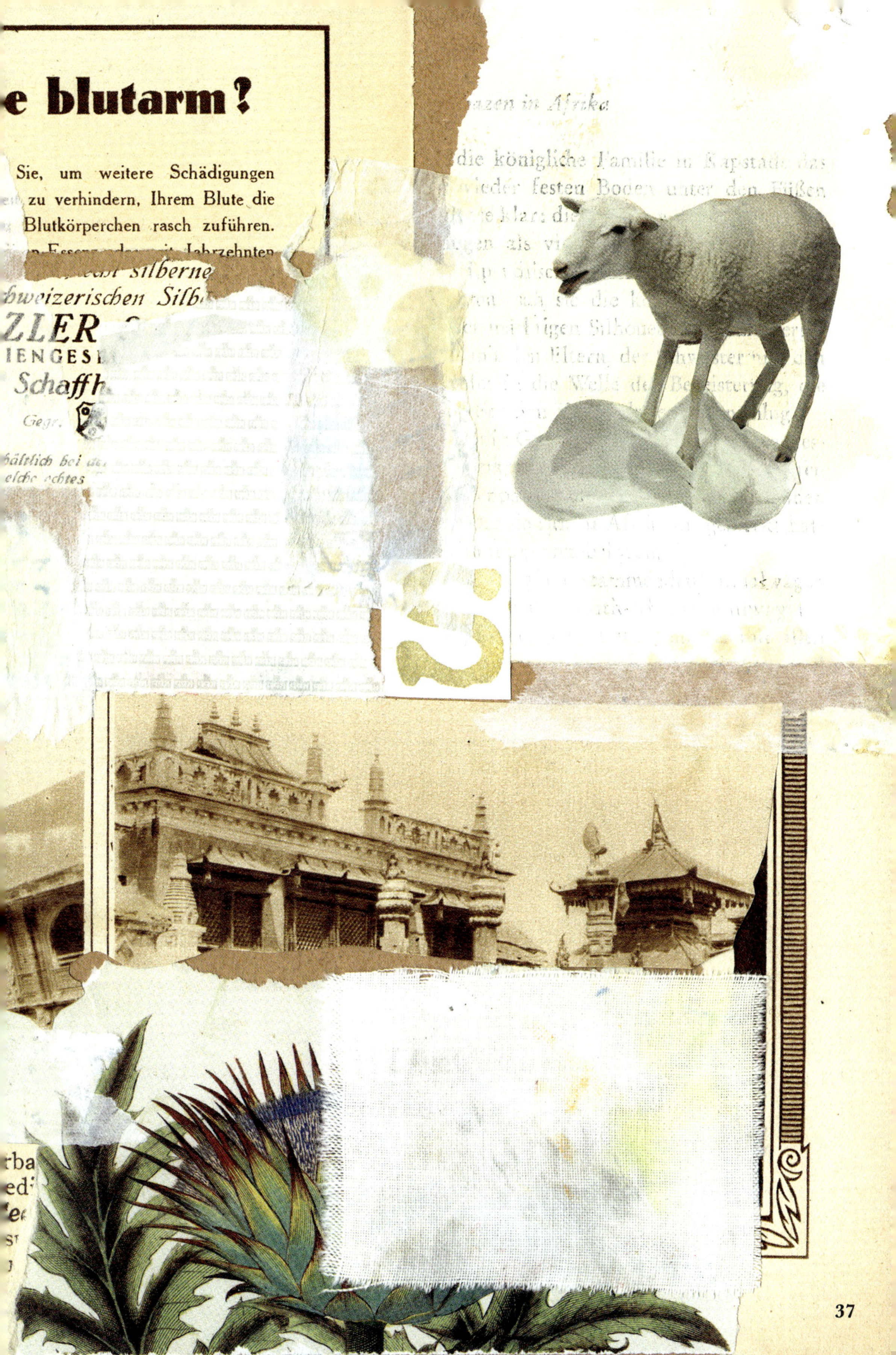
e blutarm?
Sie, um weitere Schädigungen
zu verhindern, Ihrem Blute die
Blutkörperchen rasch zuführen.
silberne
hweizerischen Silb
ZLER
IENGESI
Schaffh
Gegr.
hältlich bei de
elche echtes
azen in Afrika
die königliche Familie in Kapstadt das
wieder festen Boden unter den Füßen

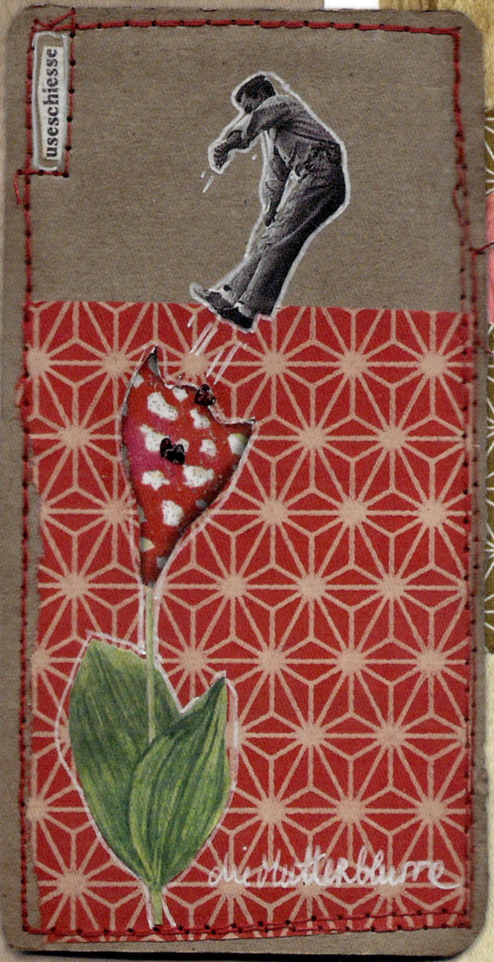
useschiesse

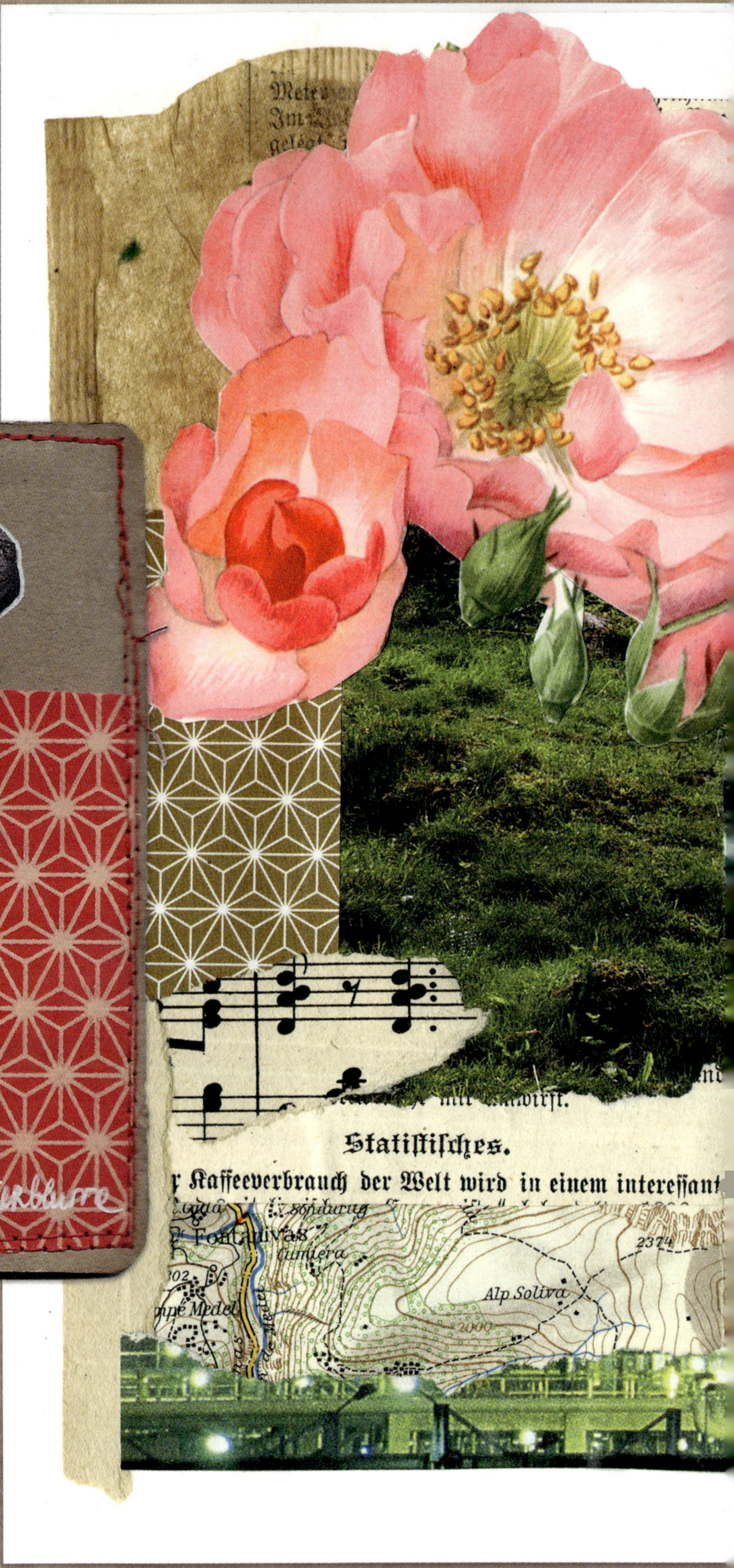
Statiſtiſches.
Kaffeeverbrauch der Welt wird in einem intereſſant
Fontanivas
Alp Soliva
2374
2000

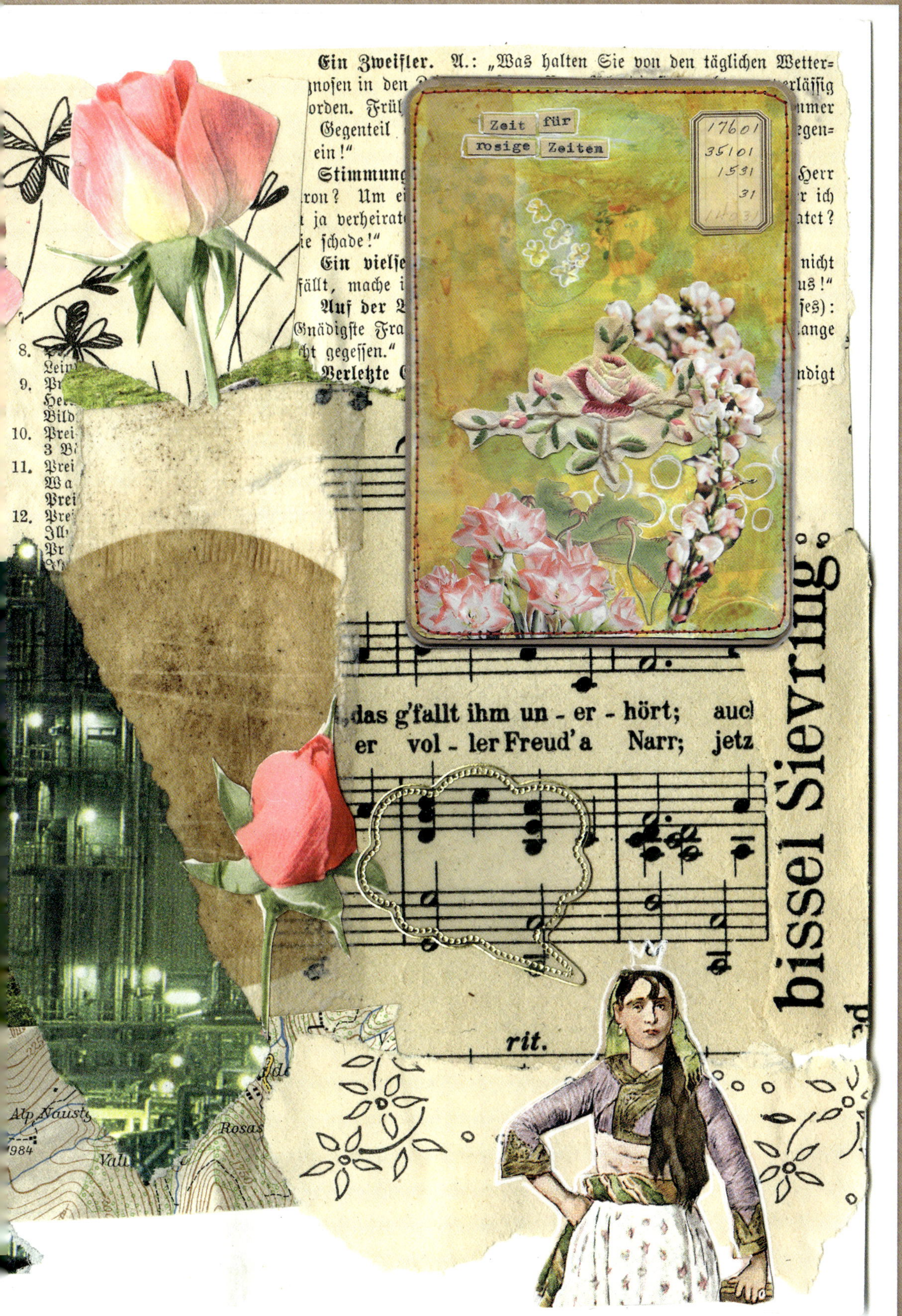
Ein Zweifler. A.: „Was halten Sie von den täglichen Wetter=
Zeit für rosige Zeiten
das g'fallt ihm un - er - hört;
er vol - ler Freud' a Narr;
rit.
bissel Sievrung:

Gesso ist ein wunderbares Grundiermittel, es enthält nur wenig weiße Farbpigmente und eignet sich zum Abtönen eines farbintensiven Hintergrundes. Die Collage auf der rechten Seite wurde mit einer Schicht Gesso bespachtelt, dazu habe ich eine alte Kreditkarte verwendet. Erkennst du die Musikkassettenhülle unten wieder? Ich habe sie mit schwarzem Gesso grundiert. Danach wurde die Oberfläche mit einem weißen Gel-Stift beschriftet und mit Collageelementen beklebt.

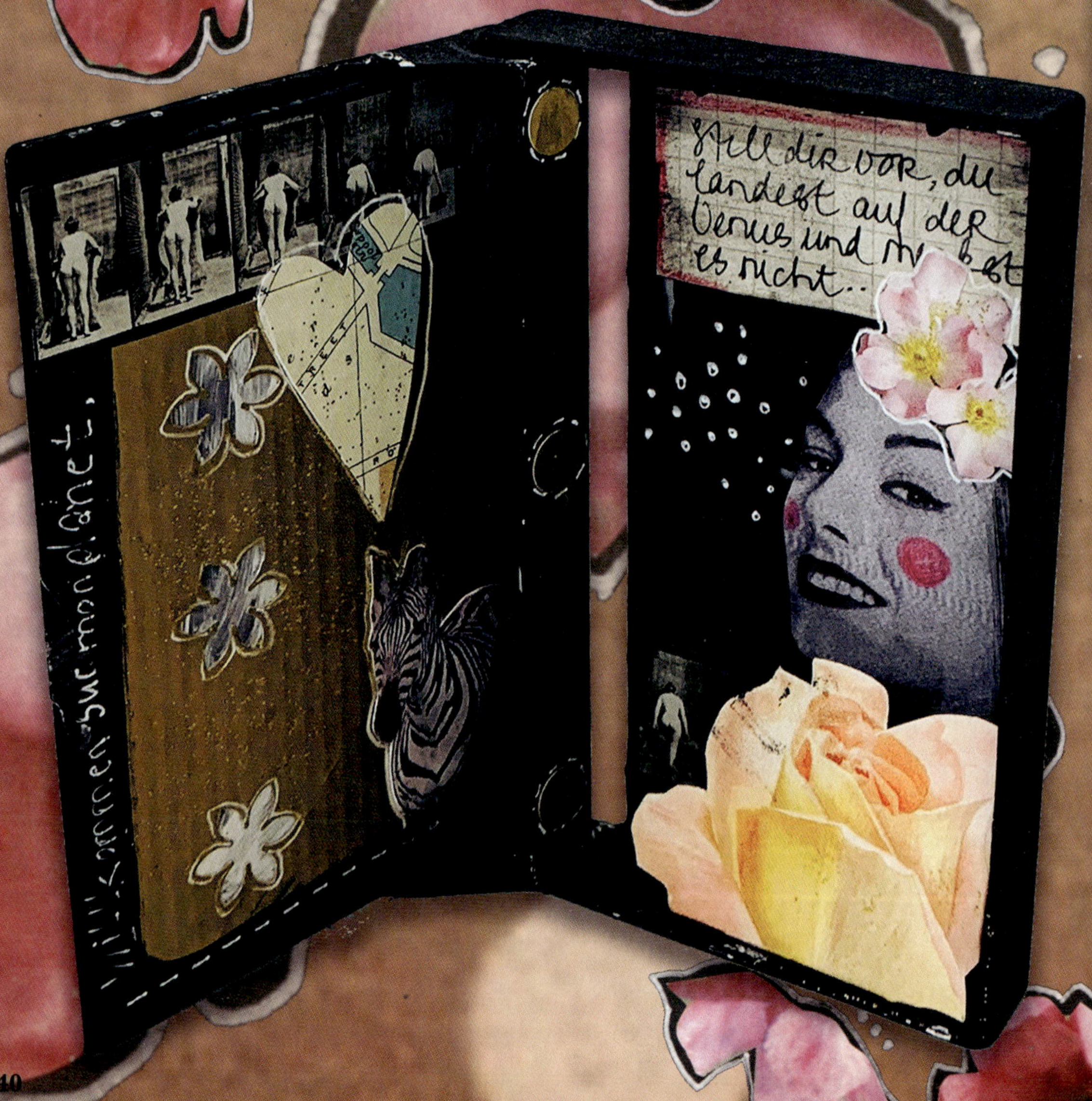

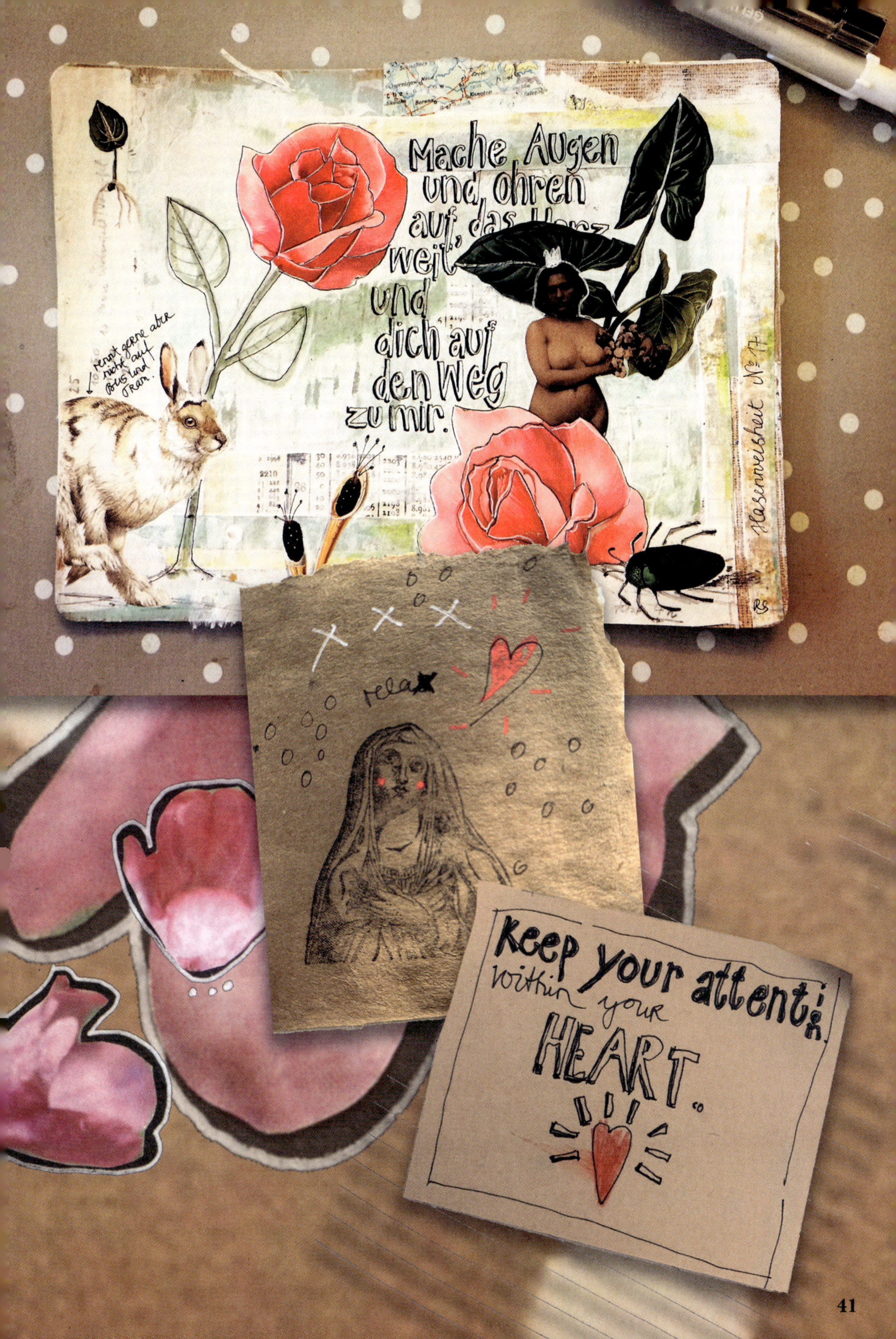
Mache Augen und ohren auf, das Herz weit und dich auf den Weg zu mir.
rennt gerne aber nicht auf Bus und Tram.
Hasenweisheit N°7
relax
Keep your attention within your HEART.

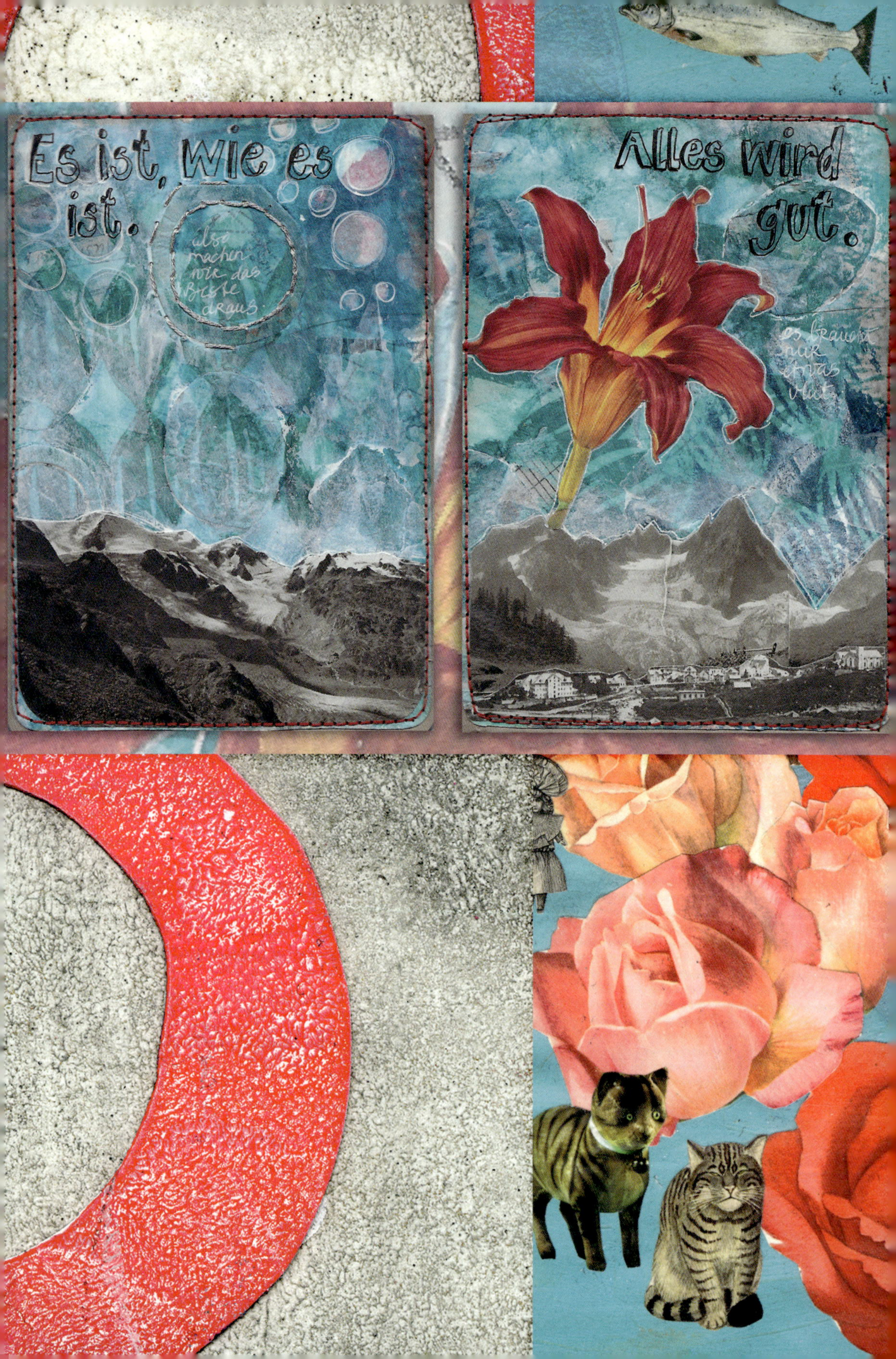
Es ist, wie es ist.
also machen wir das Beste draus.
Alles wird gut.
es braucht nur etwas Mut

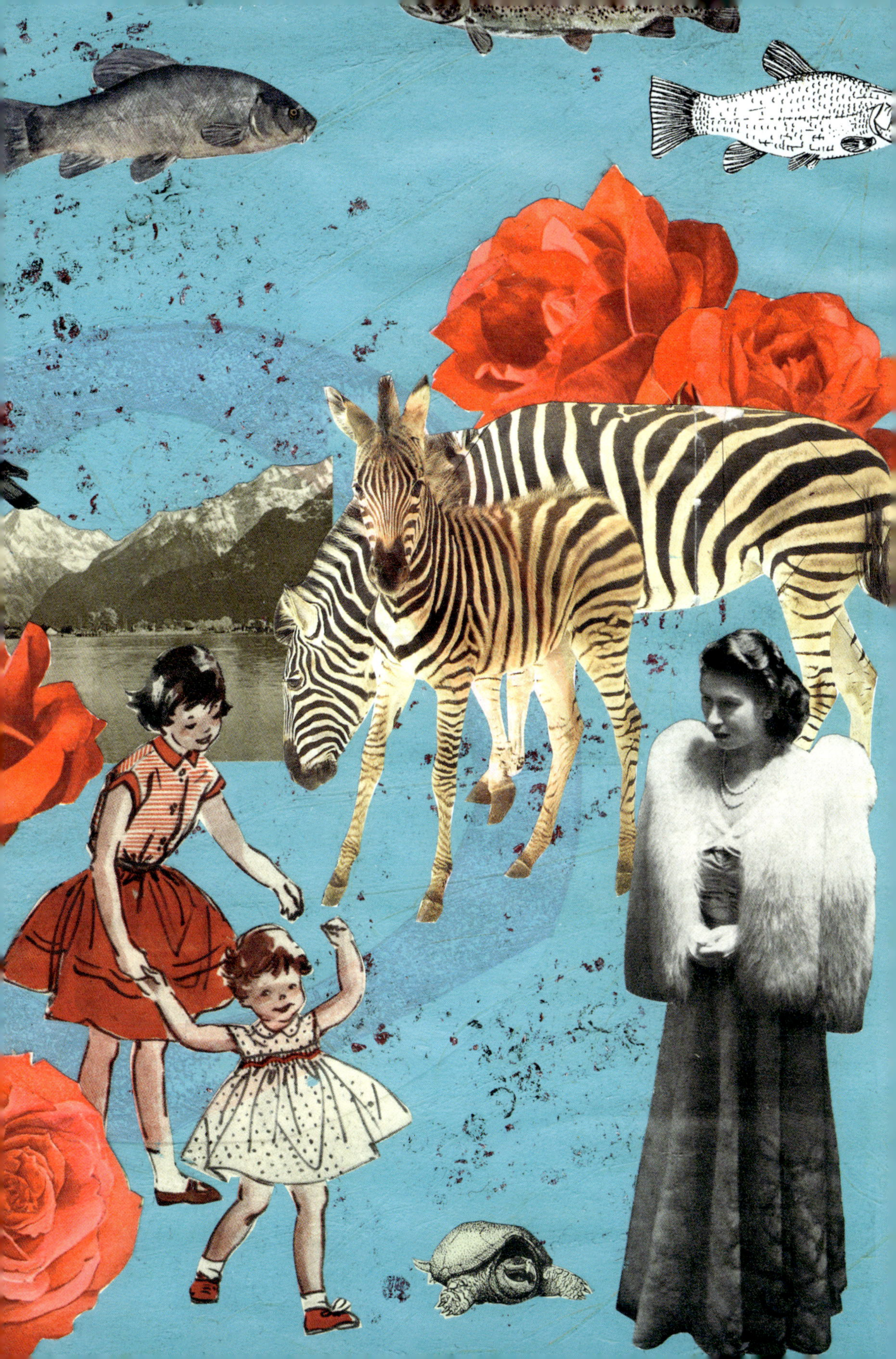

Ich mag Briefmarken, vor allem ihre Rückseite. Herkunft, Wert, Motiv, Qualität oder Farbe spielen dabei keine Rolle.
Ich löse die Marke im Wasserbad vom Briefumschlag, tunke sie kurz in starken Kaffee oder Schwarztee, lasse sie auf einem Tuch trocknen und verwende sie dann als vergilbtes Collagenelement mit wundervoller Zackenborte.

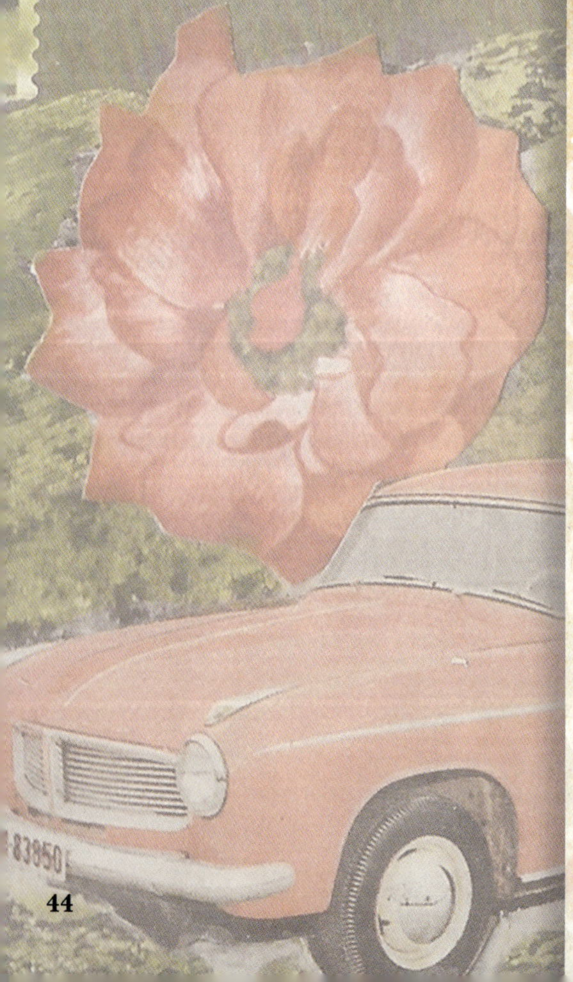

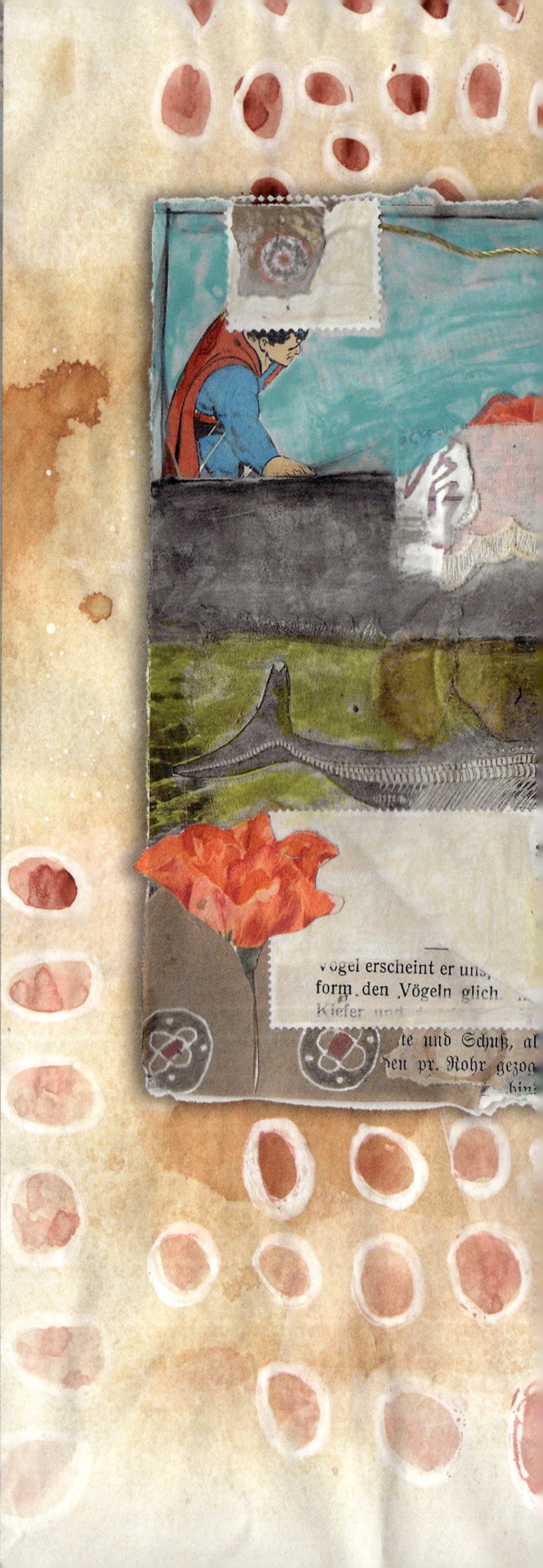

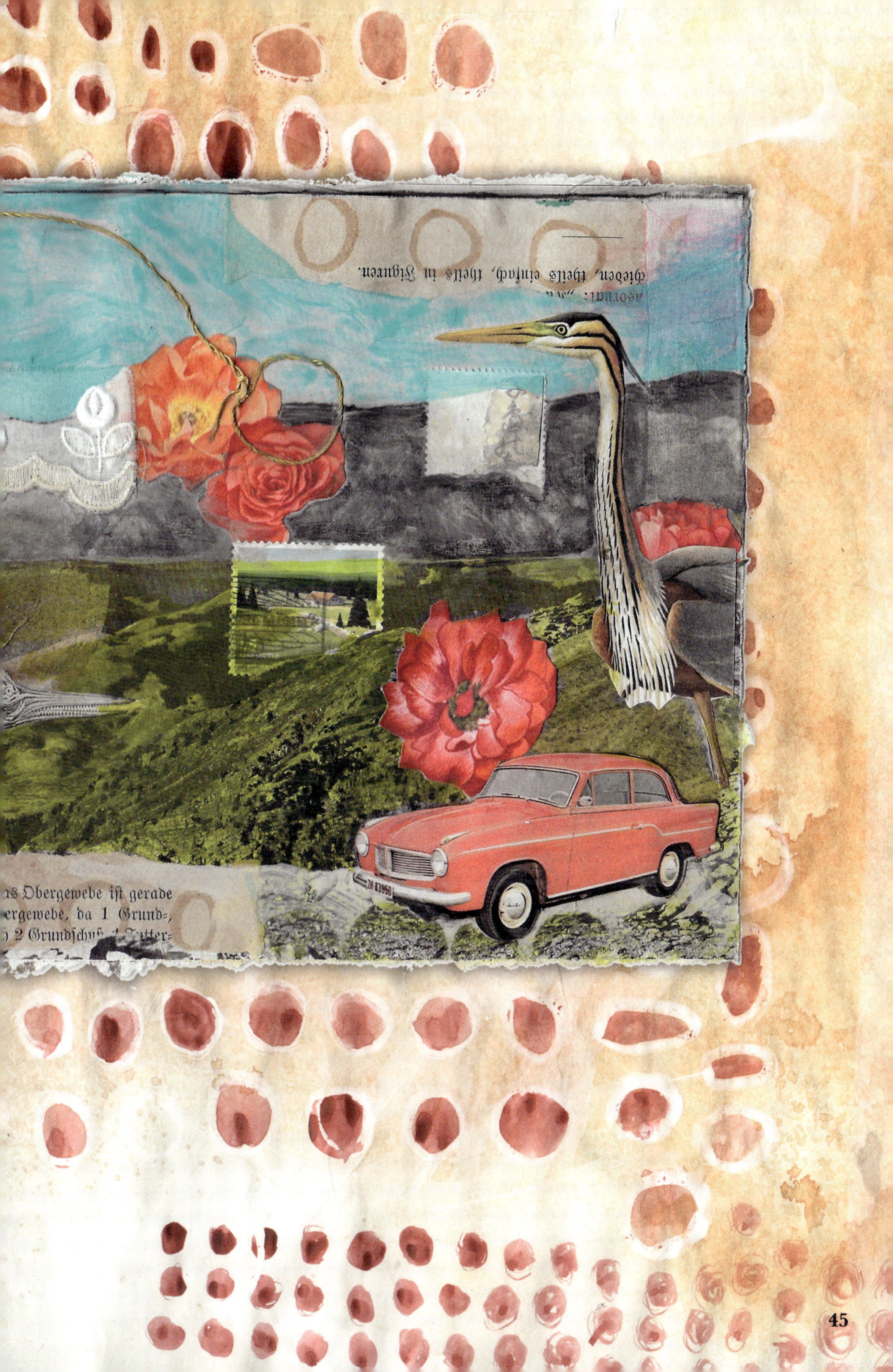
ns Obergewebe ist gerade
ergewebe, da 1 Grund=,
2 Grundschuß 1 Futter=
gieben, theils einfach, theils in Figuren.

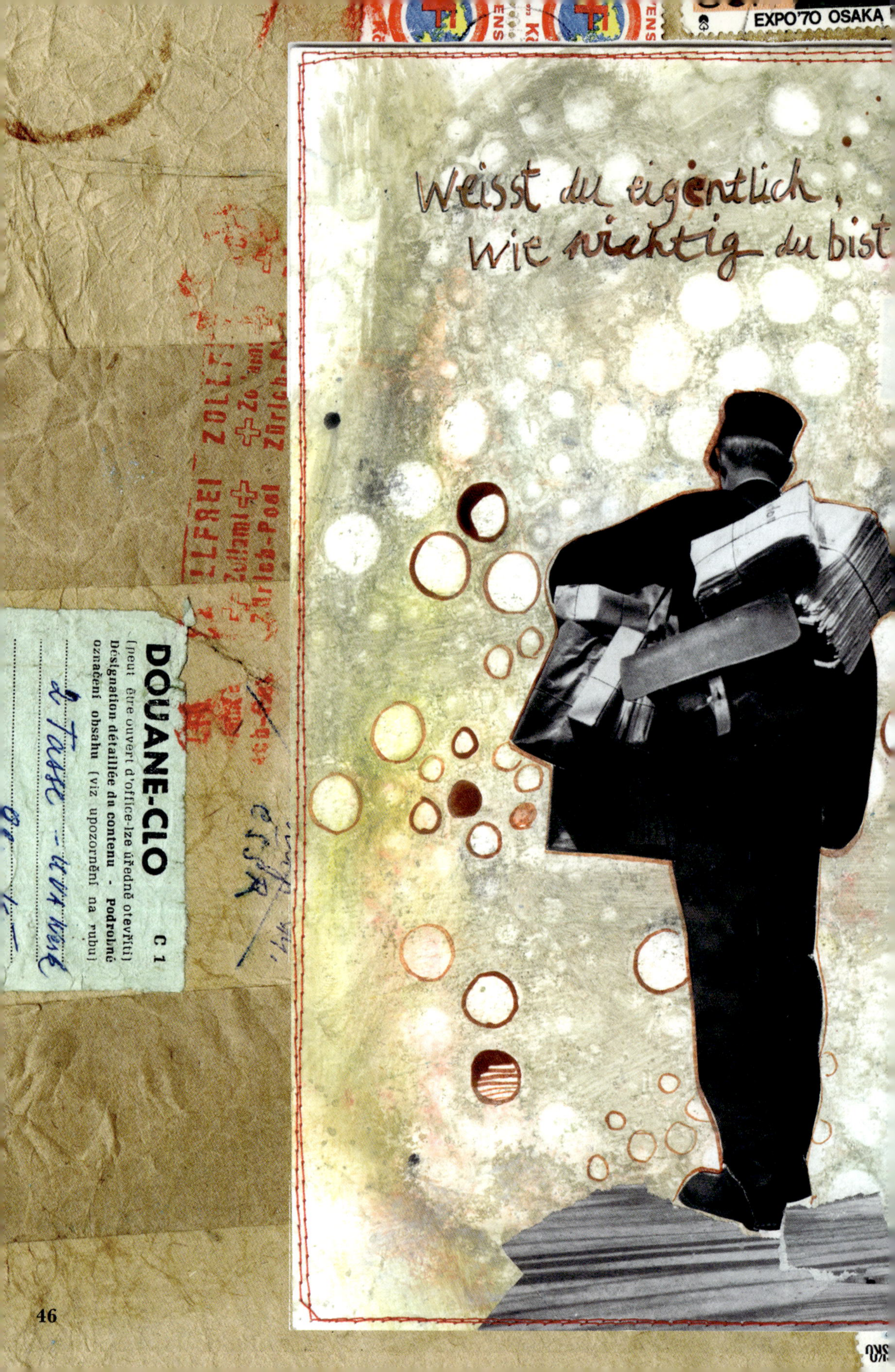
EXPO'70 OSAKA
Weisst du eigentlich, wie wichtig du bist
DOUANE-CLO C 1
(peut être ouvert d'office-lze úředně otevřít)
Désignation détaillée du contenu - Podrobné označení obsahu (viz upozornění na rubu)

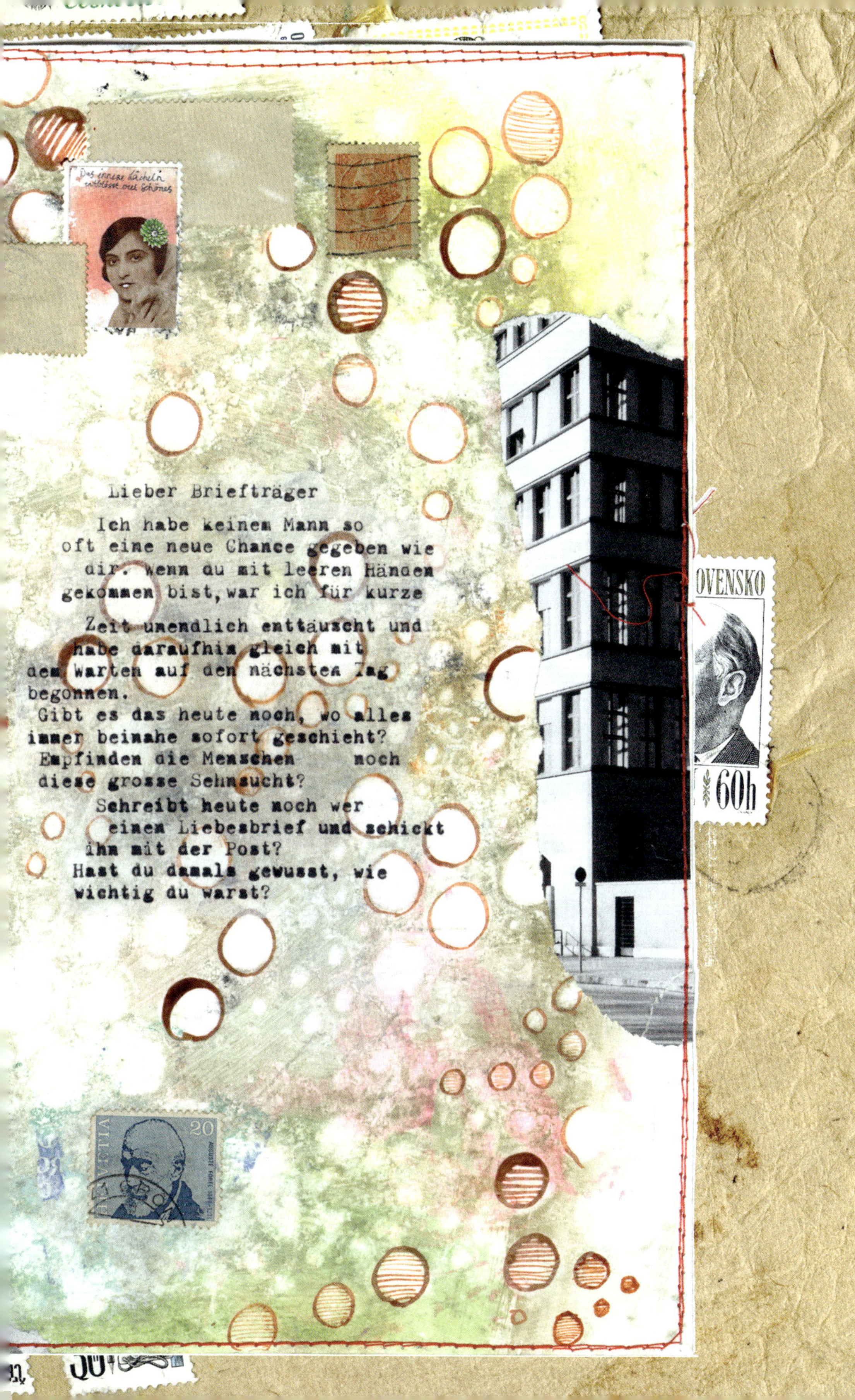
Lieber Briefträger
Ich habe keinen Mann so
oft eine neue Chance gegeben wie
dir. Wenn du mit leeren Händen
gekommen bist, war ich für kurze
Zeit unendlich enttäuscht und
habe daraufhin gleich mit
dem Warten auf den nächsten Tag
begonnen.
Gibt es das heute noch, wo alles
immer beinahe sofort geschieht?
Empfinden die Menschen noch
diese grosse Sehnsucht?
Schreibt heute noch wer
einen Liebesbrief und schickt
ihn mit der Post?
Hast du damals gewusst, wie
wichtig du warst?
OVENSKO
60h
HELVETIA
20

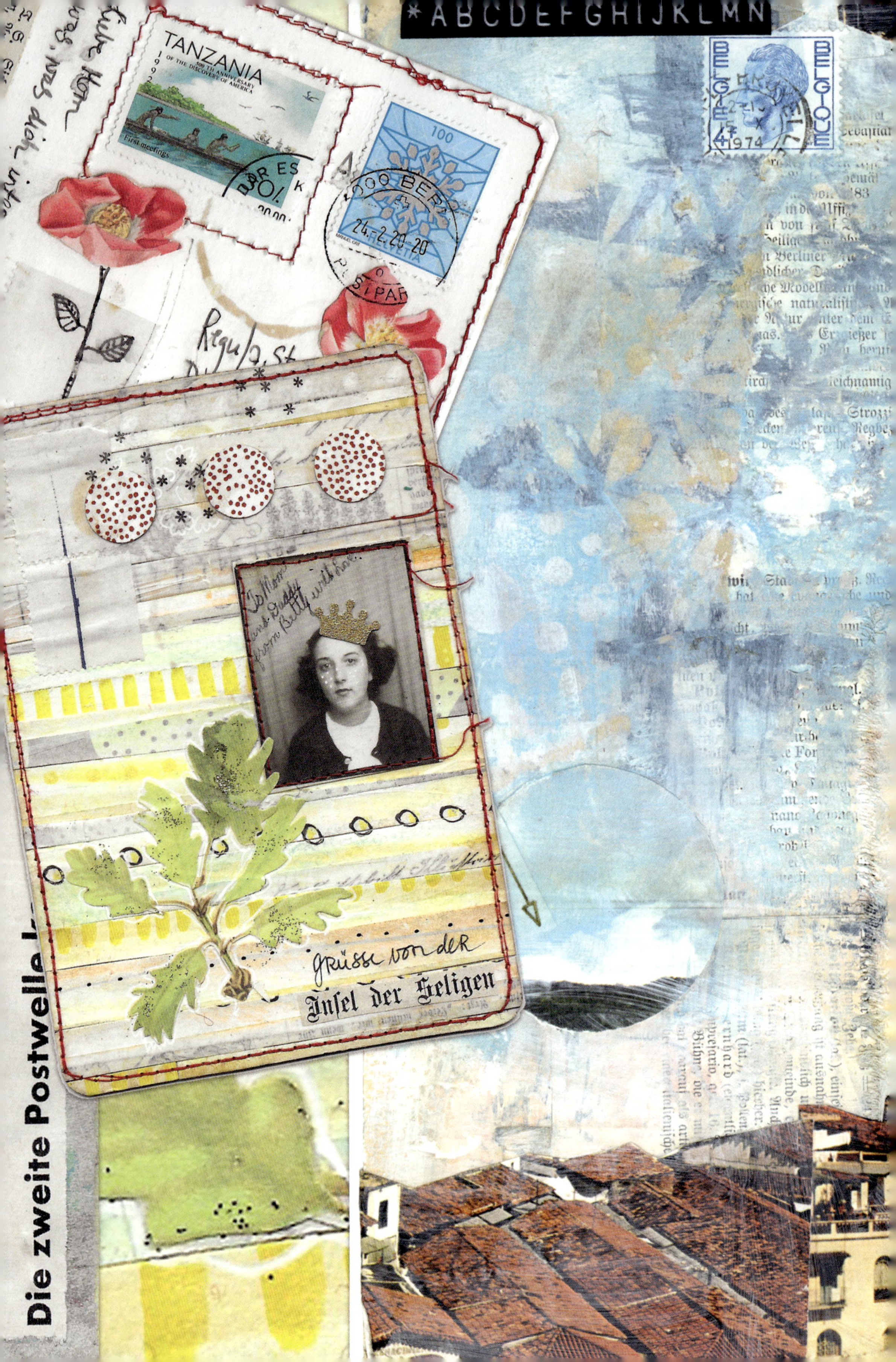
*ABCDEFGHIJKLMN
TANZANIA
1992
500 TH ANNIVERSARY OF THE DISCOVERY OF AMERICA
First meetings
100
HELVETIA
BELGIE
BELGIQUE
1974
Grüsse von der
Insel der Seligen
Die zweite Postwelle

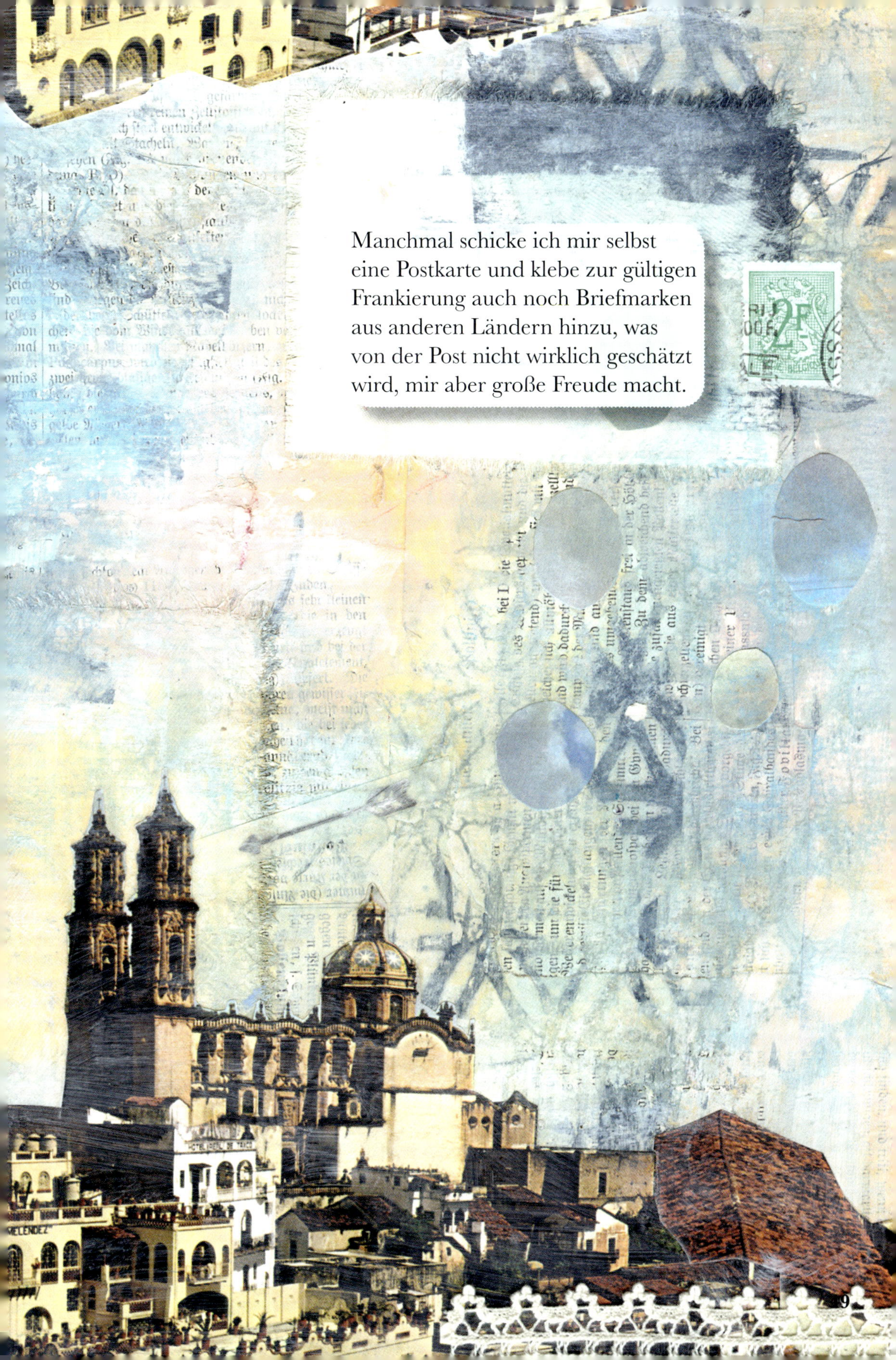

Manchmal schicke ich mir selbst eine Postkarte und klebe zur gültigen Frankierung auch noch Briefmarken aus anderen Ländern hinzu, was von der Post nicht wirklich geschätzt wird, mir aber große Freude macht.

POSTKARTENZINE

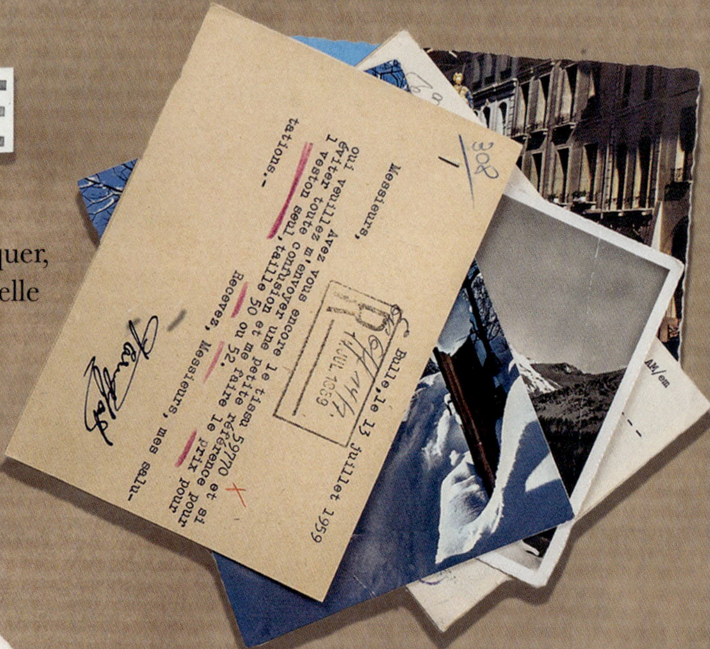

Falte eine Postkarte längs und quer, und schneide sie an einer Faltstelle bis zur Mitte ein (s. Bild unten).

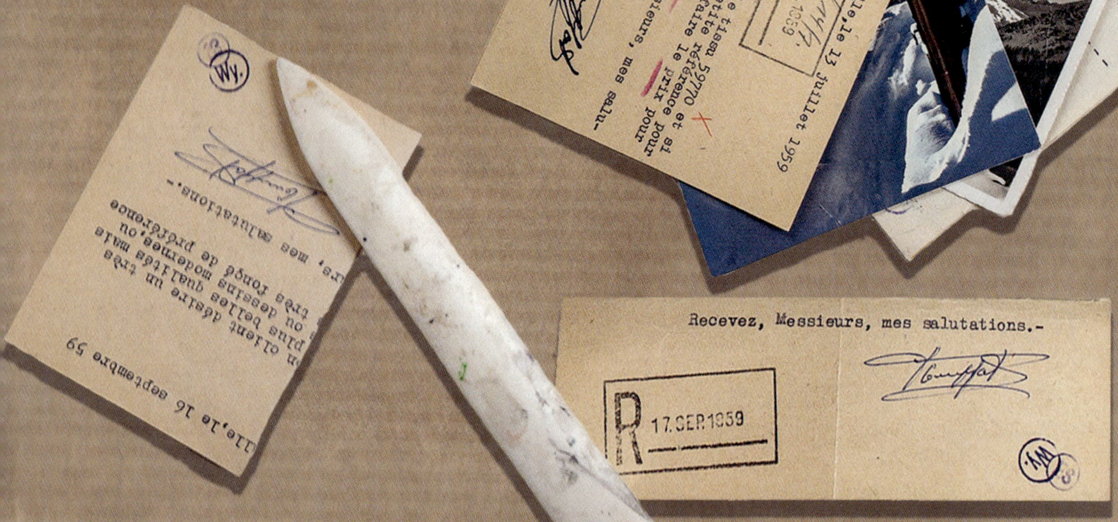

Klebe die ungeschnittenen Seiten (s. Pfeil) auf der Rückseite zusammen.

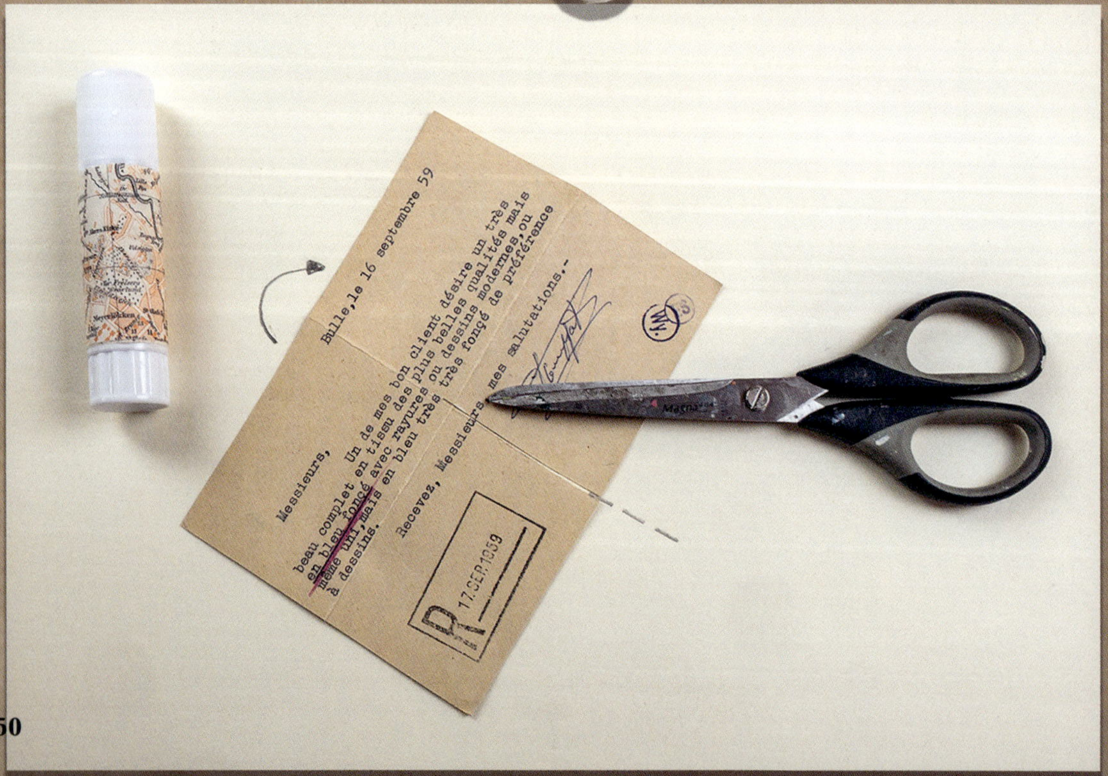

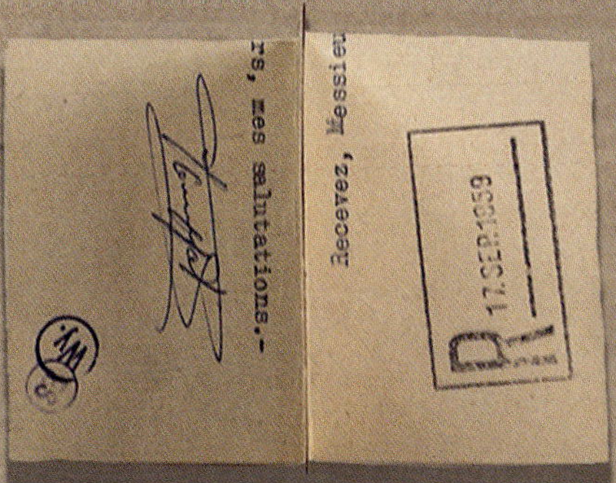

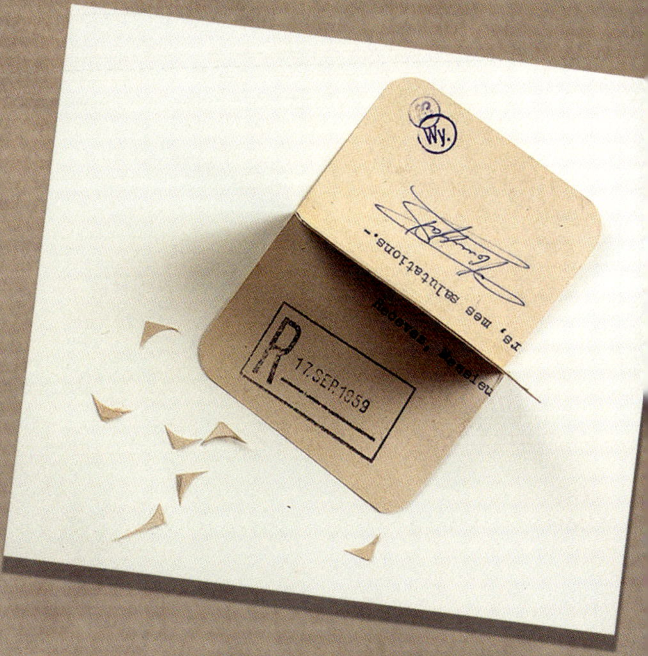

Falte die offenen Seiten zur Mitte hin, runde die Ecken und fülle das Zine mit allem, was dir Freude macht.

Wenn du mir beim Gestalten zuschauen möchtest, hier der Link zum Video:

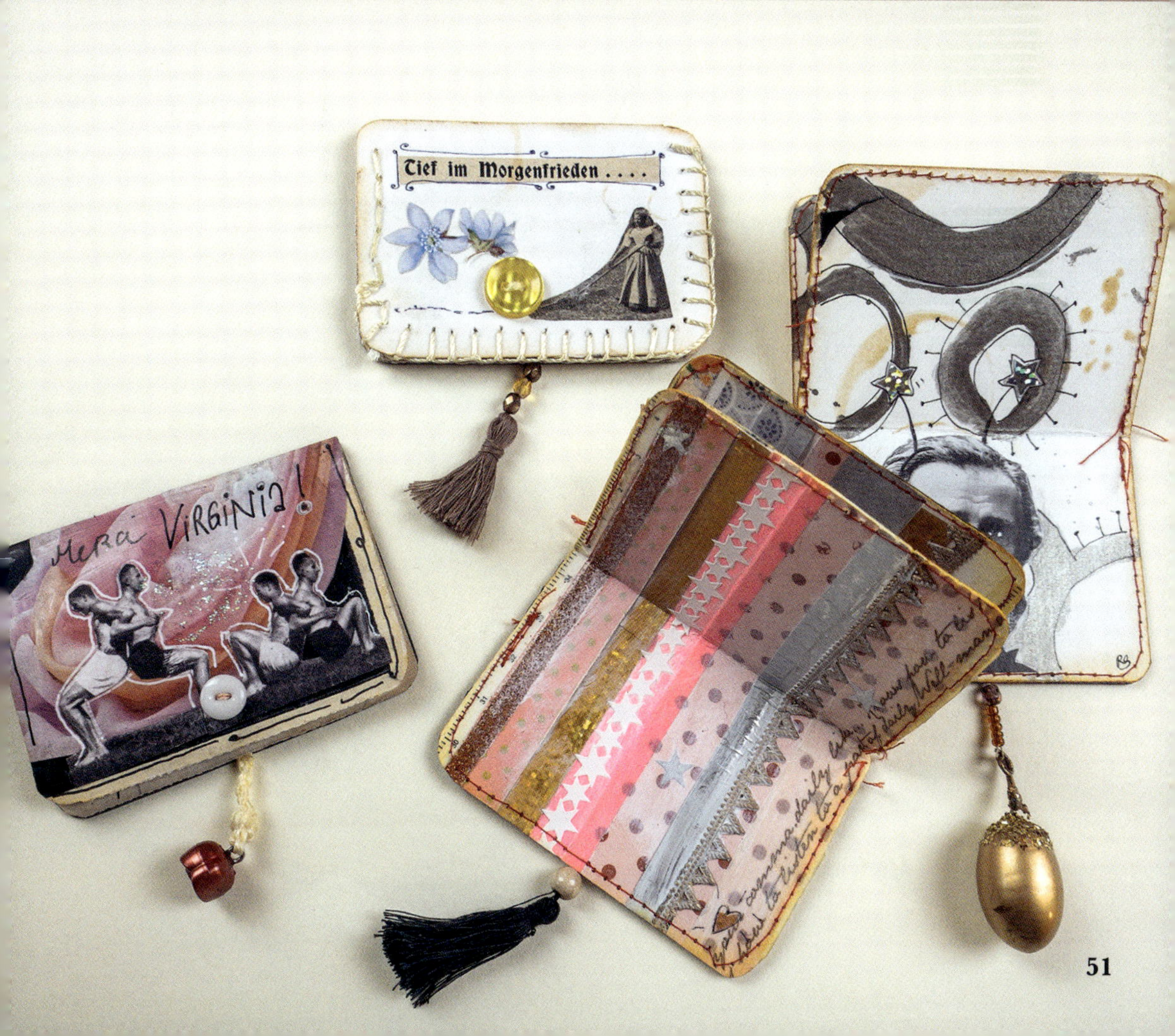

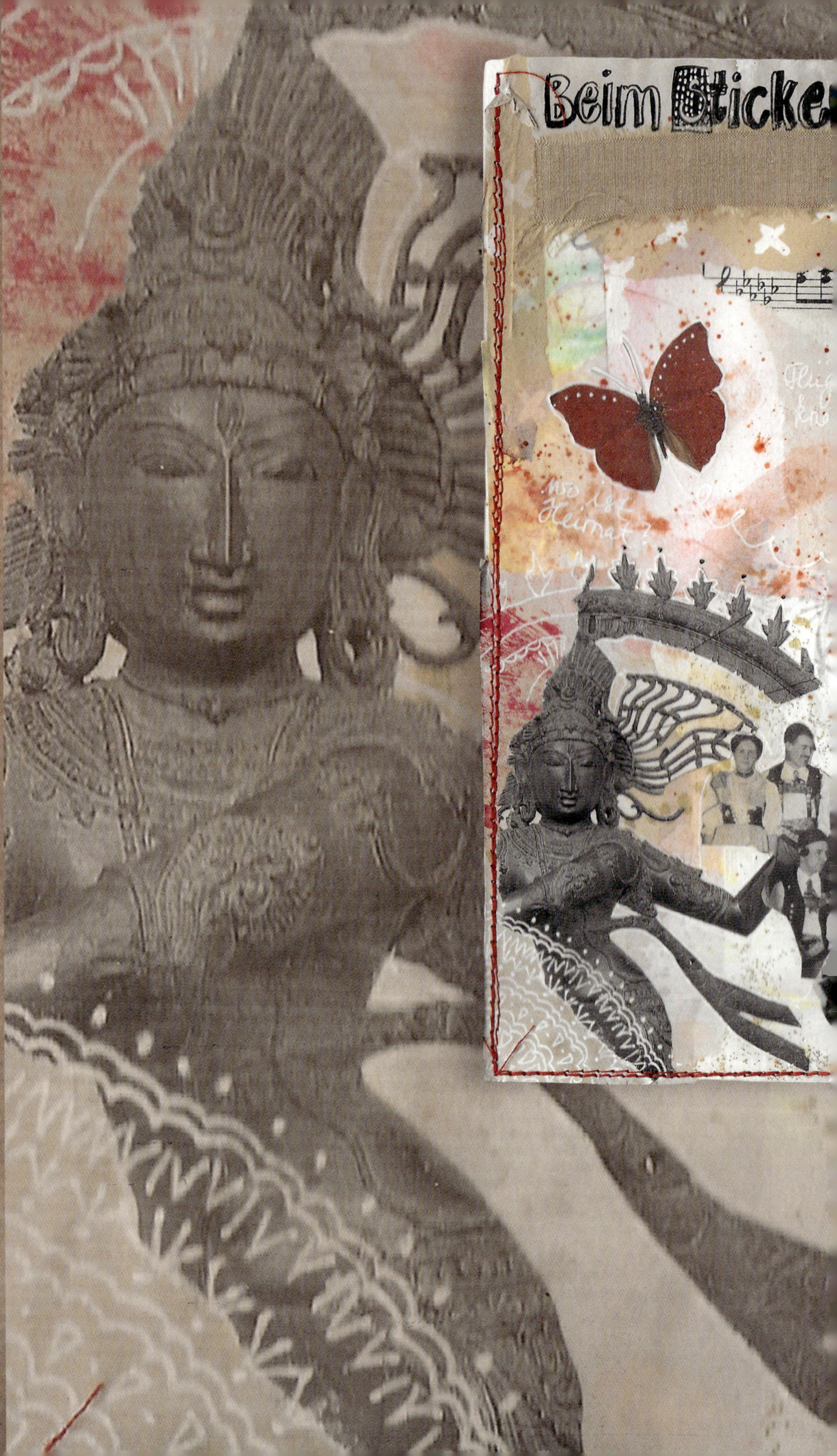

Beim Sticke
wo ist Heimat?

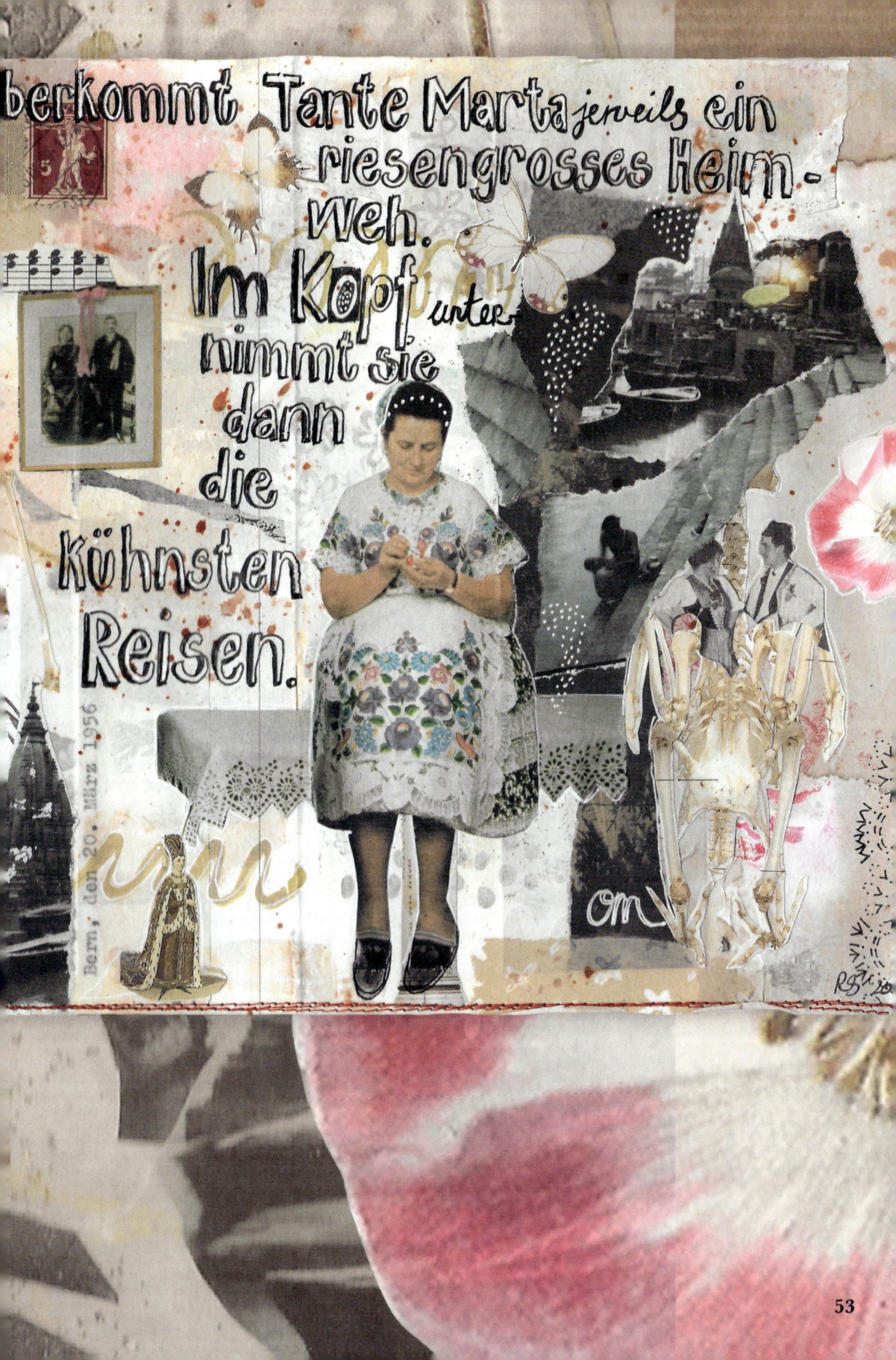
berkommt Tante Marta jeweils ein riesengrosses Heim-weh.
Im Kopf unternimmt sie dann die kühnsten Reisen.
Bern, den 20. März 1956
om
RS 20

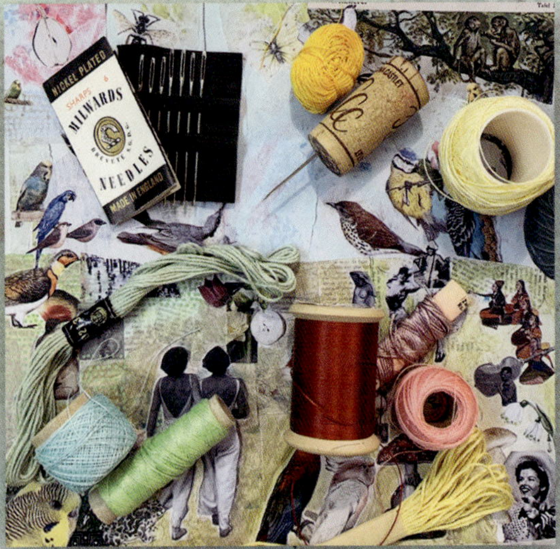

Knöpfchen und Fäden aus Mutters Nähkiste warten sehnsüchtig darauf, nochmals eine Verwendung zu finden. Es macht Spaß, mit einer spitzen Nadel eine einfach Form vorzustechen und diese dann mit ein paar Stichen nachzusticken, wie wir das als Kinder schon getan haben. Das funktioniert übrigens auch auf Leinwand oder auf dickem Karton.

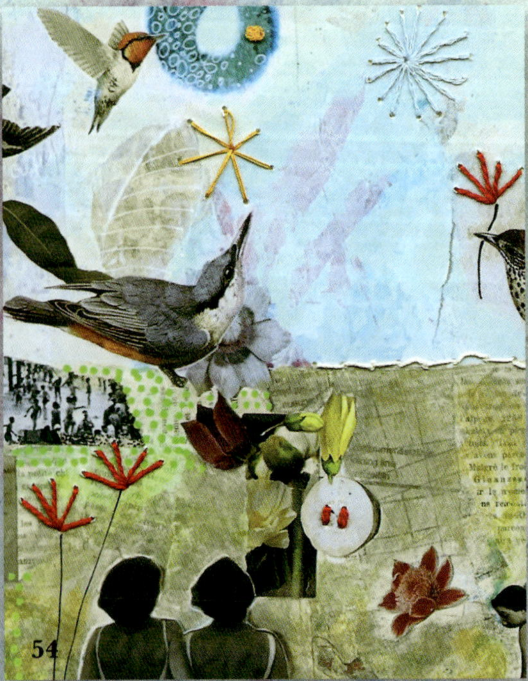

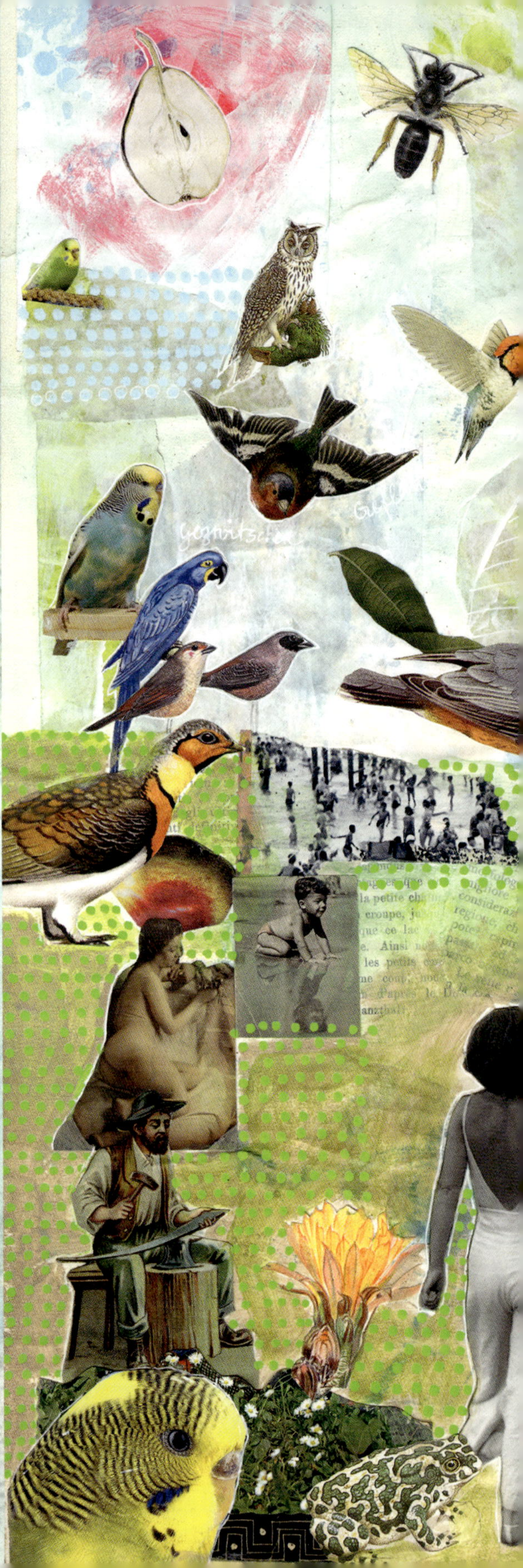

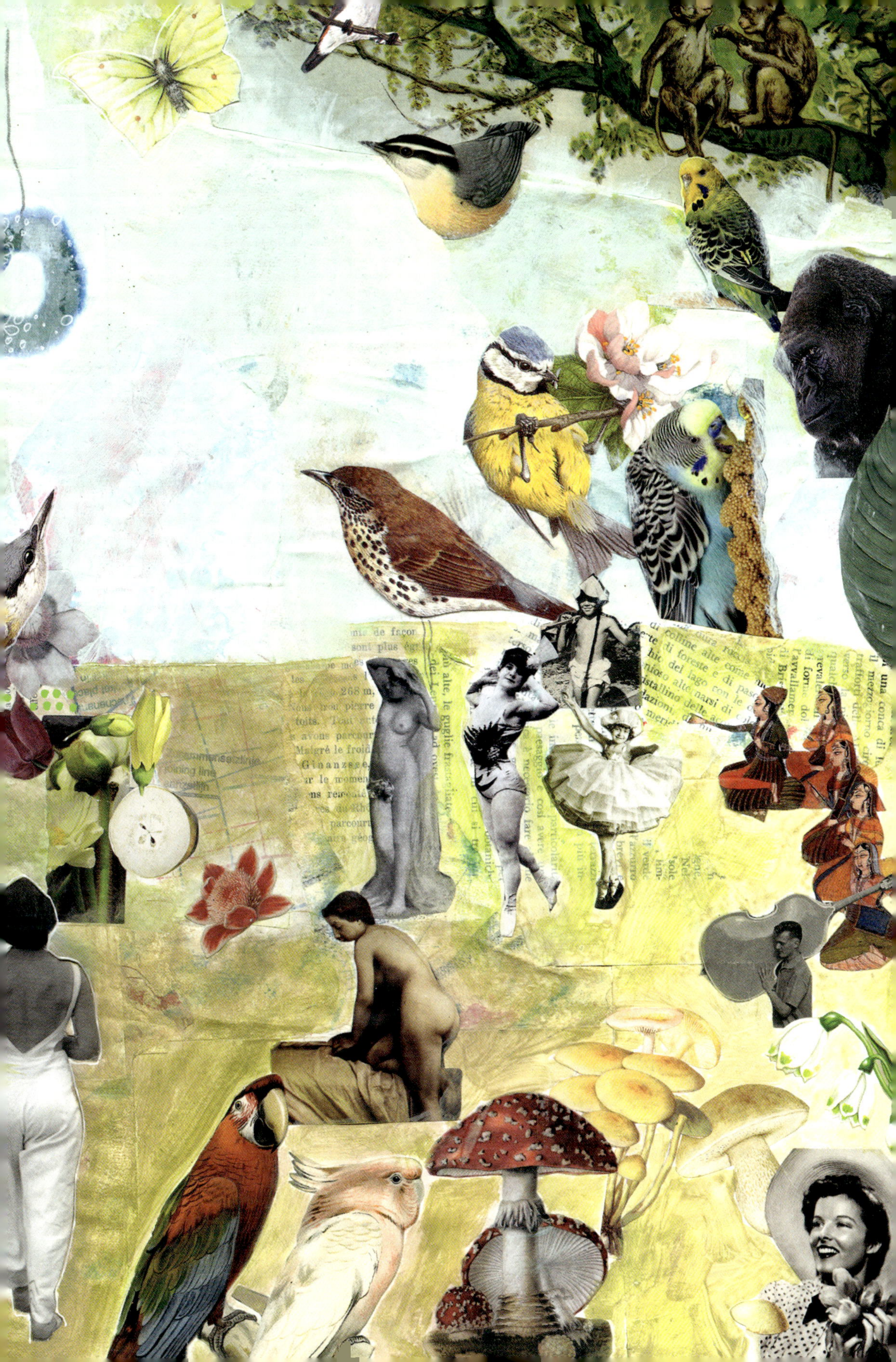

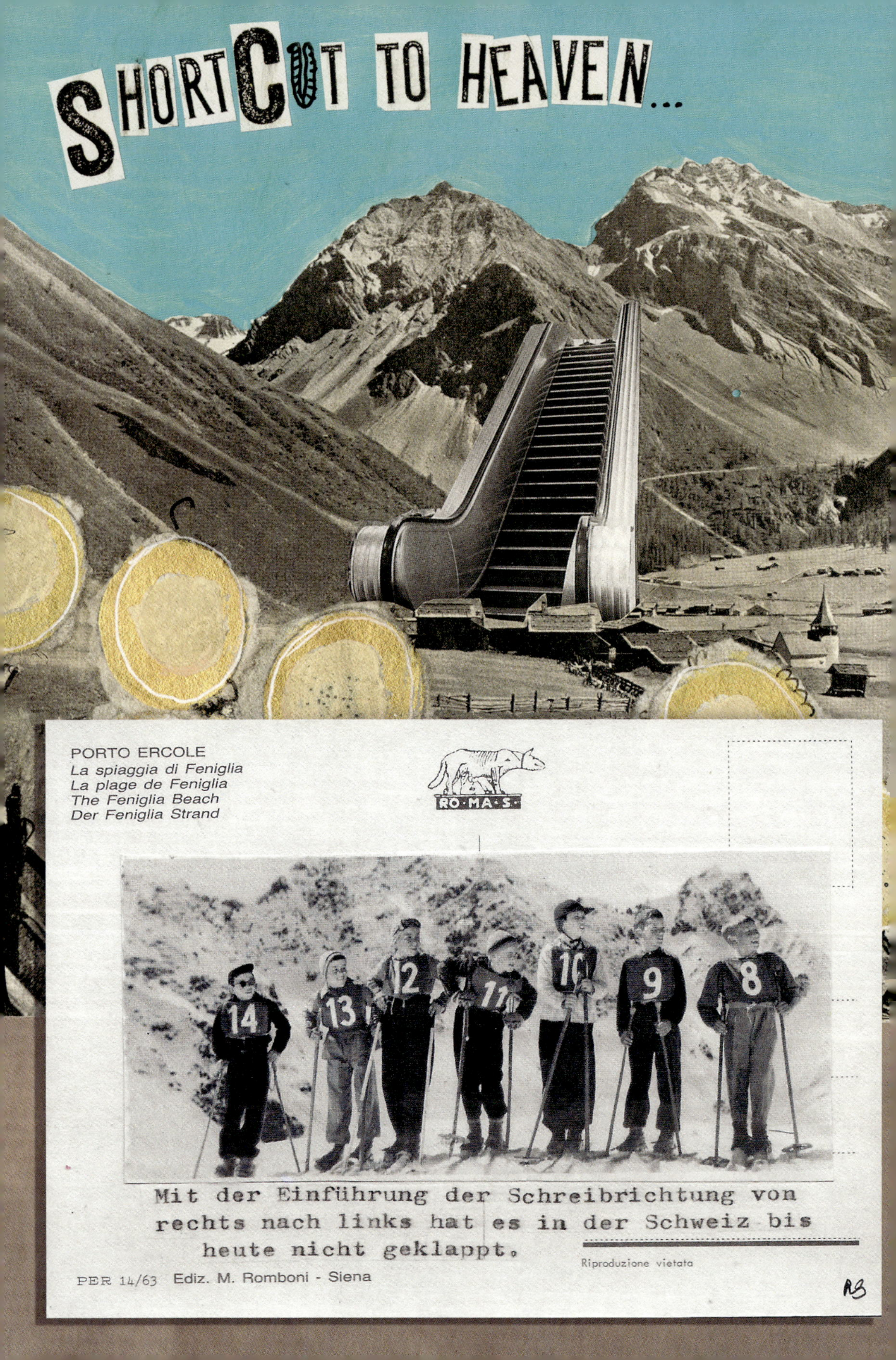
SHORTCUT TO HEAVEN...
PORTO ERCOLE
La spiaggia di Feniglia
La plage de Feniglia
The Feniglia Beach
Der Feniglia Strand
RO·MA·S·
14
13
12
11
10
9
8
Mit der Einführung der Schreibrichtung von rechts nach links hat es in der Schweiz bis heute nicht geklappt.
Riproduzione vietata
PER 14/63 Ediz. M. Romboni - Siena
RB

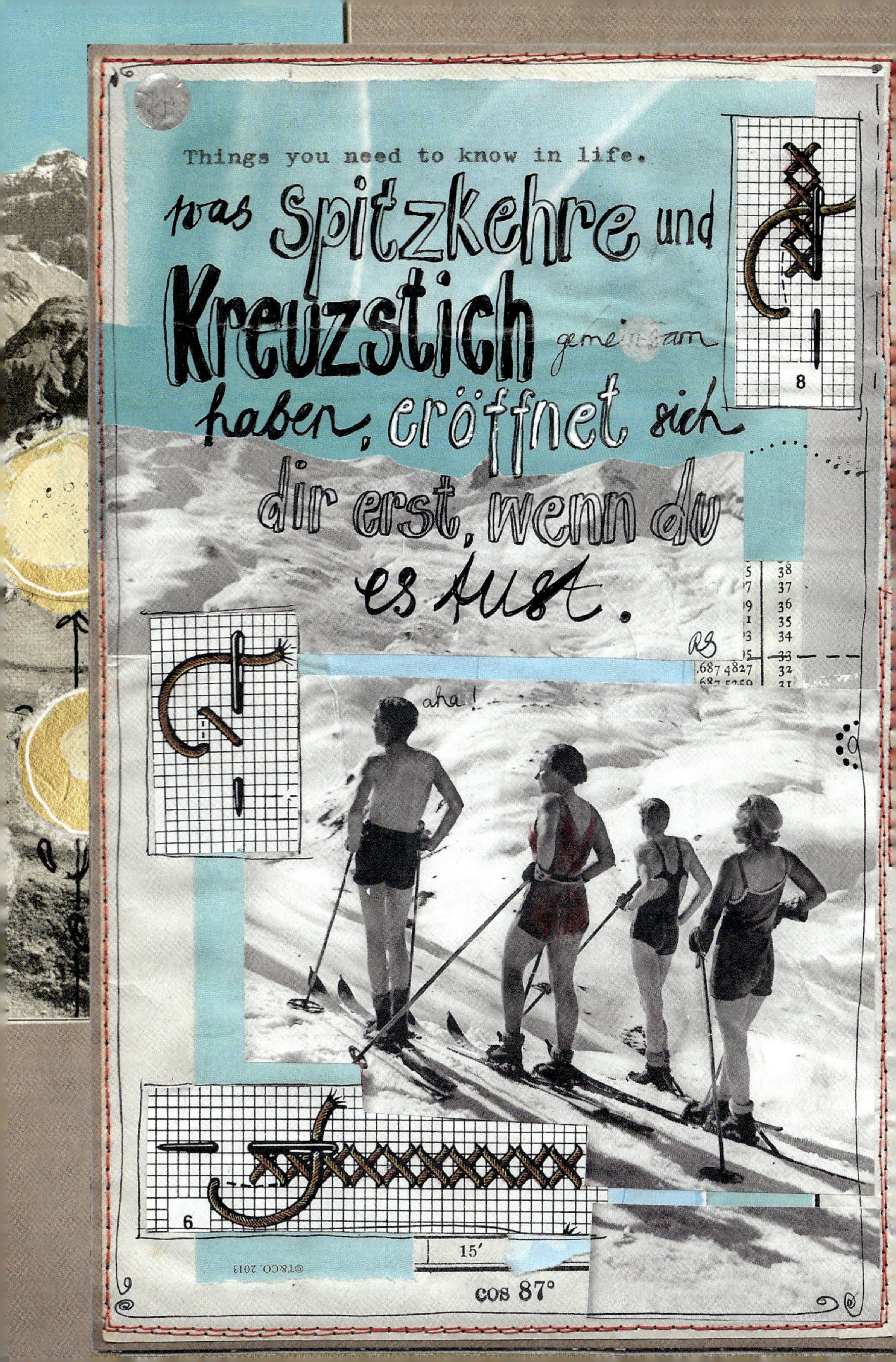
Things you need to know in life.
was Spitzkehre und Kreuzstich gemeinsam haben, eröffnet sich dir erst, wenn du es tust.
RS
aha!
8
6
15′
cos 87°

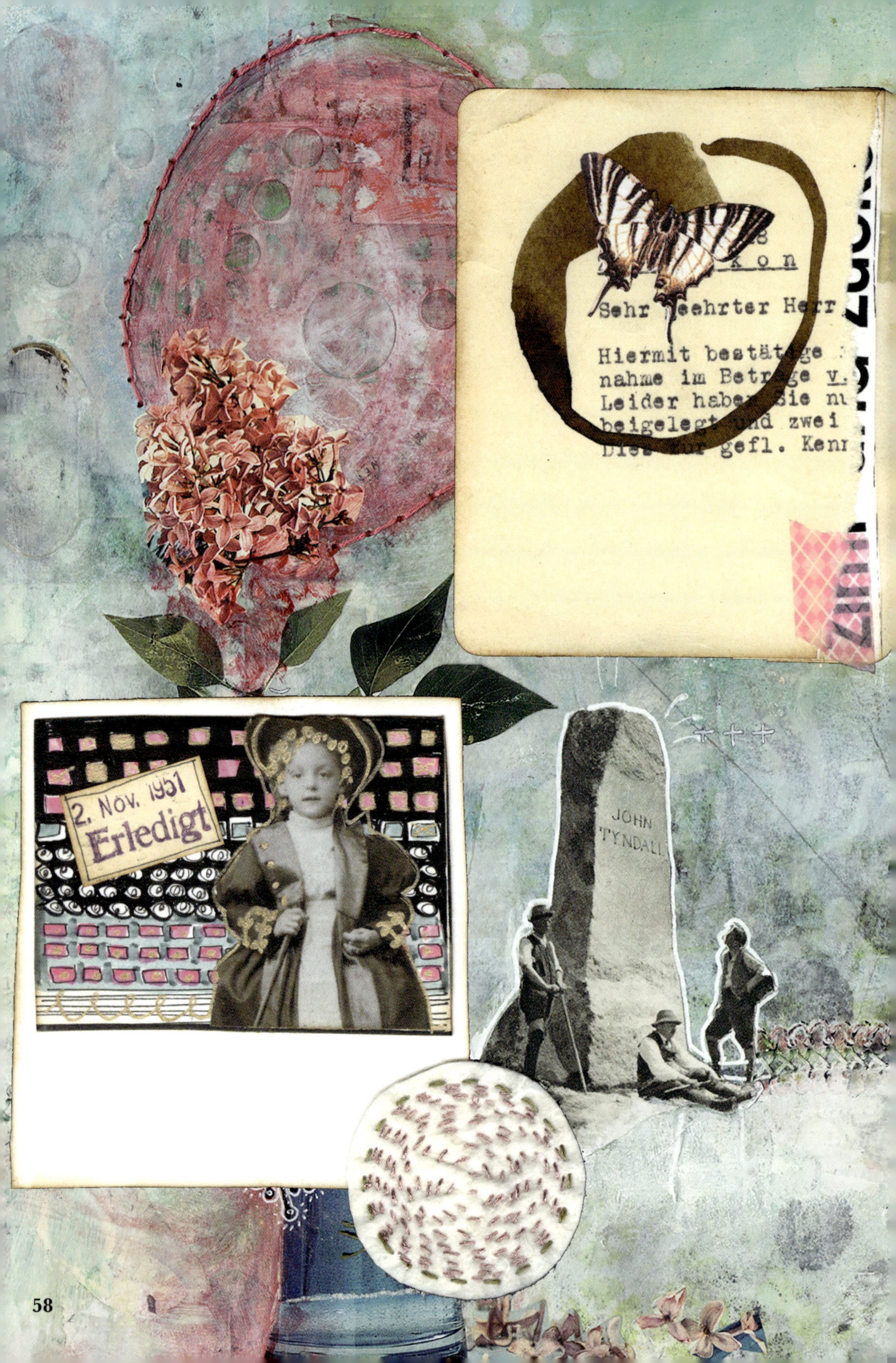
kon
Sehr eehrter Herr
Hiermit bestätge
nahme im Betrage v.
Leider haben Sie nu
beigelegt und zwei
gefl. Kenn
2. Nov. 1951
Erledigt
JOHN
TYNDALL

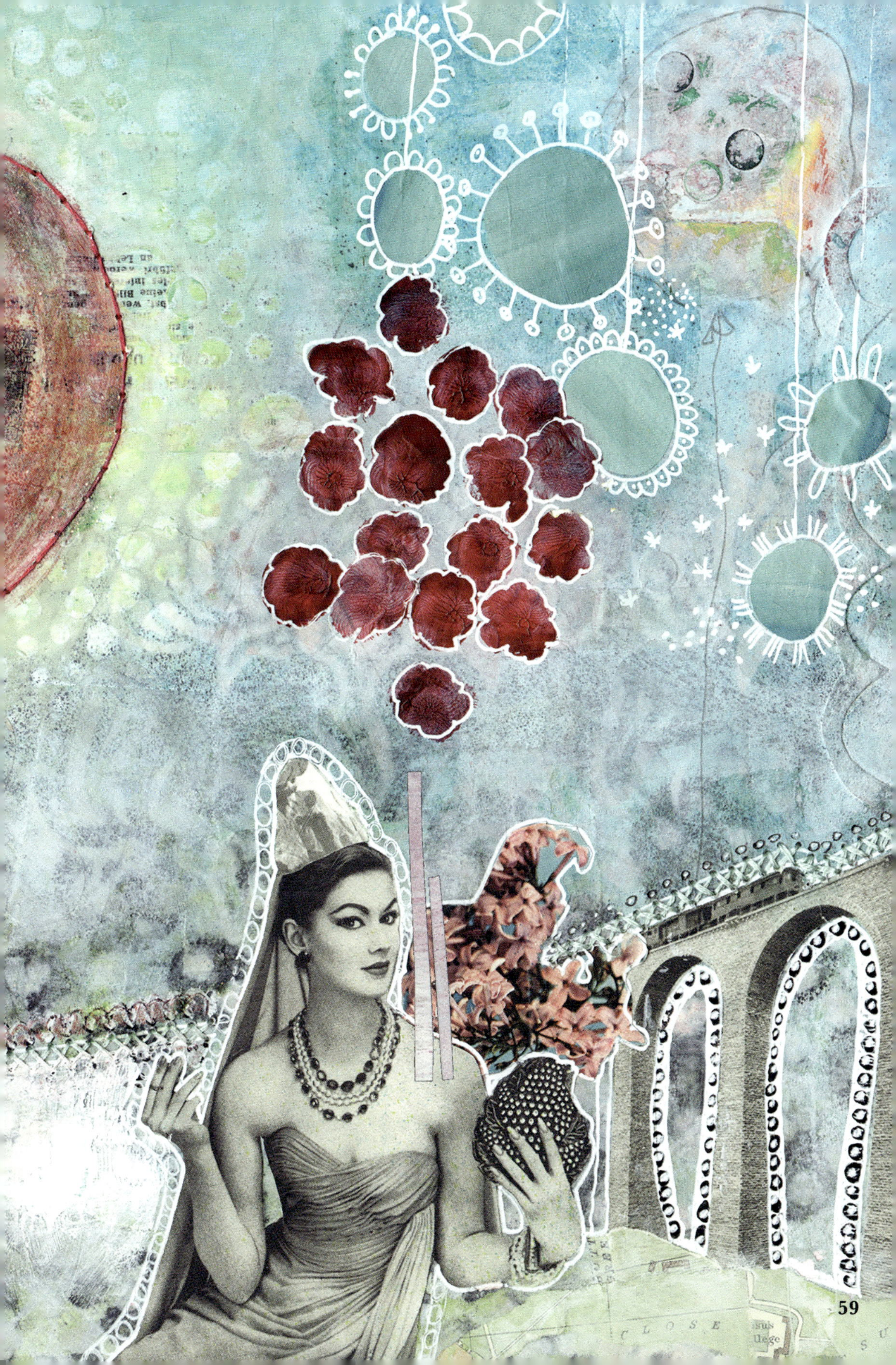

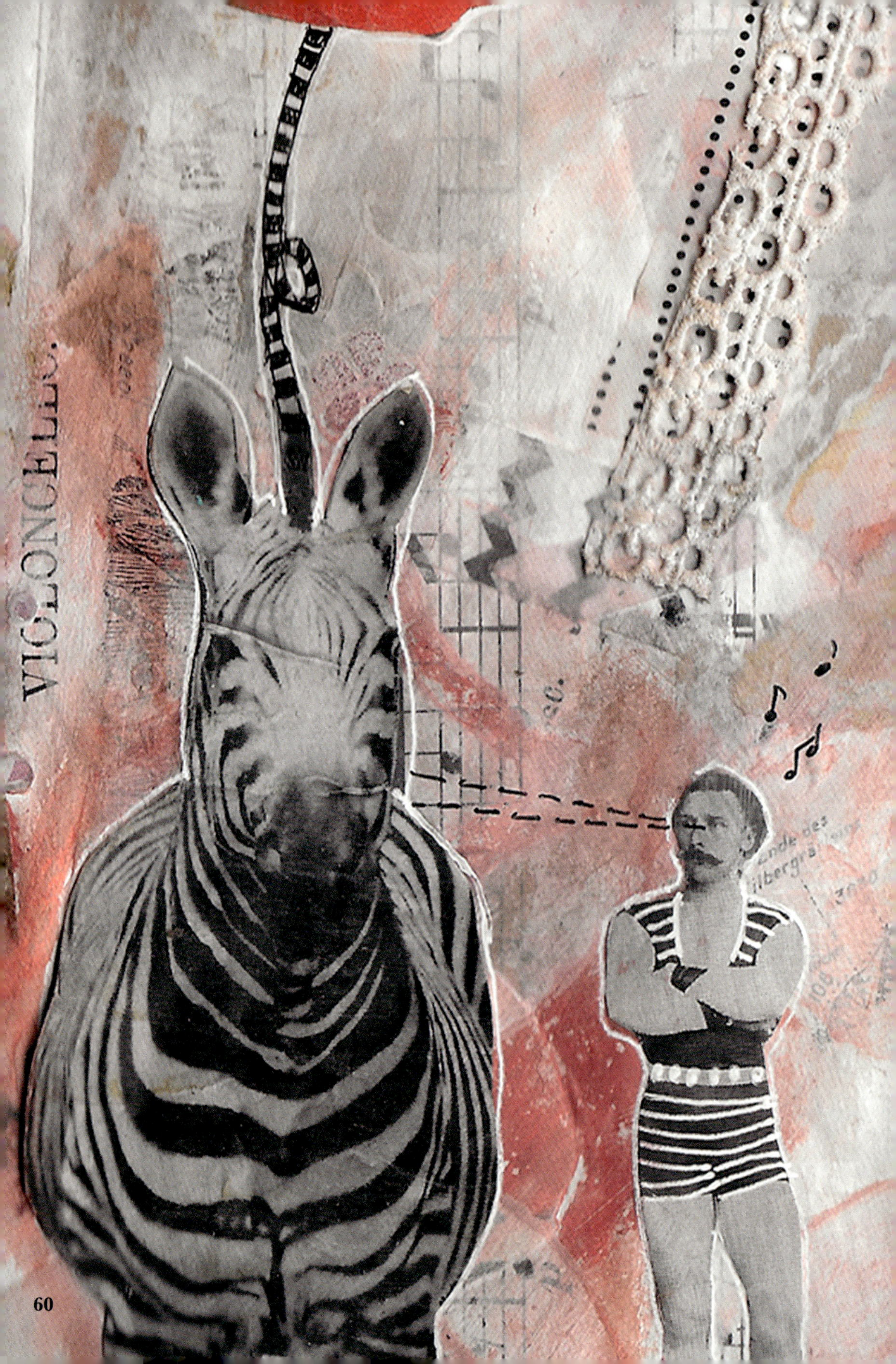

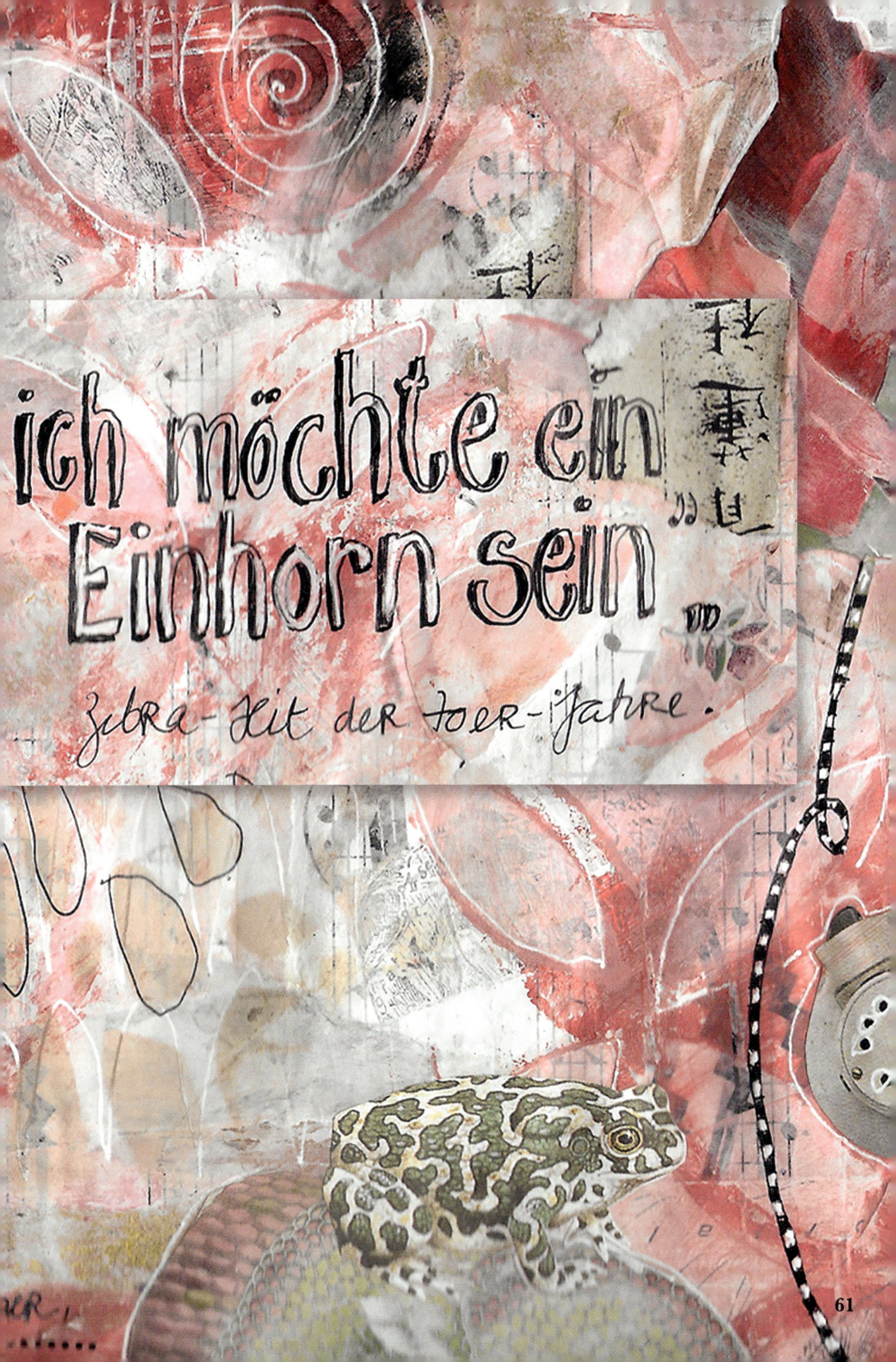
ich möchte ein
Einhorn sein
Zebra-Hit der 70er-Jahre.

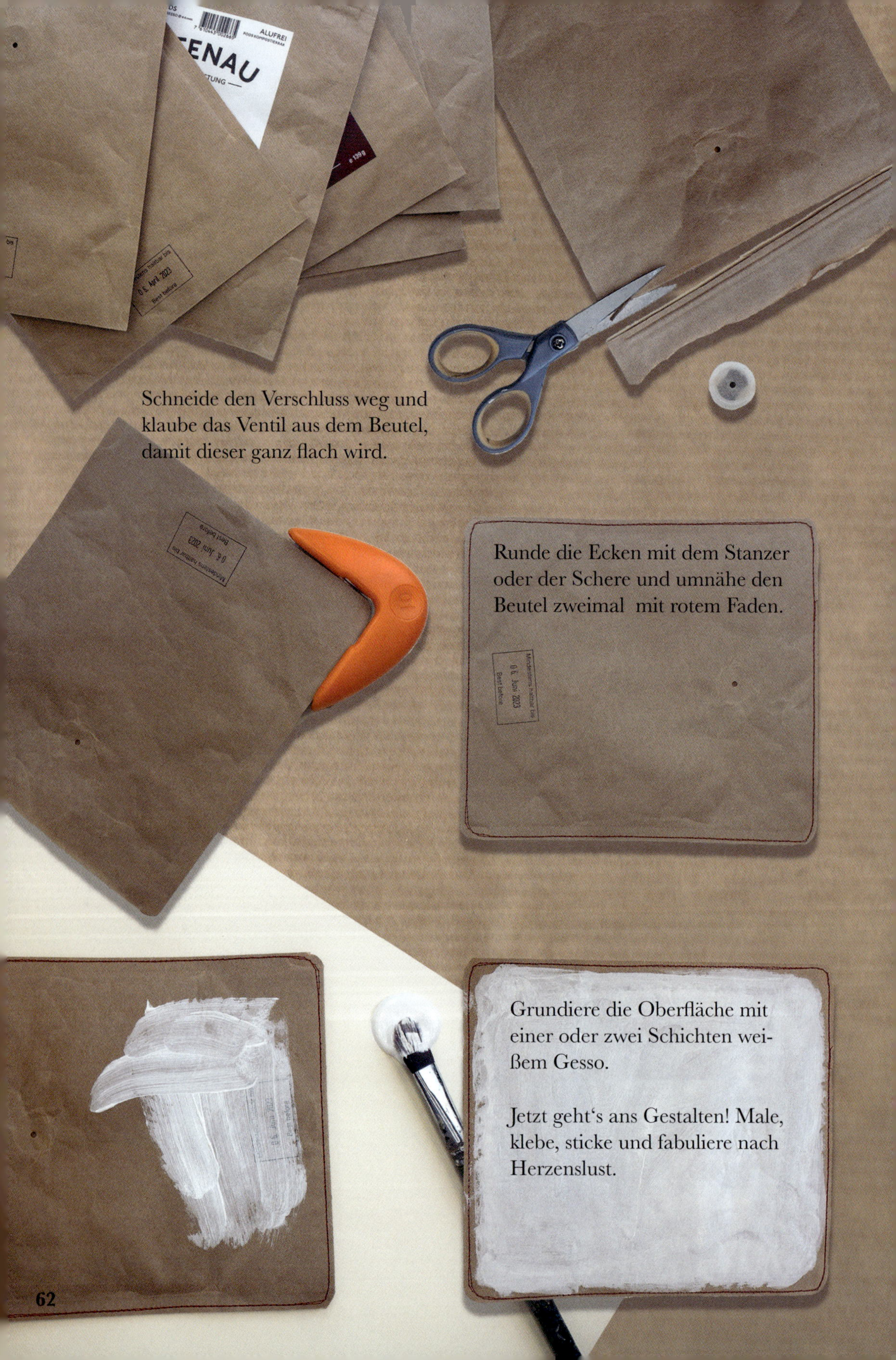

Schneide den Verschluss weg und klaube das Ventil aus dem Beutel, damit dieser ganz flach wird.

Runde die Ecken mit dem Stanzer oder der Schere und umnähe den Beutel zweimal mit rotem Faden.

Grundiere die Oberfläche mit einer oder zwei Schichten weißem Gesso.

Jetzt geht's ans Gestalten! Male, klebe, sticke und fabuliere nach Herzenslust.

KAFFEELIEBE

Ich starte den Tag gerne mit ein paar Tassen Kaffee. Dazu nehme ich ein Journal zur Hand, schreibe ein paar Zeilen, klebe etwas ein oder zeichne etwas Simples. Die Verpackung von meinen Kaffeepads hat mich zu einem schnellen Projekt inspiriert.

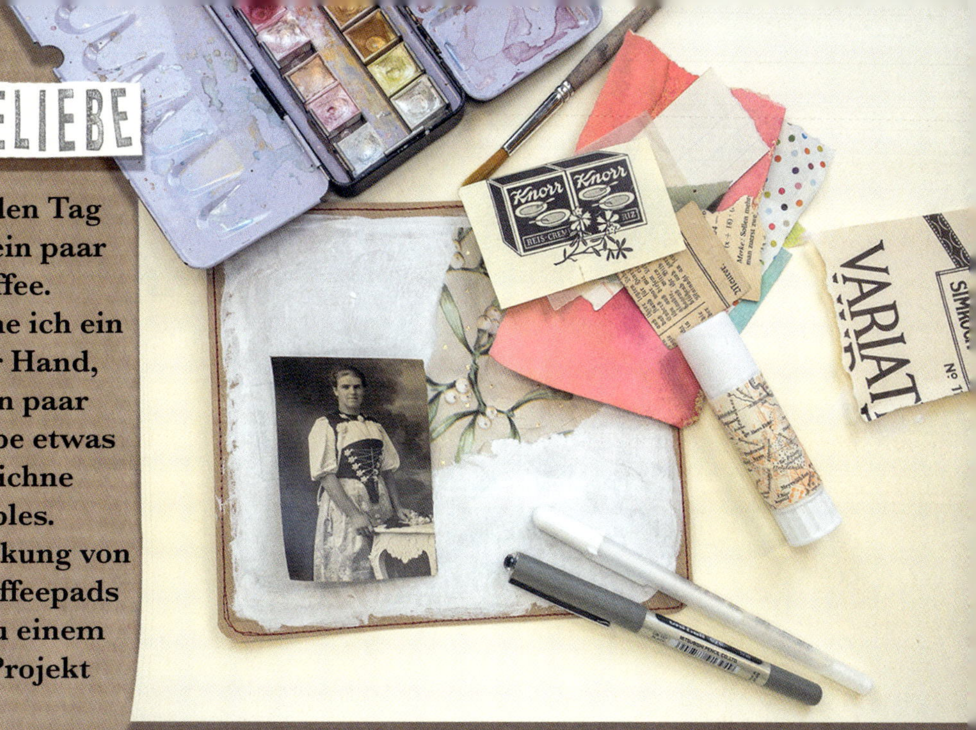

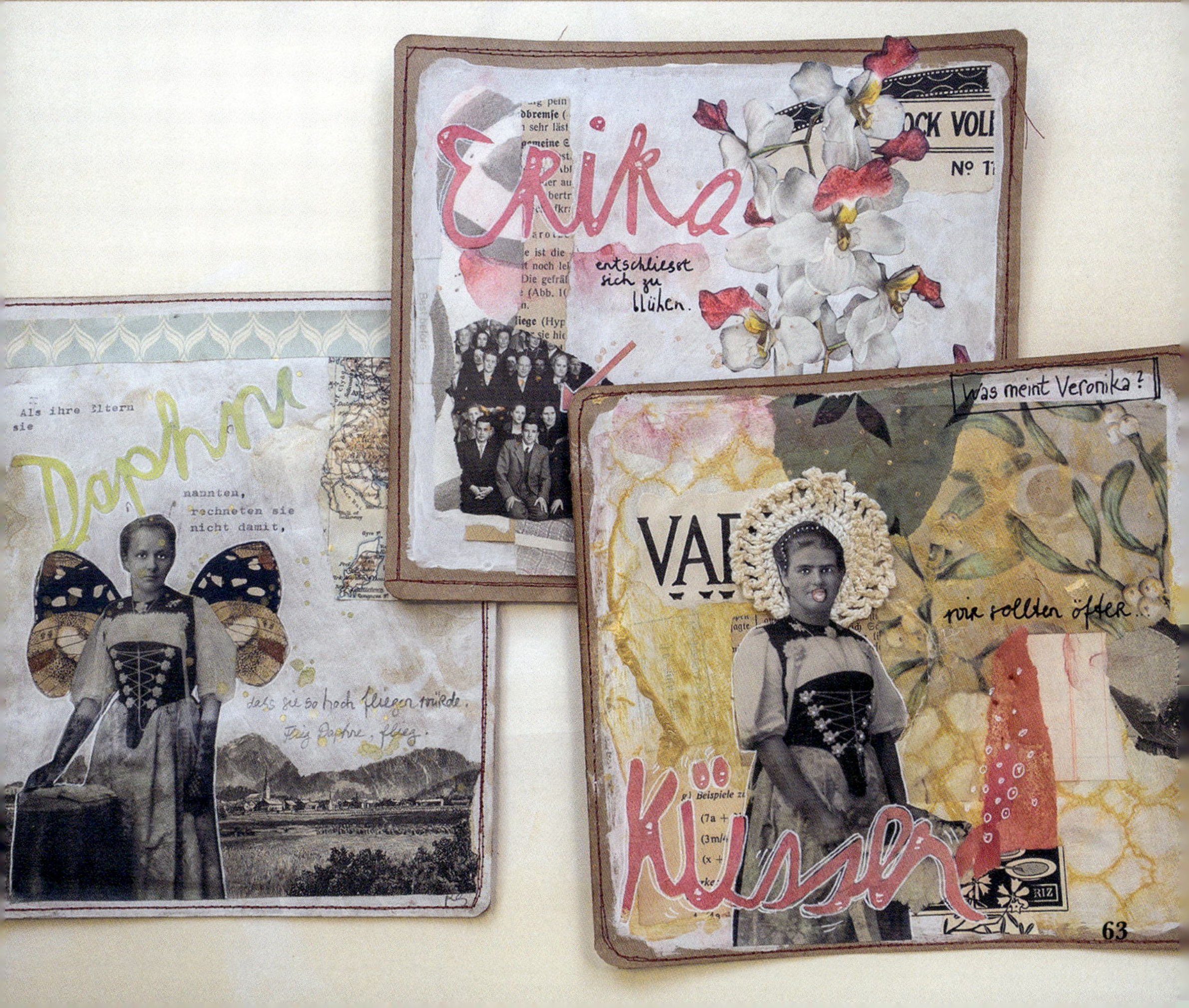

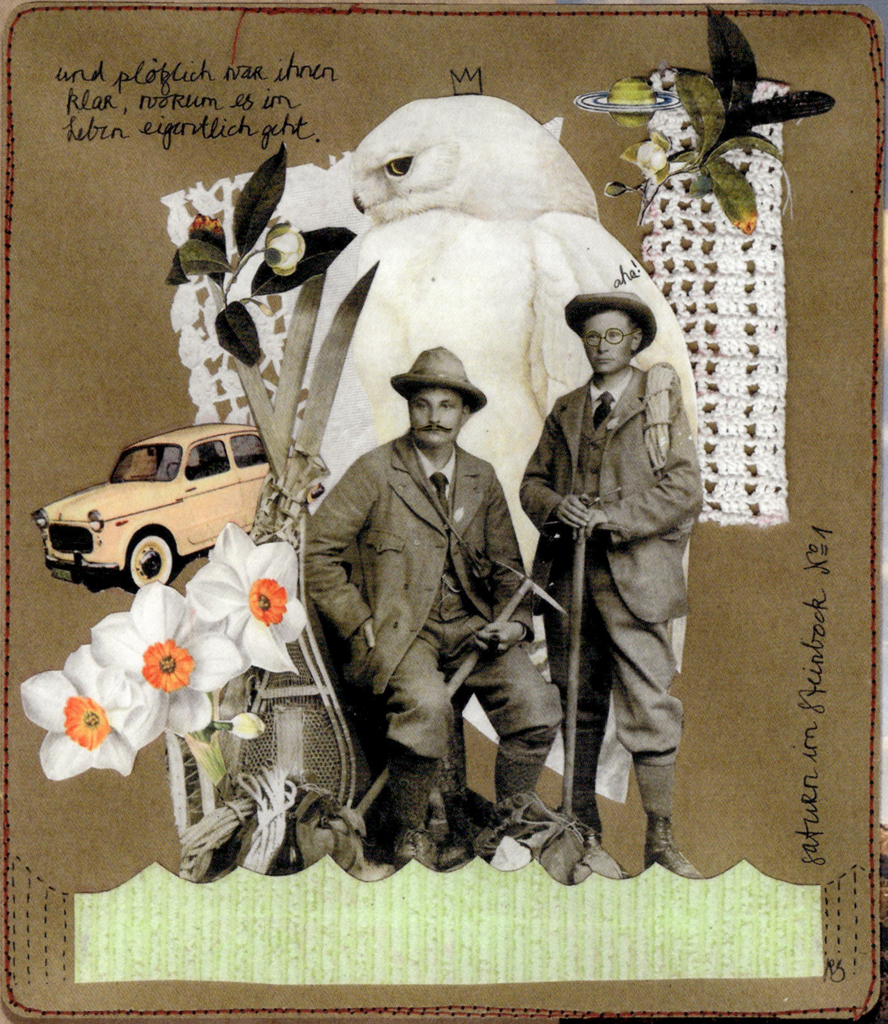
und plötzlich war ihnen klar, worum es im Leben eigentlich geht.
aha!
saturn im Steinbock No1

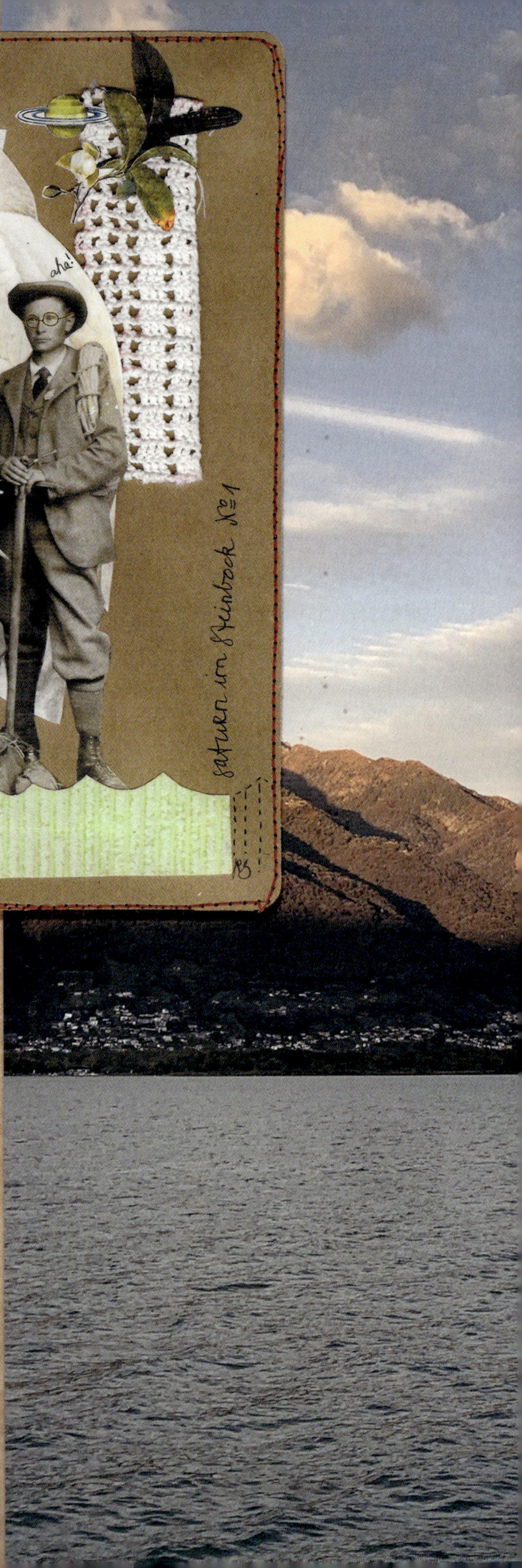

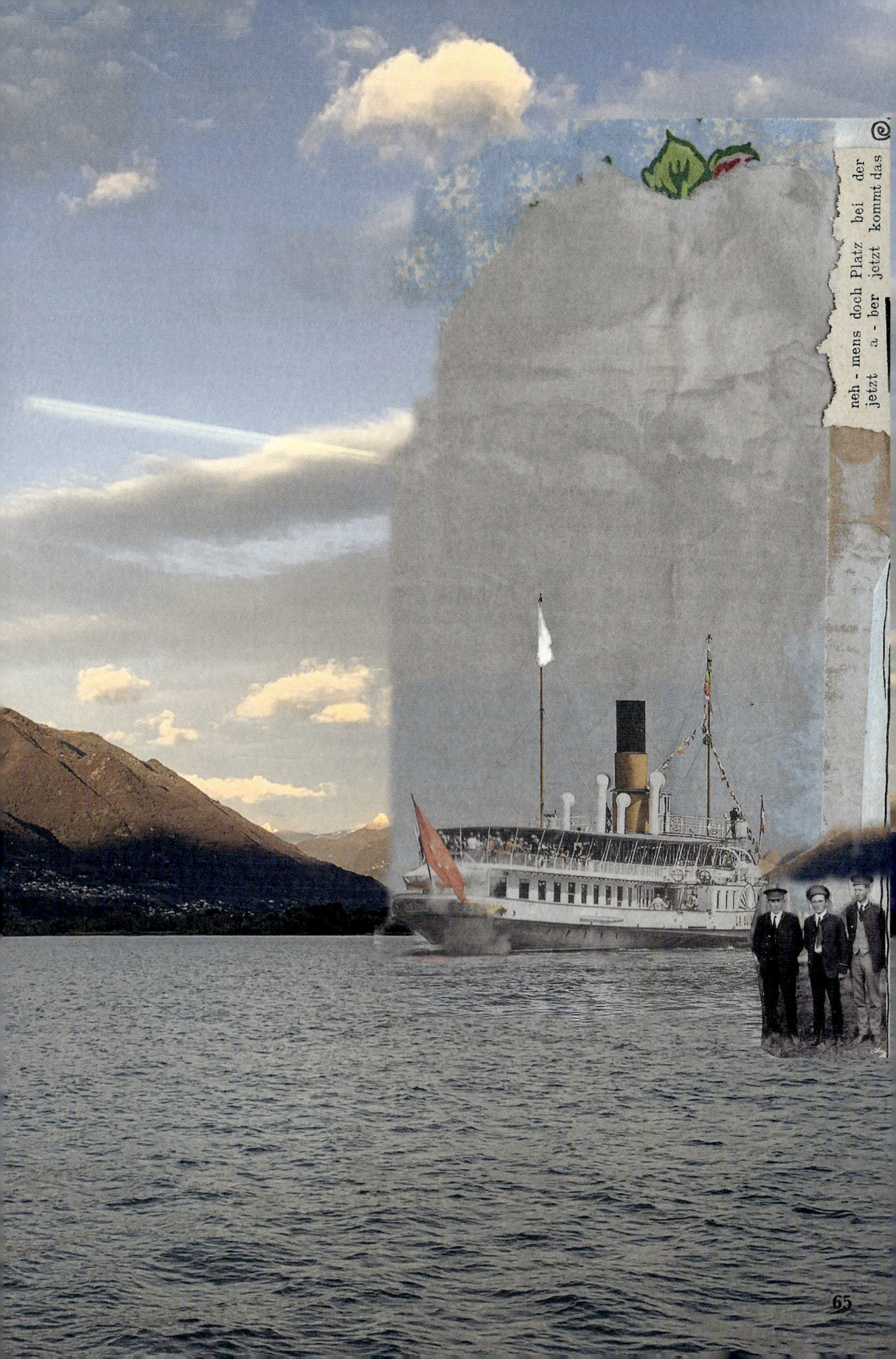
neh - mens doch Platz bei der
jetzt a - ber jetzt kommt das

STREIFEN MACHEN FROH ODER SO

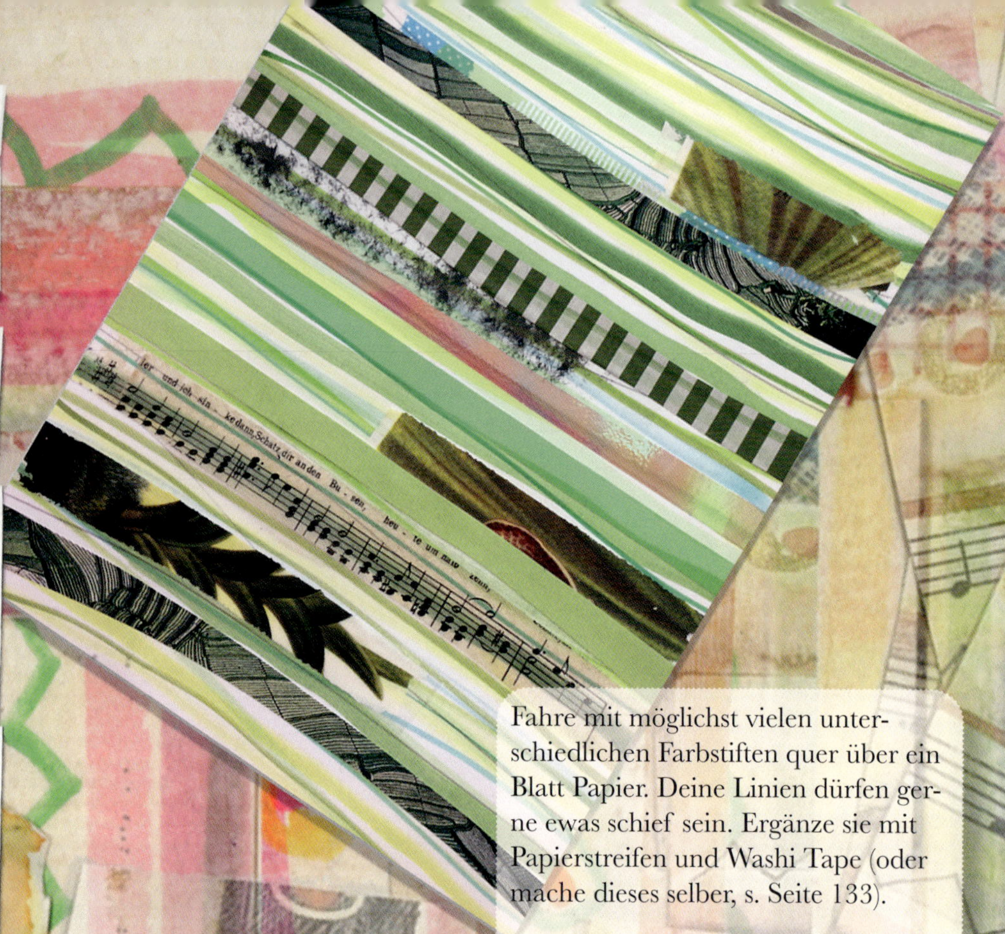

Fahre mit möglichst vielen unterschiedlichen Farbstiften quer über ein Blatt Papier. Deine Linien dürfen gerne ewas schief sein. Ergänze sie mit Papierstreifen und Washi Tape (oder mache dieses selber, s. Seite 133).

Lege eine transparente Schicht Gesso über dein Blatt und lasse sie trocknen. Verwende eine Kreditkarte als Spachtel oder verteile das Gesso mit einem feuchten Tuch. Zeichne ein paar Muster darüber, nimm dazu Fineliner, Farbstifte, Acrylmarker – was dir eben so zur Verfügung steht.

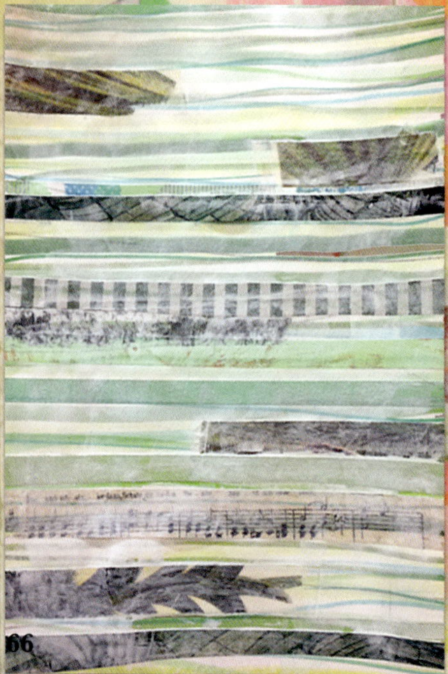

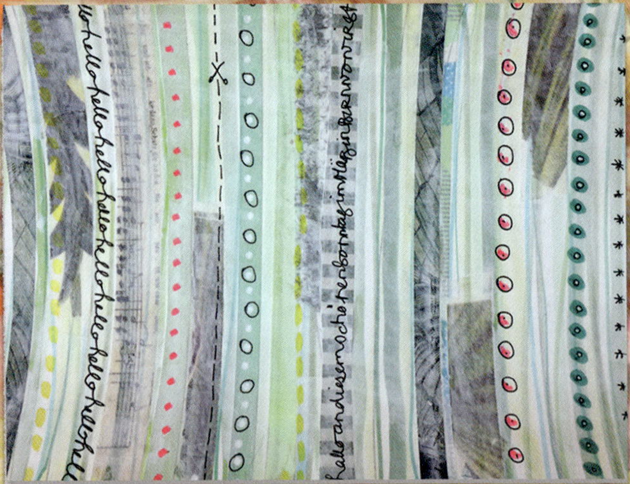

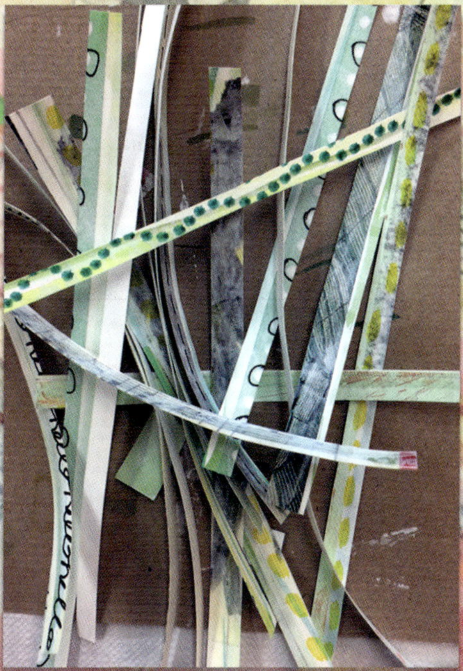

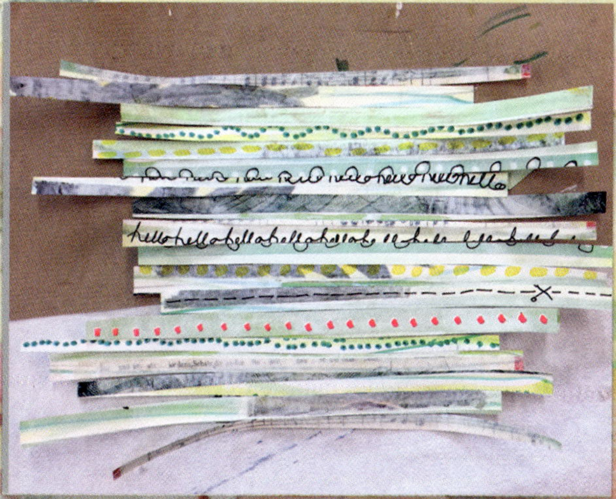

Schneide dein Blatt in ca. 8 mm breite Streifen. Genieße dieses meditative Schneiden mit der Schere. Mische deinen Streifensalat und klebe ihn mit Leimstift in beliebiger Reihenfolge auf eine Postkarte. Schneide weg, was an den Rändern vorsteht, und verwende diese Abschnitte für eine weitere Karte oder klebe sie auf eine Zündholzschachtel. Wenn du dein Streifenpapier quer zu den Streifen schneidest, entstehen optisch kleine Quadrate. Beim Verwenden dieser Streifen erhältst du eine Art Mosaik.

Ich versuche, den Einstieg ins kreative Tun so niederschwellig wie möglich zu gestalten. Ein Blatt Papier und ein paar Stifte sind meistens schnell zur Hand. Selbstverständlich dürfen auch bei diesem Projekt die Tupfen nicht fehlen!

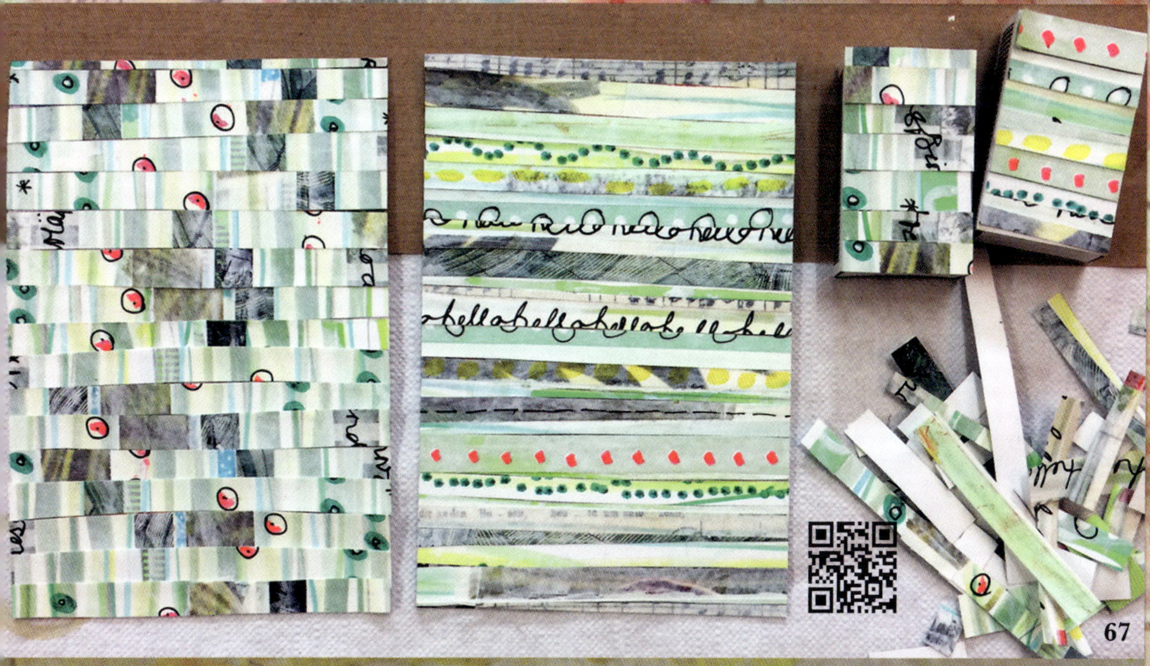

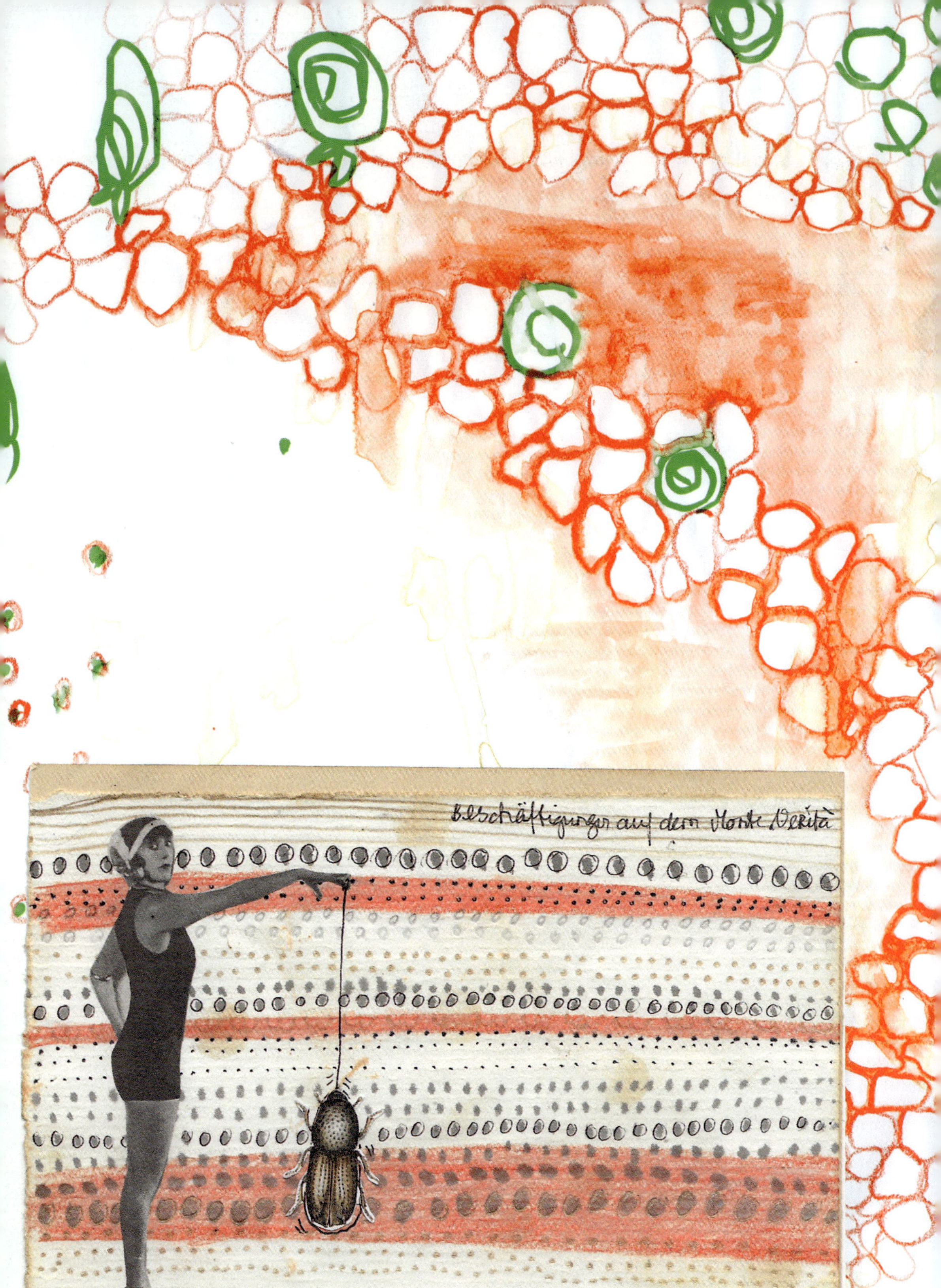
Beschäftigungen auf dem Monte Verità
Jojo-Spiel mit BORKENKÄFER

Ein Naturgesetz:

FREUDE

vergeht nicht.

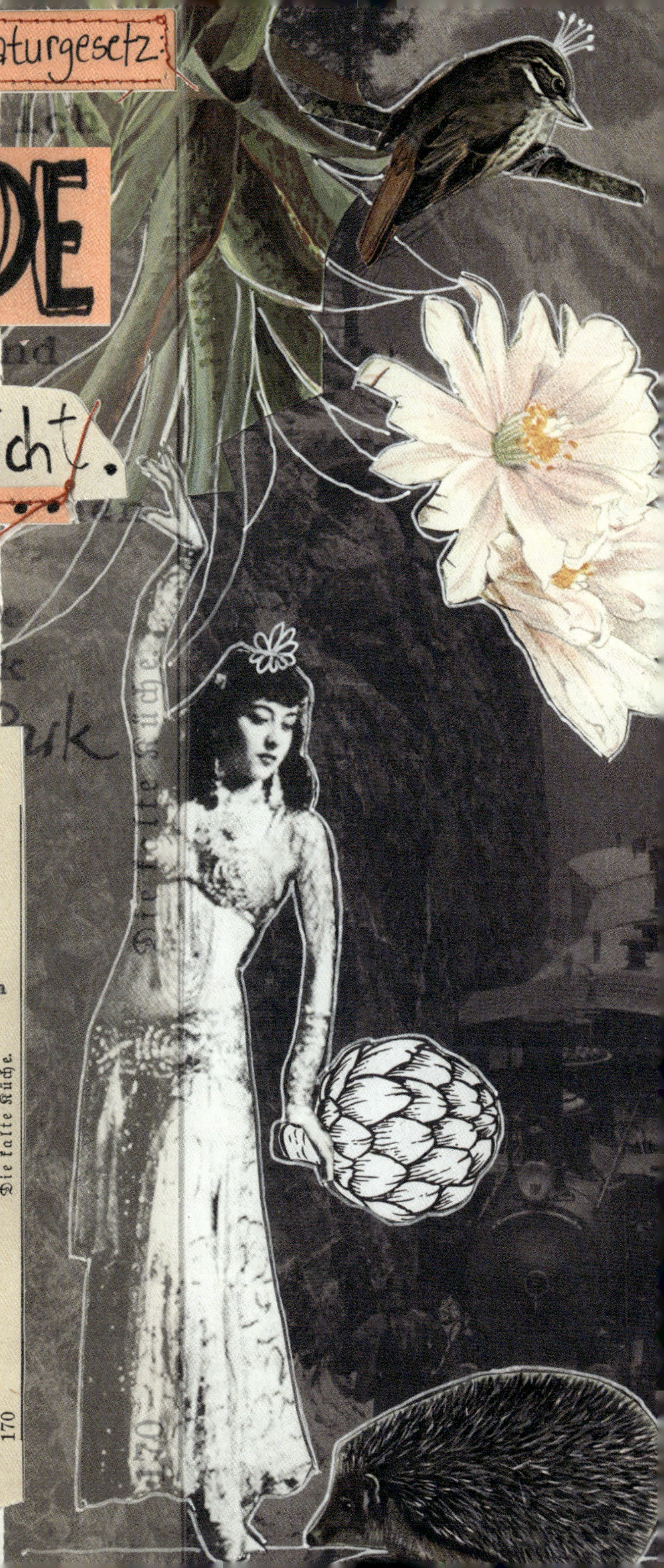

Immer wieder freue ich mich über

- die erste Tasse Kaffee am Morgen
- wenn ich mein Kind sehe (und es ihm gut geht)
- den Duft von frischen Kräutern
- eine warme Dusche
- die gleiche Musik
- den Fischreiher im Park
- mein Atelier
-
-
-

Die kalte Küche.

170

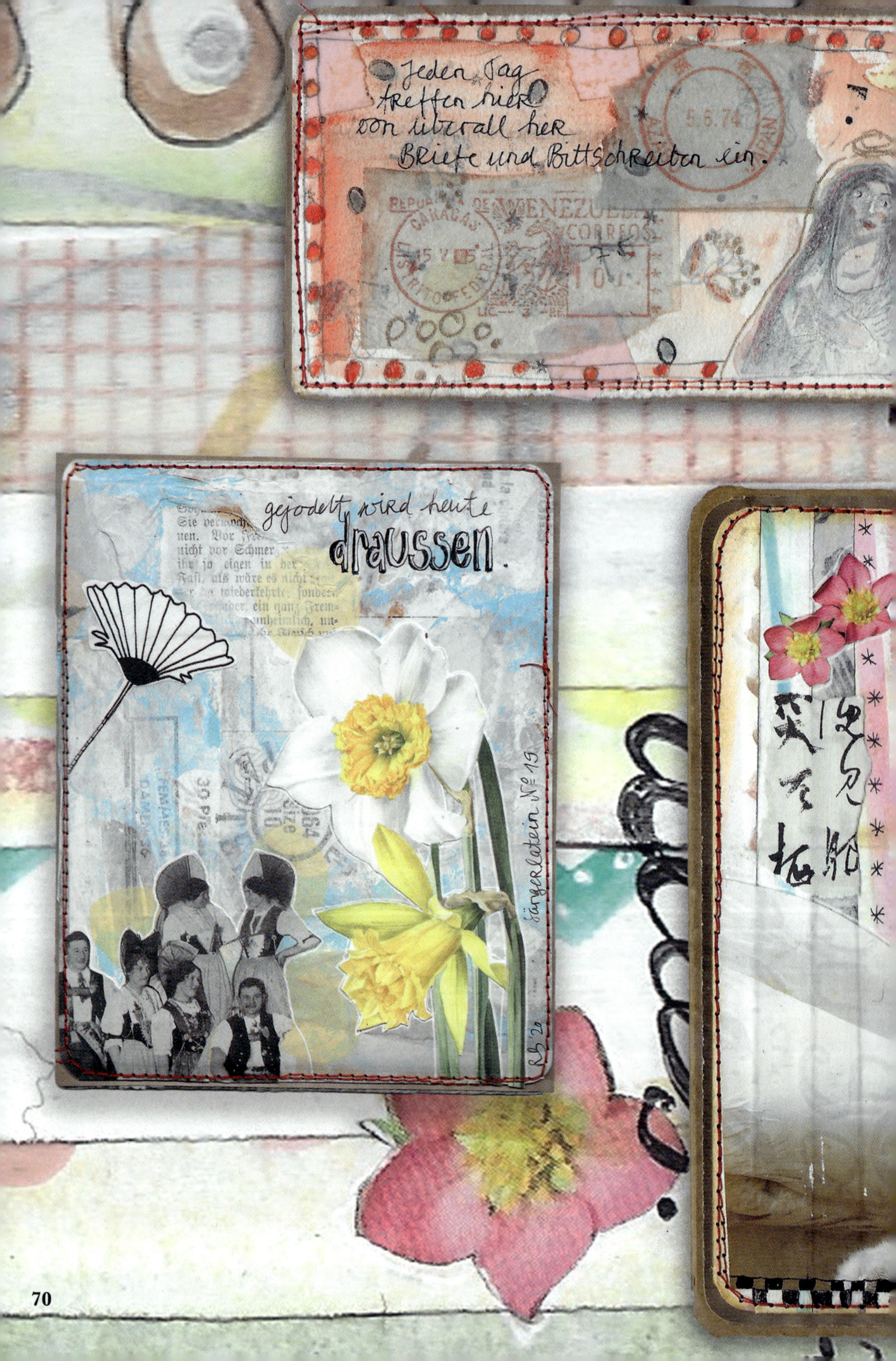
Jeden Tag treffen hier von überall her Briefe und Bittschreiben ein.
gejodelt wird heute
draussen.

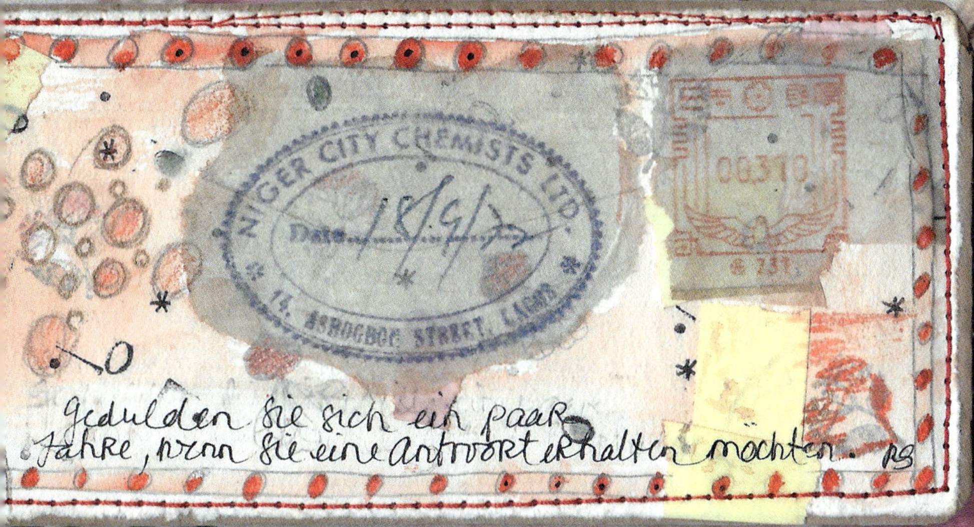
NIGER CITY CHEMISTS LTD.
Date
Gedulden Sie sich ein paar Jahre, wenn Sie eine Antwort erhalten möchten. RS

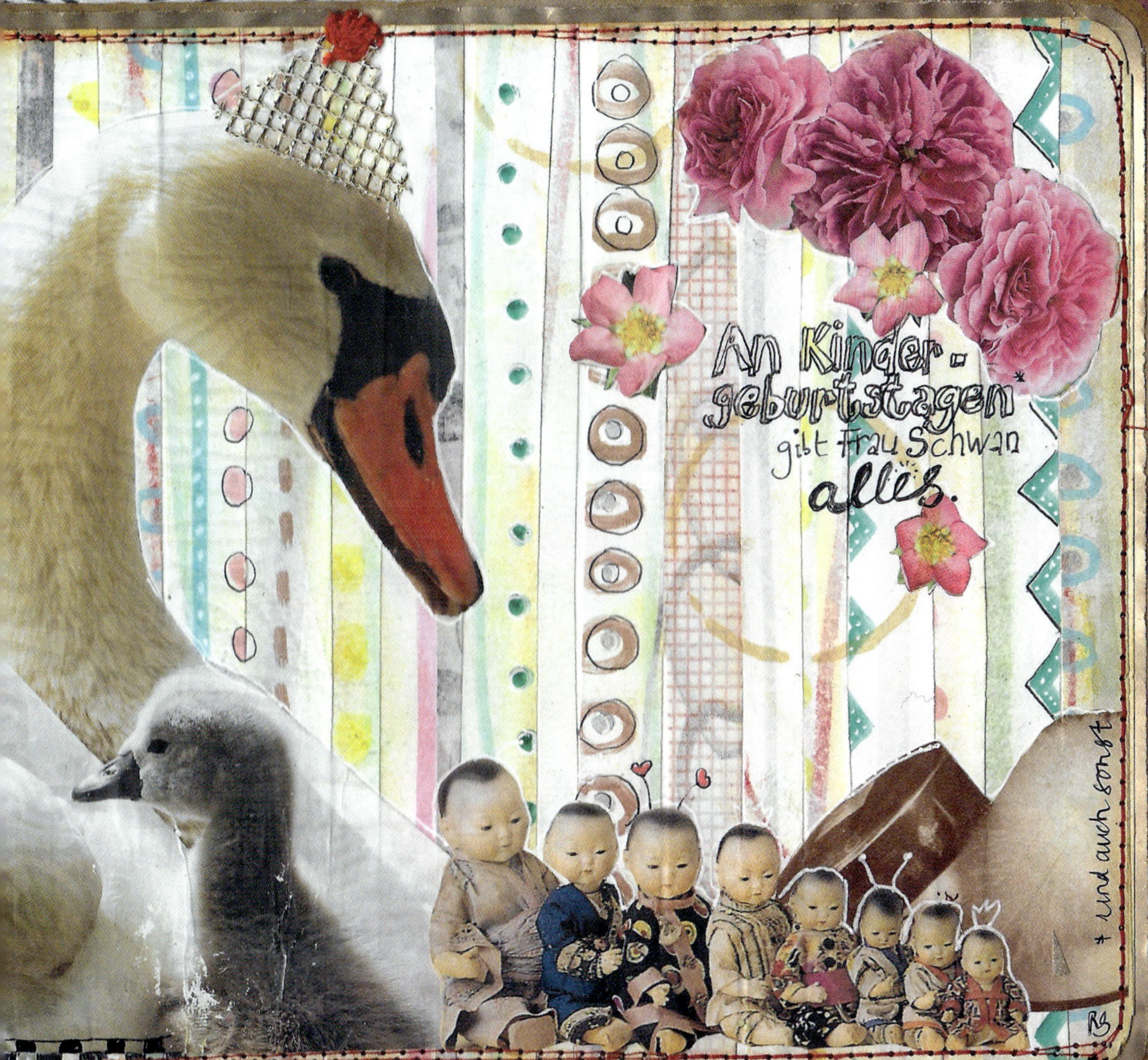
An Kinder-geburtstagen gibt Frau Schwan alles.*
* und auch sonst

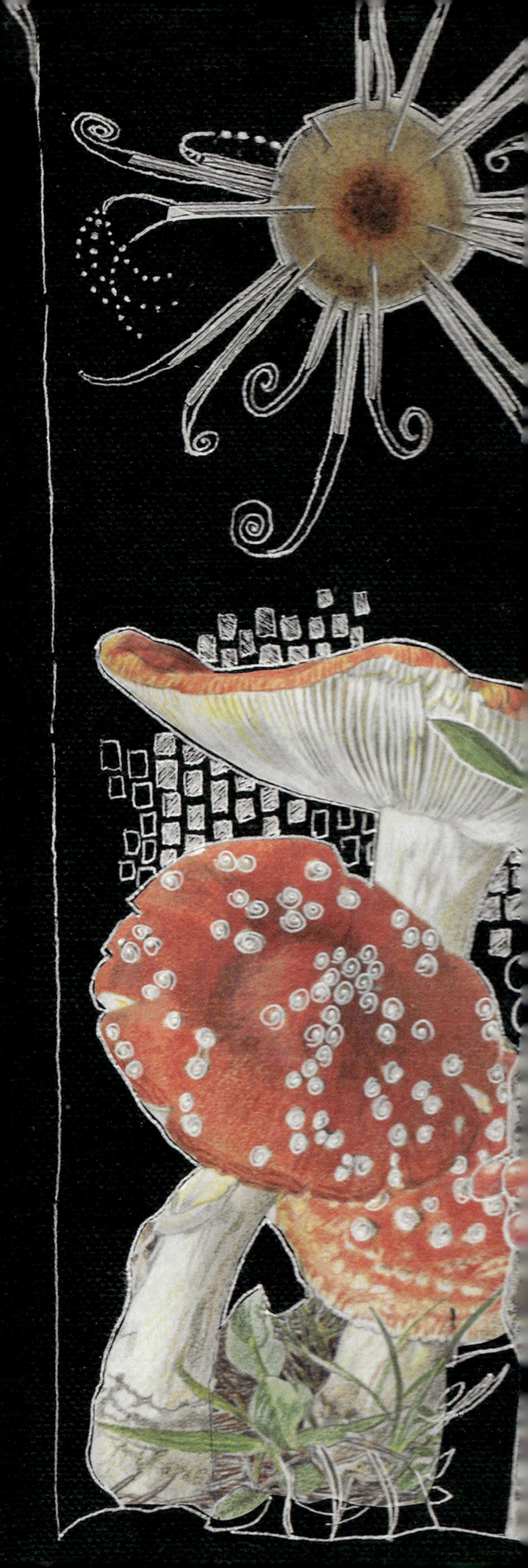

Schwarzes Gesso und weißer Gel-Stift bilden ein perfektes Paar. Gesso besitzt eine etwas raue und matte Oberfläche und haftet auf jedem Untergrund. Gel-Stifte können manchmal launisch sein und mögen keine Leimrückstände oder Hochglanzpapiere. Auf Gesso haften sie dagegen wunderbar. Das regt zum Zeichnen und Schreiben an. Du darfst fabulieren, wie es dein Herz begehrt!

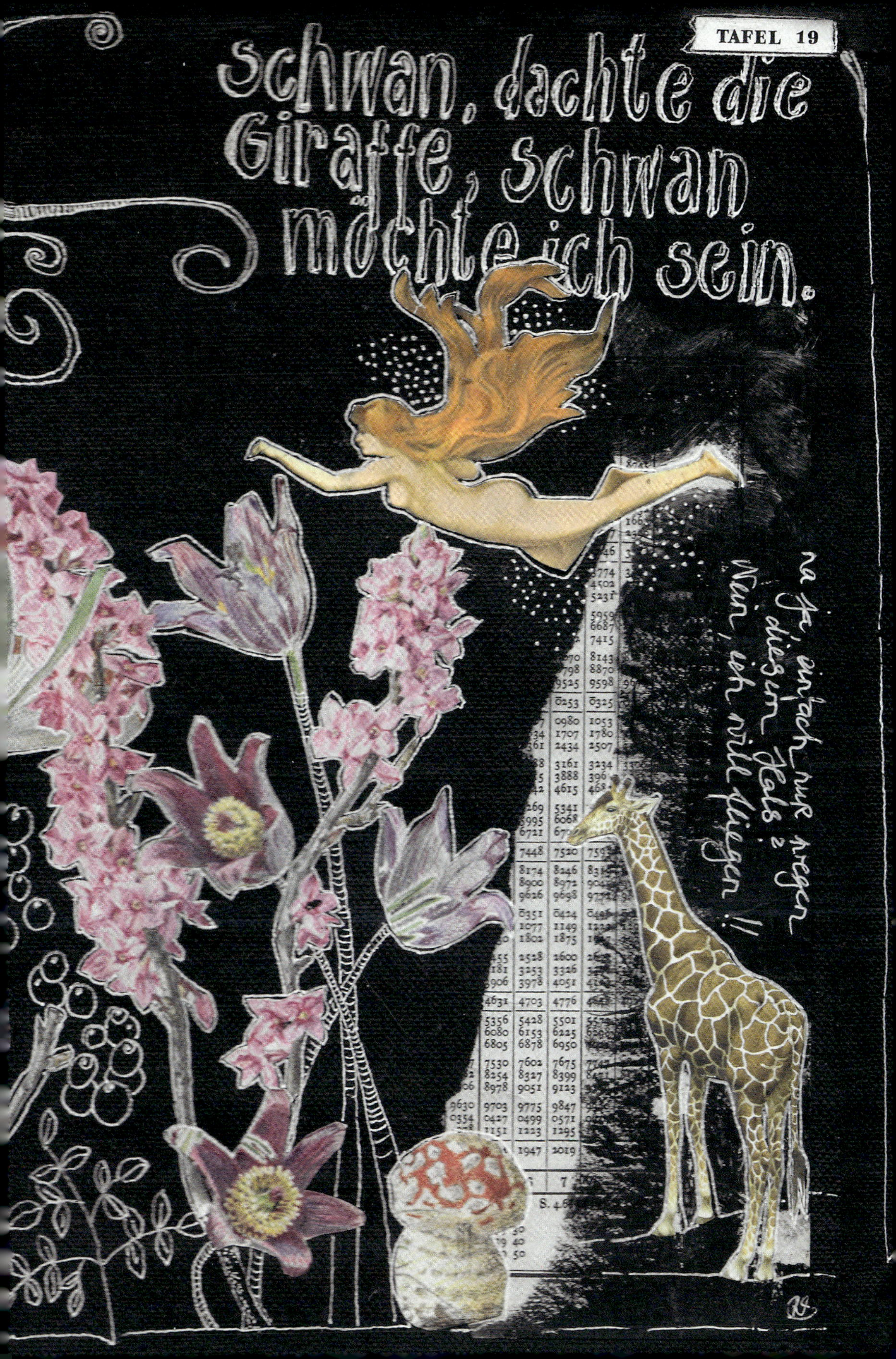

TAFEL 19
schwan, dachte die Giraffe, schwan möchte ich sein.
na ja, einfach nur wegen diesem Hals?
Nein, ich will fliegen!!

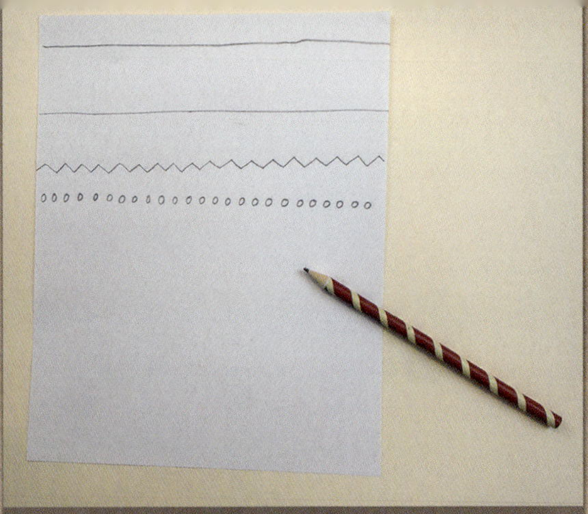

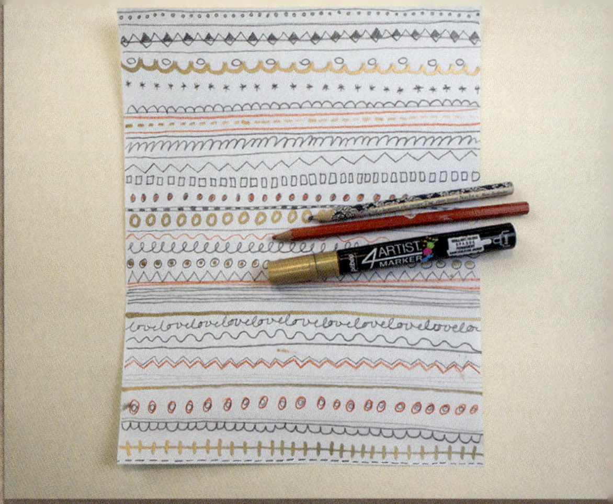

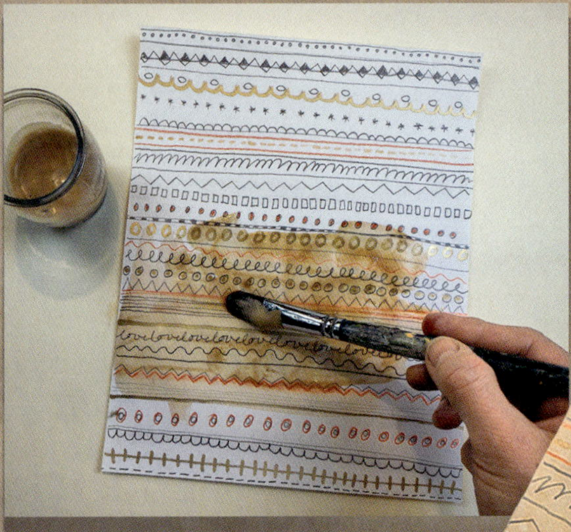

Male Musterstreifen und Linien auf ein Stück Papier. Lasse dich von deinen Einfällen überraschen. Beim Machen kommen die Ideen ... Arbeite mit Bleistift, nutze auch Farbstifte und einen goldenen Acrylmarker.
Wenn das Blatt gefüllt ist, bepinselst du es auf der Vorder- und Rückseite mit starkem Kaffee. Nach dem Trocknen wird das Papier so richtig schön knistern. Nun faltest du es (s. Seiten 108/109) zu einem Zine. Klebe die beiden Seiten in der Mitte zusammen. So entsteht ein Leporello, das du jetzt mit deinen Schnipseln und deiner Geschichte füllen kannst.

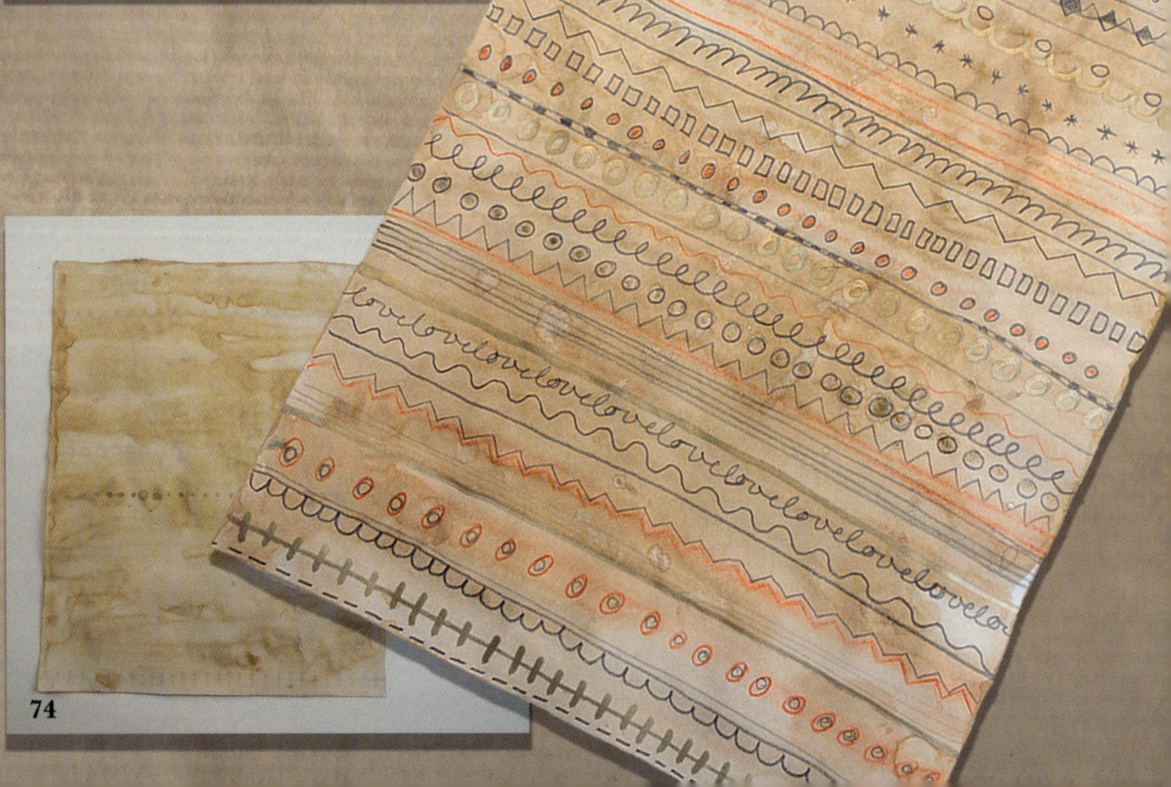

NOCH MEHR KAFFEELIEBE

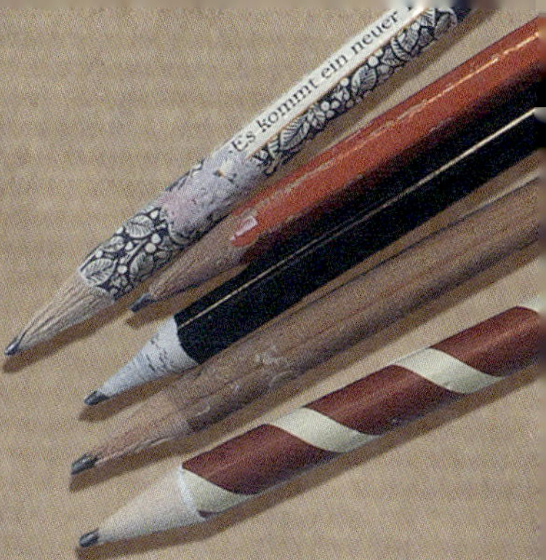

In meinem Atelier steht ein Glas mit Bleistiften, die mich zum Teil schon seit Jahren begleiten und ihre eigene Geschichte haben. Bleistifte werden meiner Meinung nach total unterschätzt. Ich zeige dir hier ein Projekt, das zu meinen Lieblingen gehört.

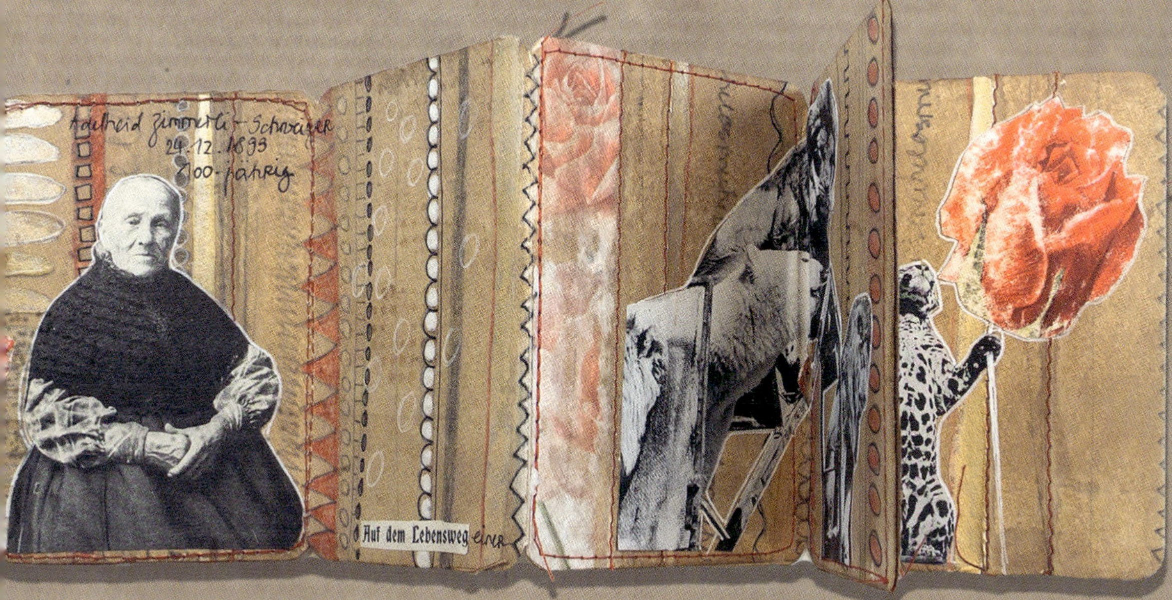

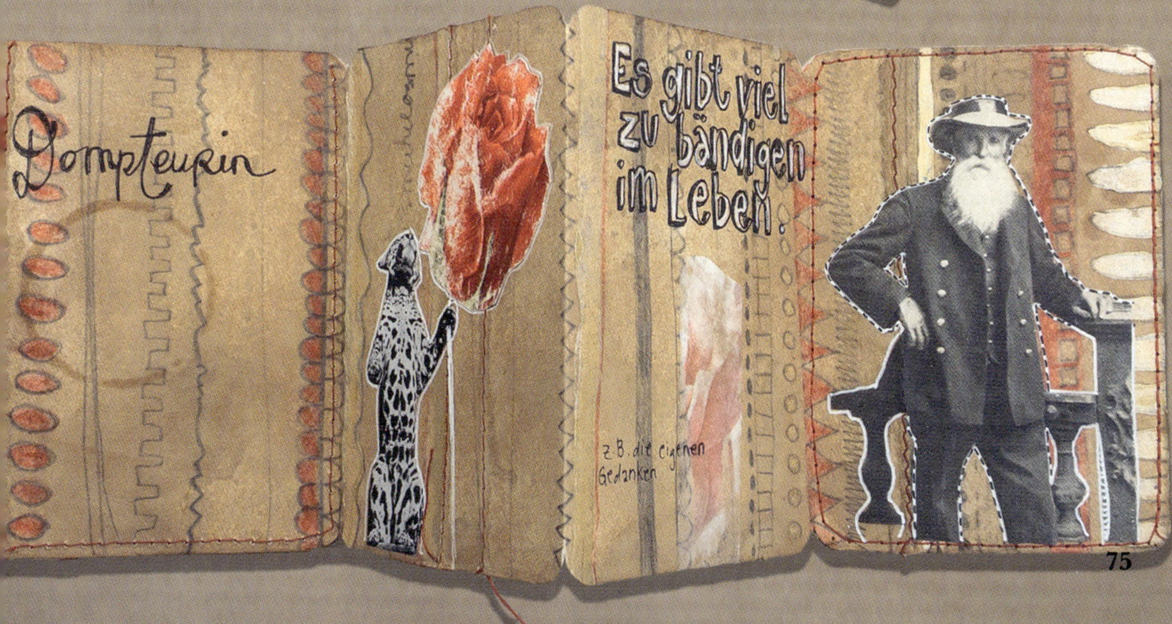

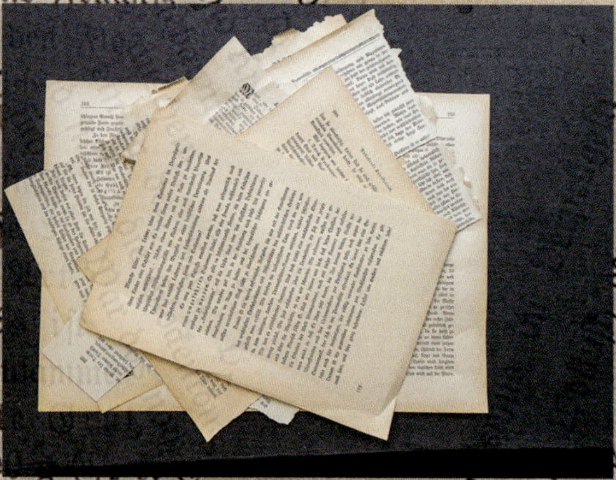
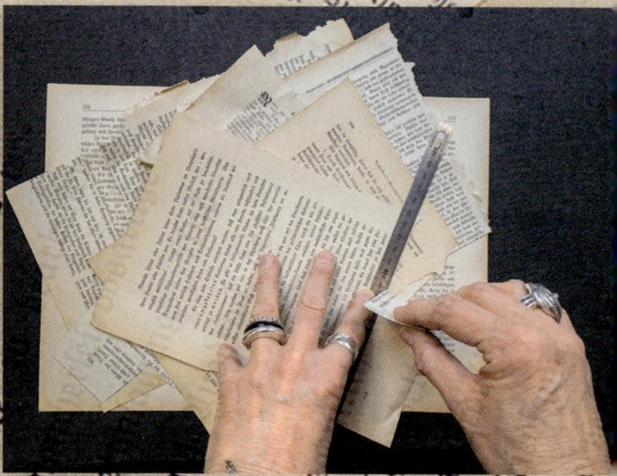
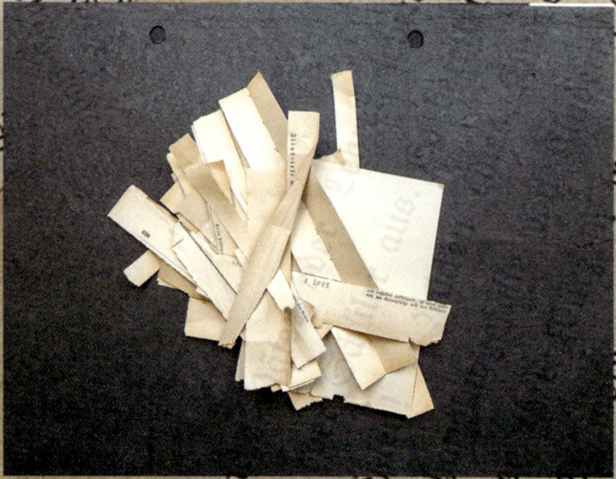
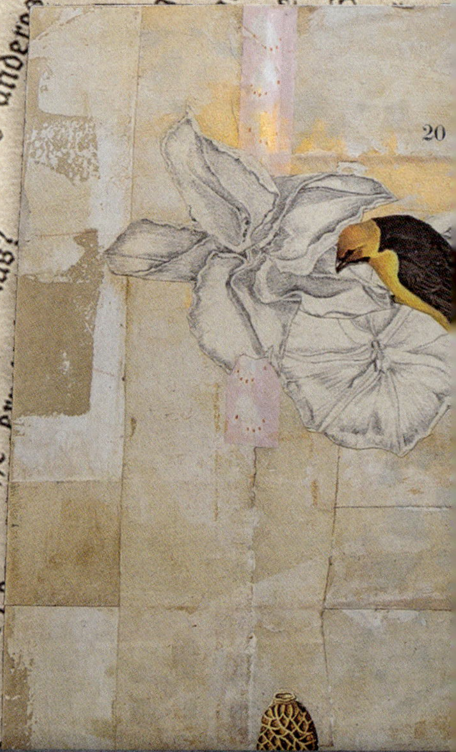
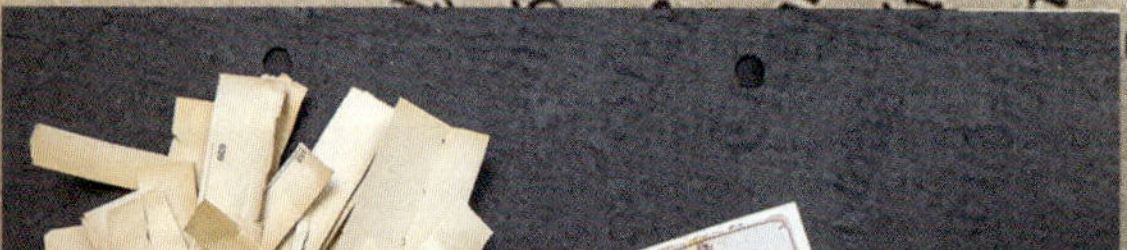

RANDVOLL STREIFEN

An alten Büchern und Zeitschriften mag ich besonders das vergilbte unbedruckte Papier am Seitenrand. Ich reiße die Ränder vorsichtig über die schmale Kante eines Maßstabes und klebe sie zu neuen Hintergründen zusammen (hier mit einer zusätzlichen Schicht Gesso überspachtelt).

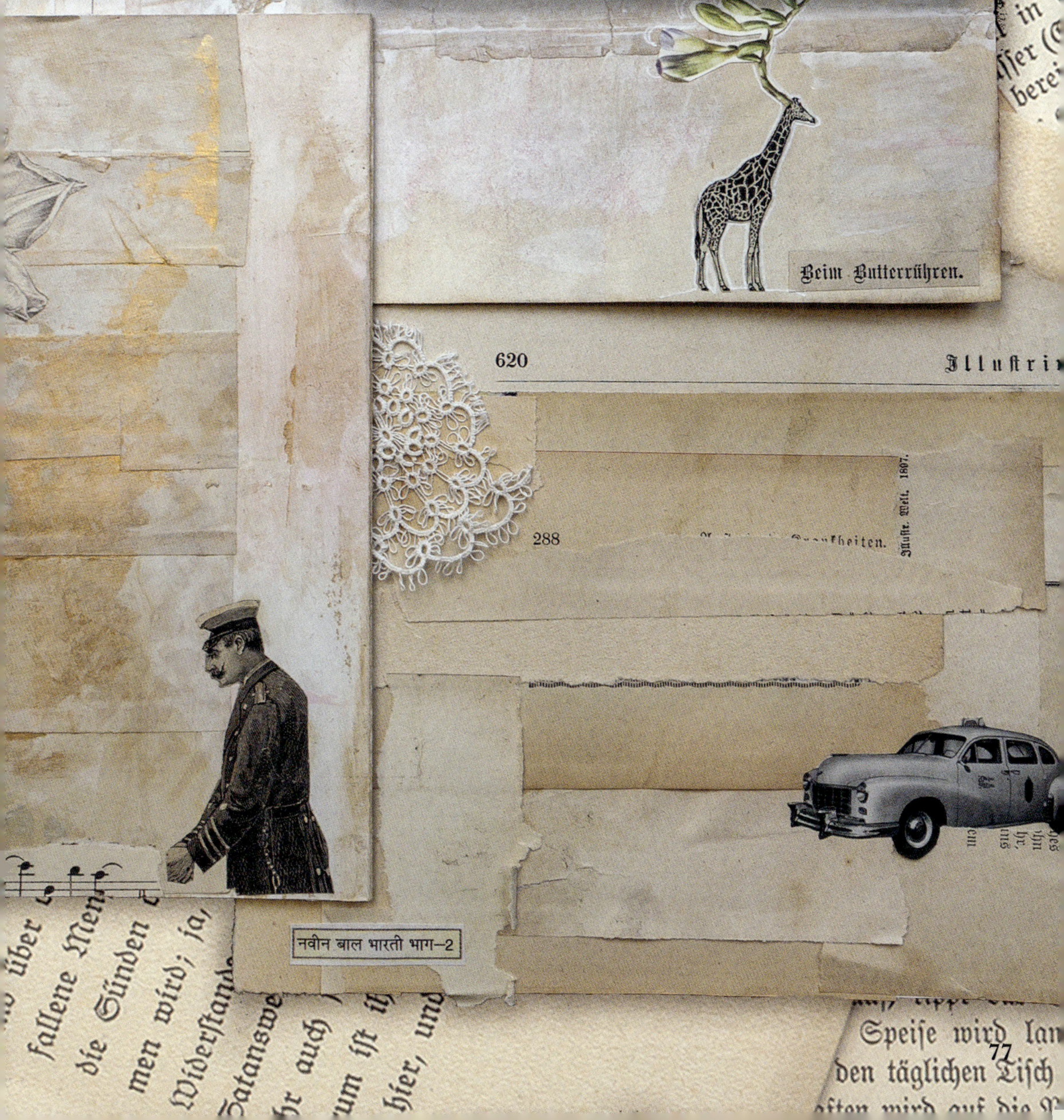

Viel Platz für deine getupften Gedanken:

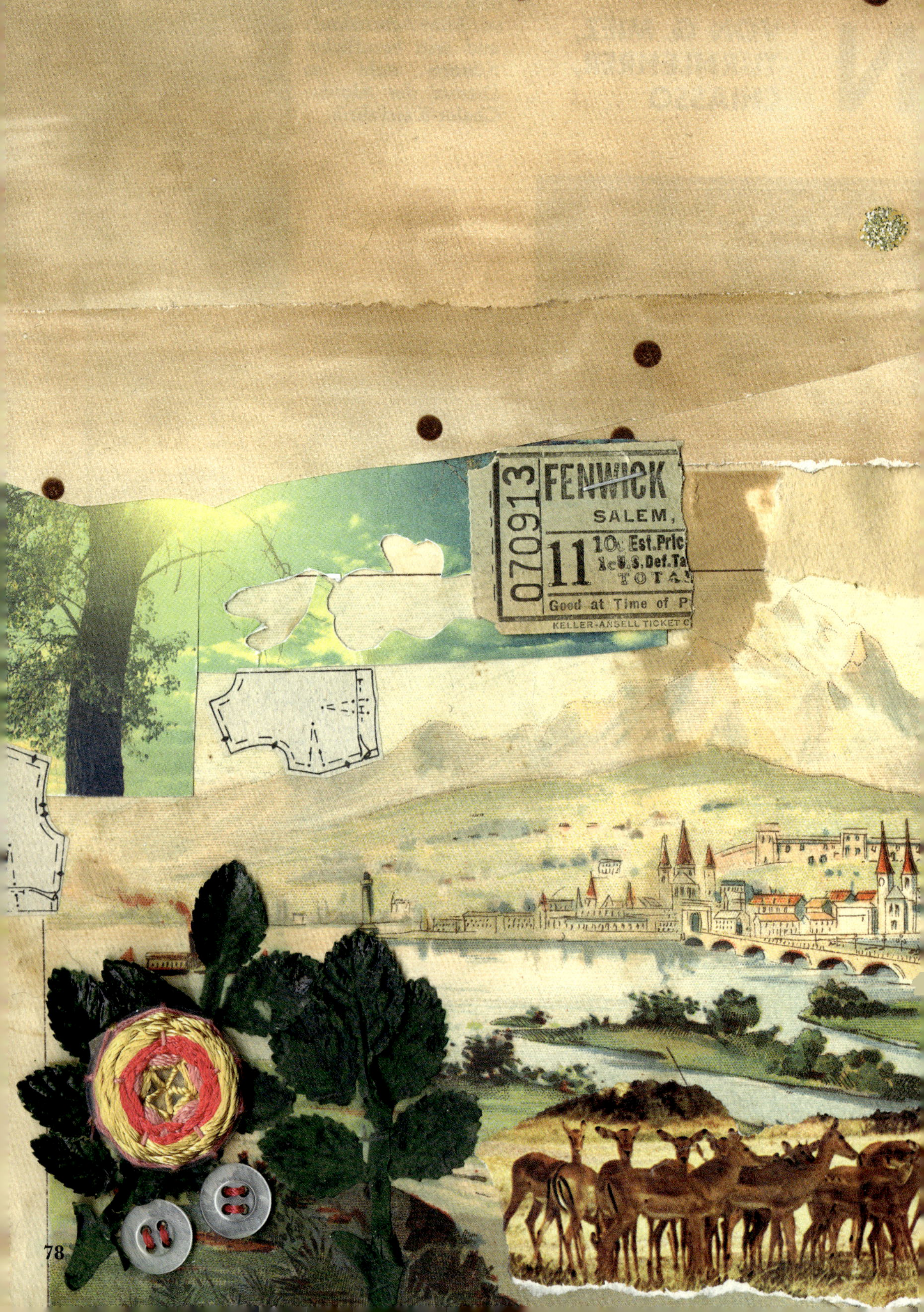

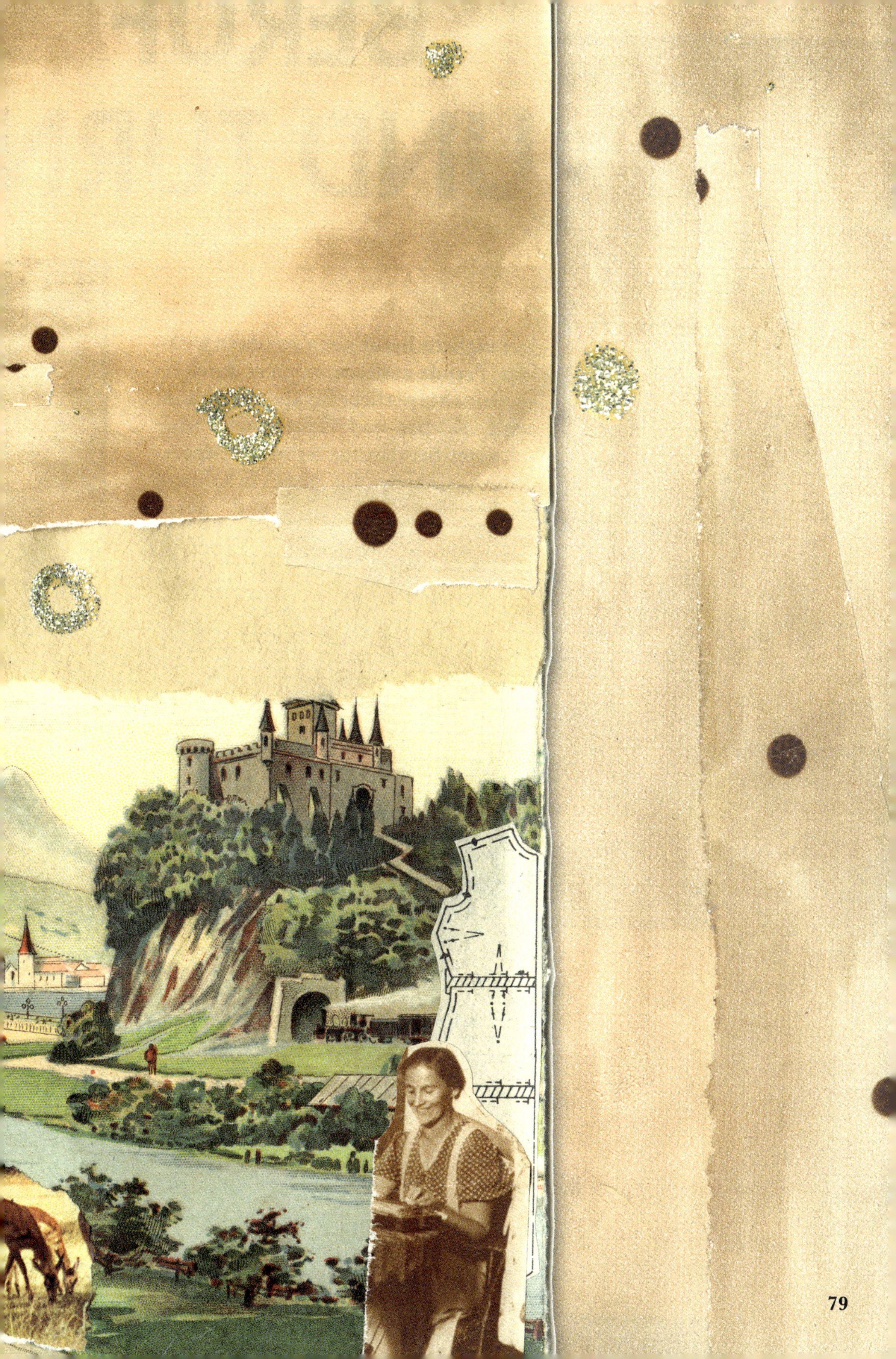

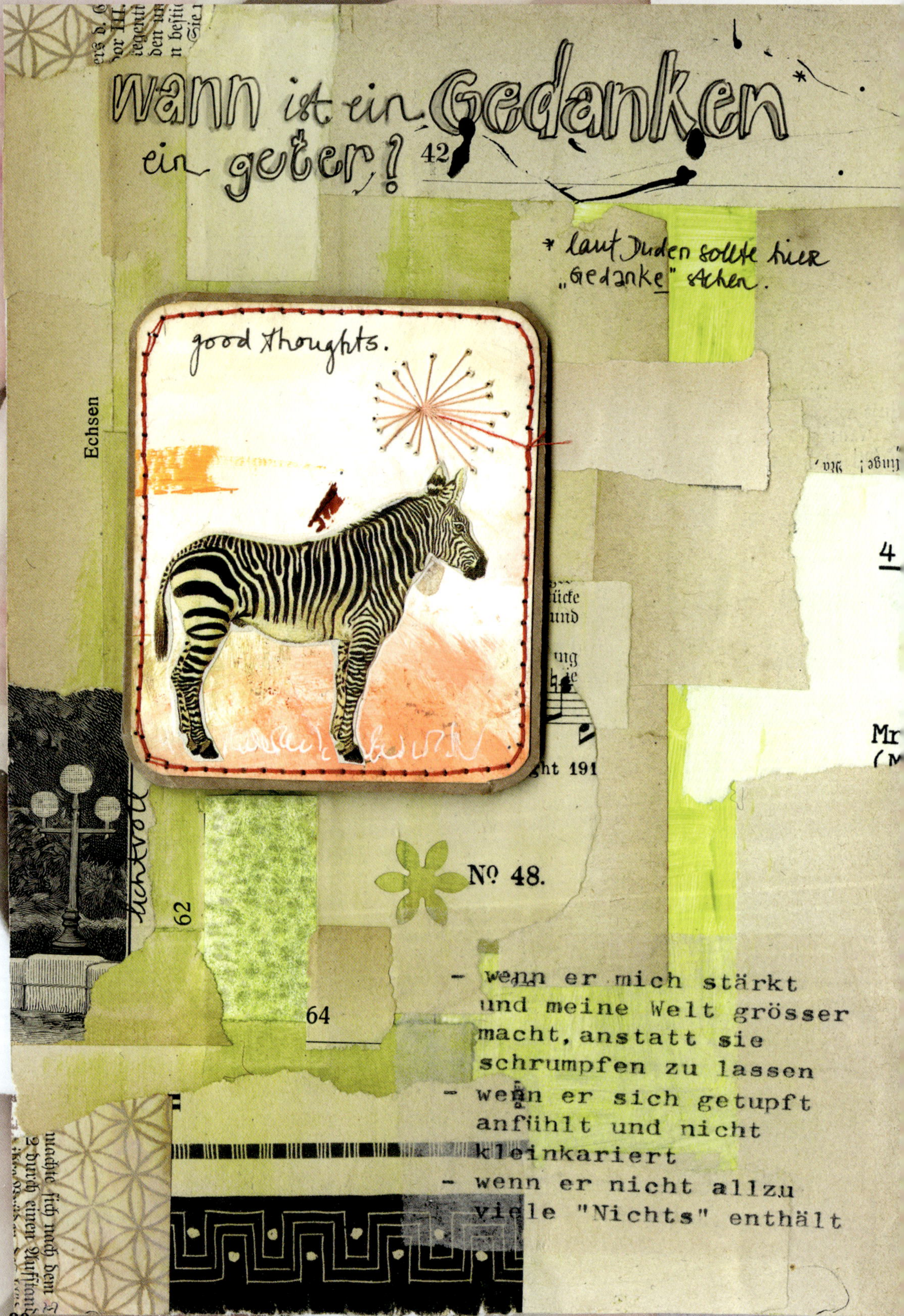
wann ist ein Gedanken*
ein guter?
42
* laut Duden sollte hier „Gedanke" stehen.
good thoughts.
Echsen
No 48.
62
64
- wenn er mich stärkt und meine Welt grösser macht, anstatt sie schrumpfen zu lassen
- wenn er sich getupft anfühlt und nicht kleinkariert
- wenn er nicht allzu viele "Nichts" enthält

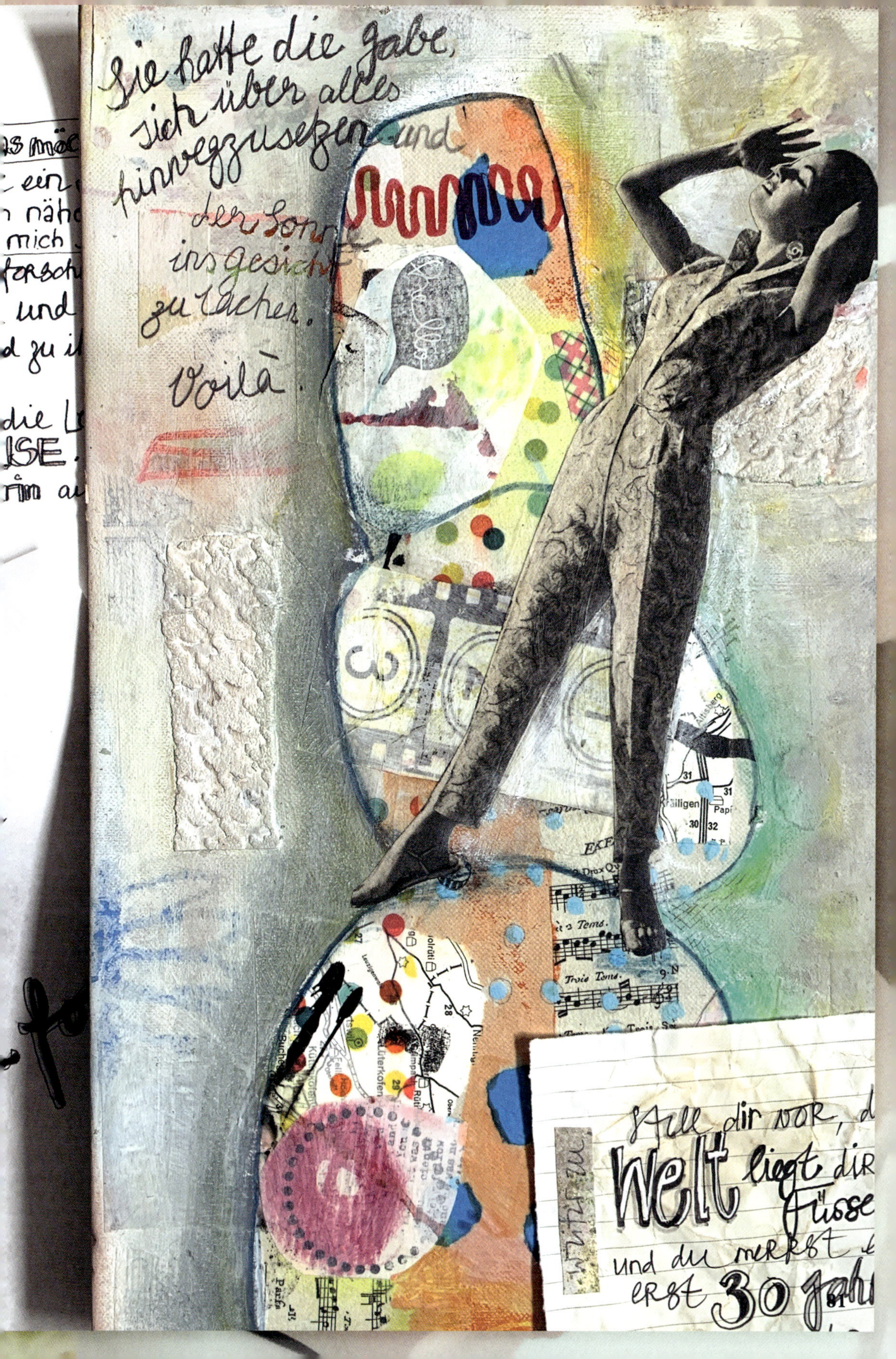
Sie hatte die Gabe,
sich über alles
hinwegzusetzen und
der Sonn
ins Gesicht
zu lachen.
Voilà
Stell dir vor, d
Welt liegt dir
Füsse
und du merkst
erst 30 Jahr
Trois Toms.

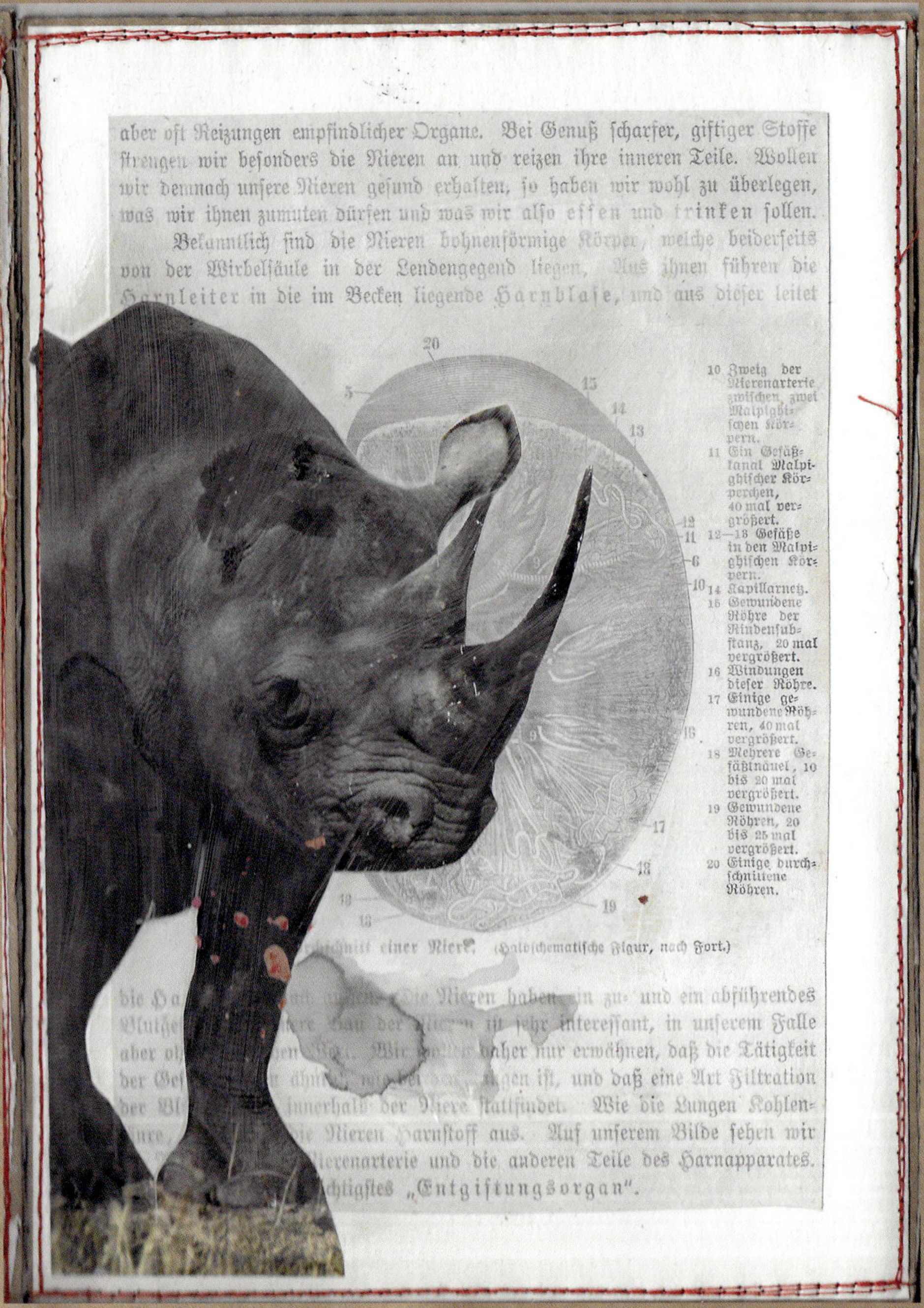
aber oft Reizungen empfindlicher Organe. Bei Genuß scharfer, giftiger Stoffe
strengen wir besonders die Nieren an und reizen ihre inneren Teile. Wollen
wir demnach unsere Nieren gesund erhalten, so haben wir wohl zu überlegen,
was wir ihnen zumuten dürfen und was wir also essen und trinken sollen.
Bekanntlich sind die Nieren bohnenförmige Körper, welche beiderseits
von der Wirbelsäule in der Lendengegend liegen. Aus ihnen führen die
Harnleiter in die im Becken liegende Harnblase, und aus dieser leitet
10 Zweig der Nierenarterie zwischen zwei Malpighischen Körpern.
11 Ein Gefäßkanal Malpighischer Körperchen, 40 mal vergrößert.
12—13 Gefäße in den Malpighischen Körpern.
14 Kapillarnetz.
15 Gewundene Röhre der Rindensubstanz, 20 mal vergrößert.
16 Windungen dieser Röhre.
17 Einige gewundene Röhren, 40 mal vergrößert.
18 Mehrere Gefäßknäuel, 10 bis 20 mal vergrößert.
19 Gewundene Röhren, 20 bis 25 mal vergrößert.
20 Einige durchschnittene Röhren.
einer Niere. (Halbschematische Figur, nach Fort.)
Die Nieren haben ein zu- und ein abführendes
ist sehr interessant, in unserem Falle
daher nur erwähnen, daß die Tätigkeit
und daß eine Art Filtration
innerhalb der Niere stattfindet. Wie die Lungen Kohlen-
die Nieren Harnstoff aus. Auf unserem Bilde sehen wir
Nierenarterie und die anderen Teile des Harnapparates.
„Entgiftungsorgan“.

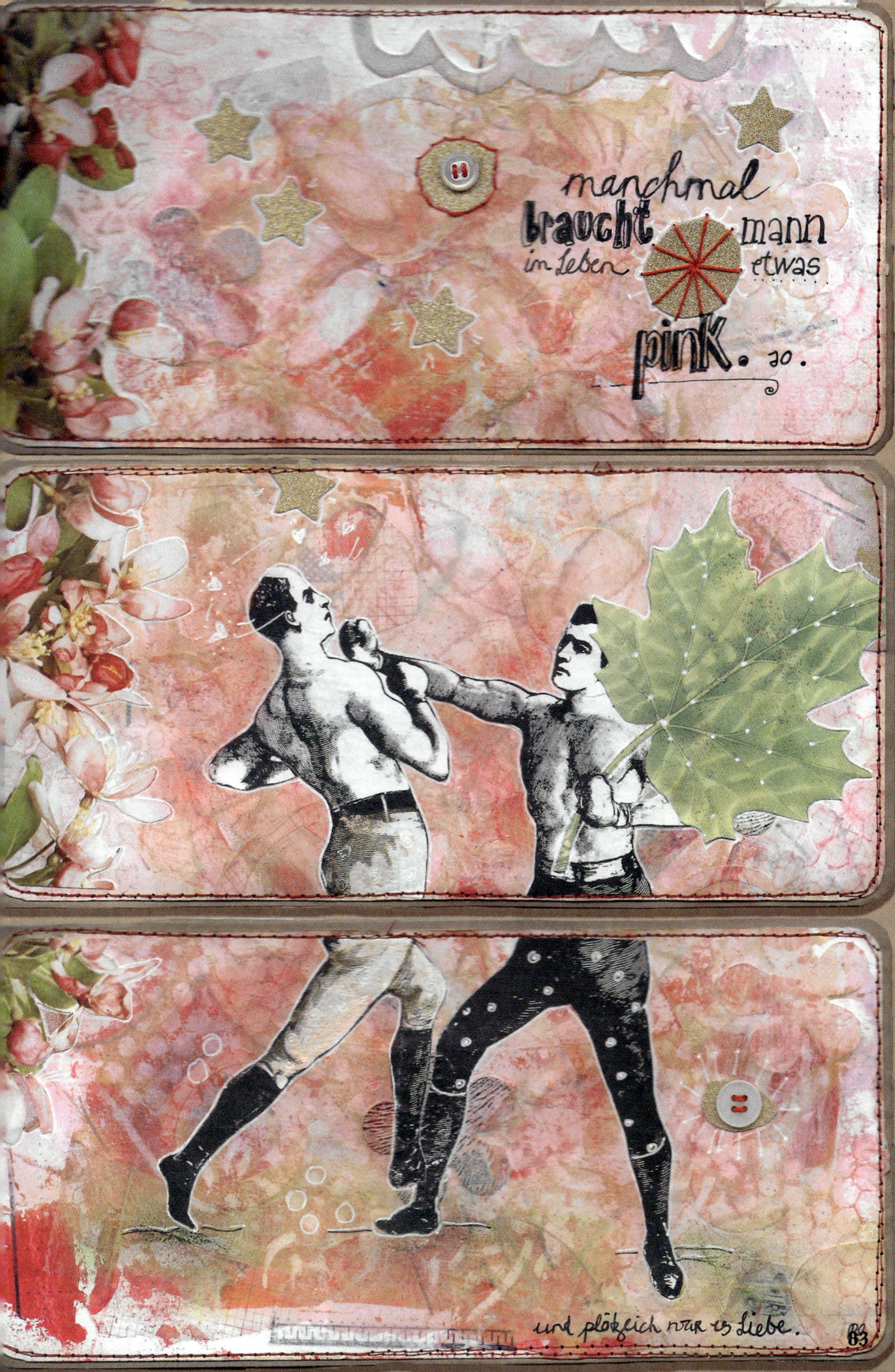
manchmal braucht mann in Leben etwas pink. ao.
und plötzeich war es Liebe.

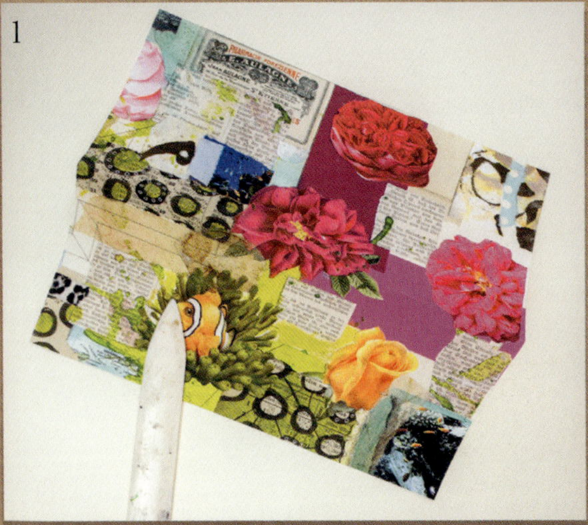

1

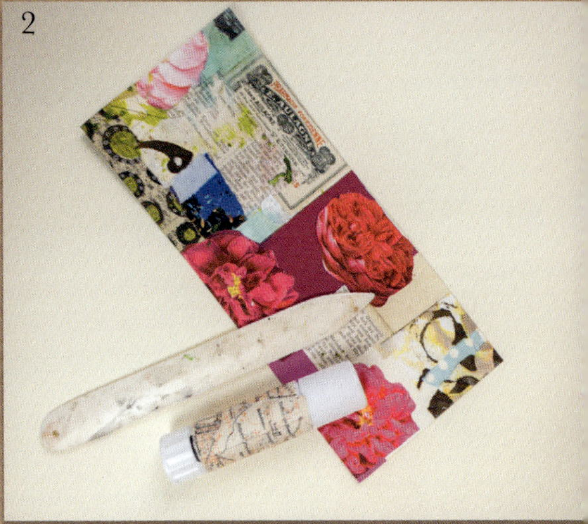

2

Zeit für die Party-Wimpelkette

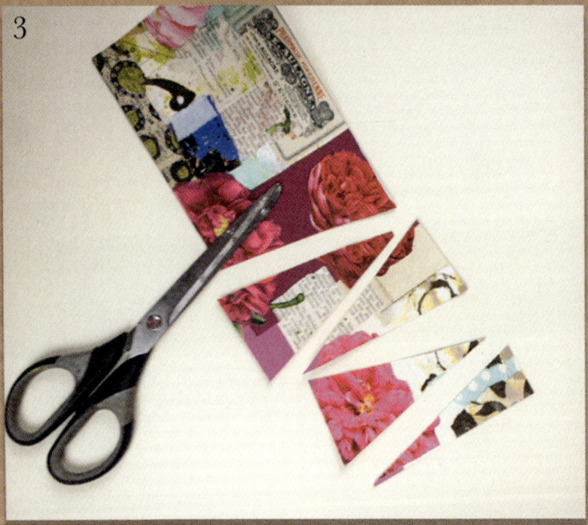

3

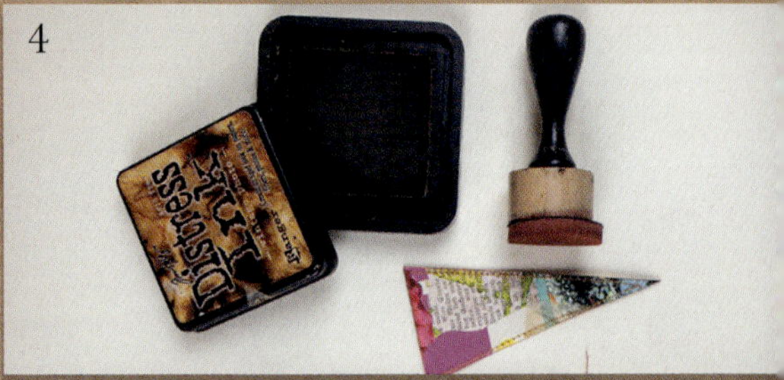

4

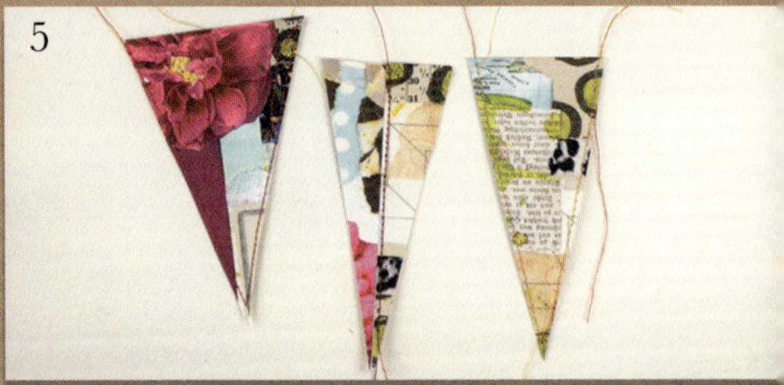

5

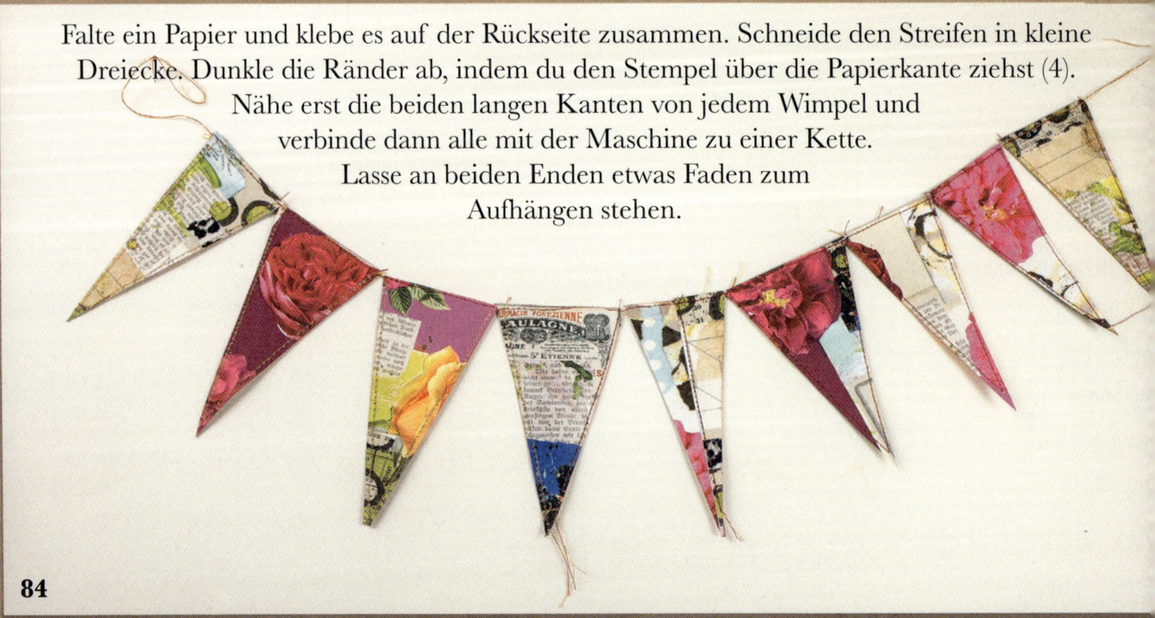

Falte ein Papier und klebe es auf der Rückseite zusammen. Schneide den Streifen in kleine Dreiecke. Dunkle die Ränder ab, indem du den Stempel über die Papierkante ziehst (4). Nähe erst die beiden langen Kanten von jedem Wimpel und verbinde dann alle mit der Maschine zu einer Kette. Lasse an beiden Enden etwas Faden zum Aufhängen stehen.

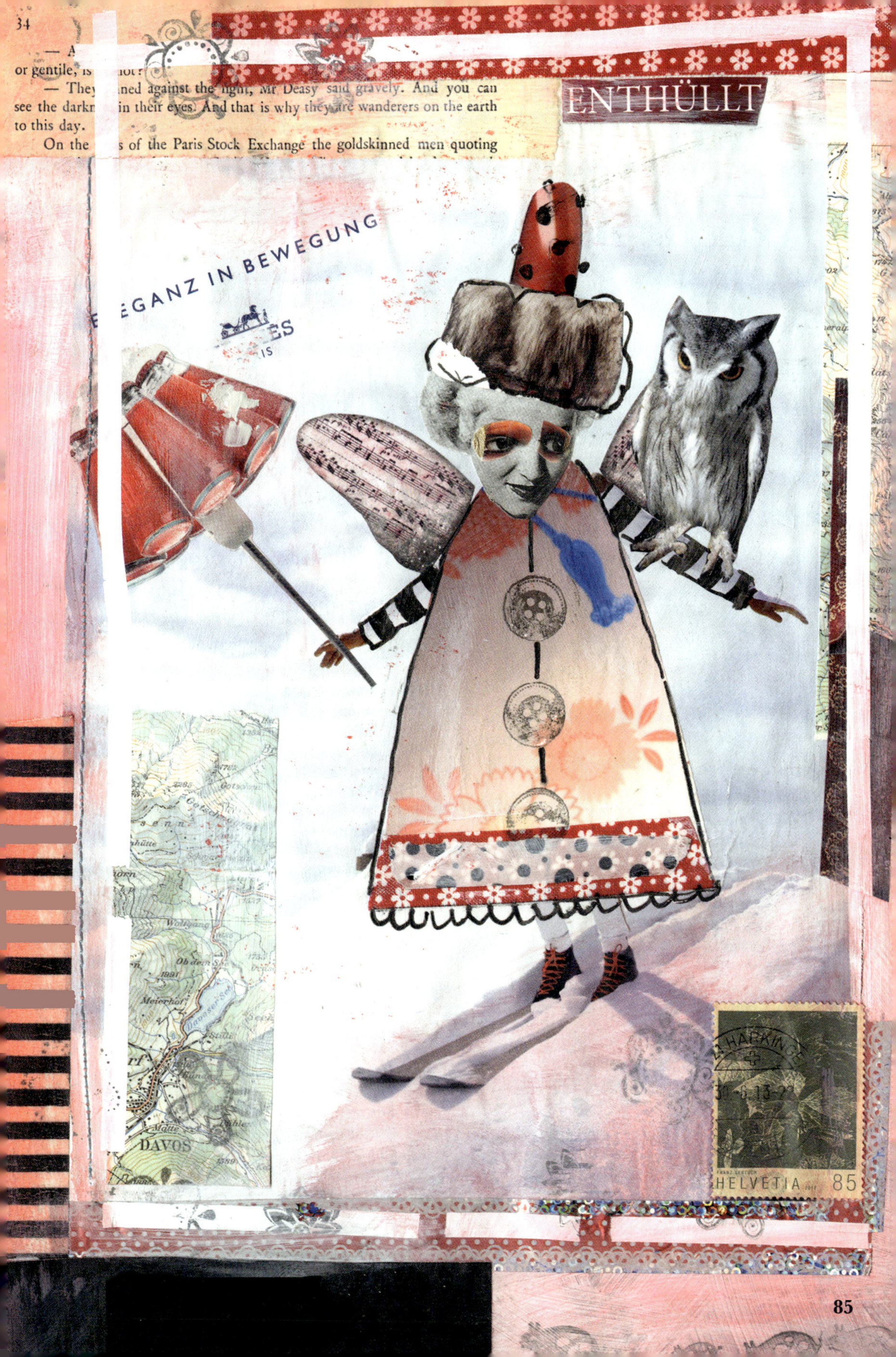
34
— A
or gentile, is
— They
see the darkn
to this day.
On the
ned against the
Mr Deasy said gravely. And you can
in their eyes. And that is why they are wanderers on the earth
s of the Paris Stock Exchange the goldskinned men quoting
ENTHÜLLT
EGANZ IN BEWEGUNG
ES
DAVOS
HELVETIA 85

Eingerahmt

Vielleicht findest du auf dem Flohmarkt ein paar alte Dias, am besten welche mit Glasplättchen, zwischen die ein Stück Film eingeklemmt ist.

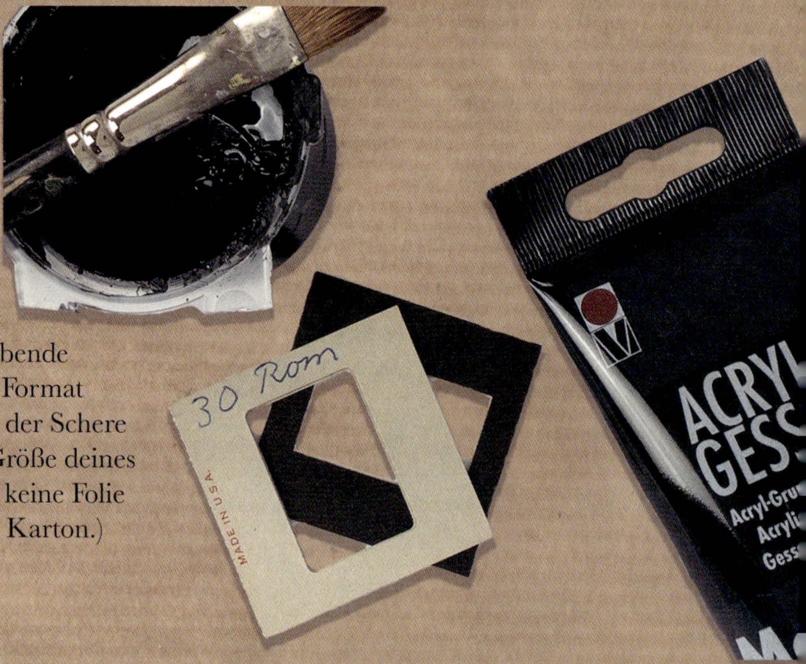

Öffne das Rähmchen vorsichtig und grundiere beide Außenseiten mit schwarzem Gesso.

Du benötigst eine selbstklebende Magnetfolie (es gibt sie im Format DIN A4). Schneide sie mit der Schere oder dem Cutter auf die Größe deines Diarahmens zu. (Wenn du keine Folie hast, nimmst du normalen Karton.)

Gestalte direkt auf der klebenden Folienseite eine kleine Collage und platziere eines der Glasplättchen darauf. Klebe einen der grundierten Rahmen auf das Glasplättchen.

Du merkst, aus einem Dia gewinnst du zwei kleine Magnetbildchen! Und: Das ursprüngliche Diabild kannst du auf einer anderen Collage als spannendes transparentes Element weiterverwenden (siehe Seite rechts).

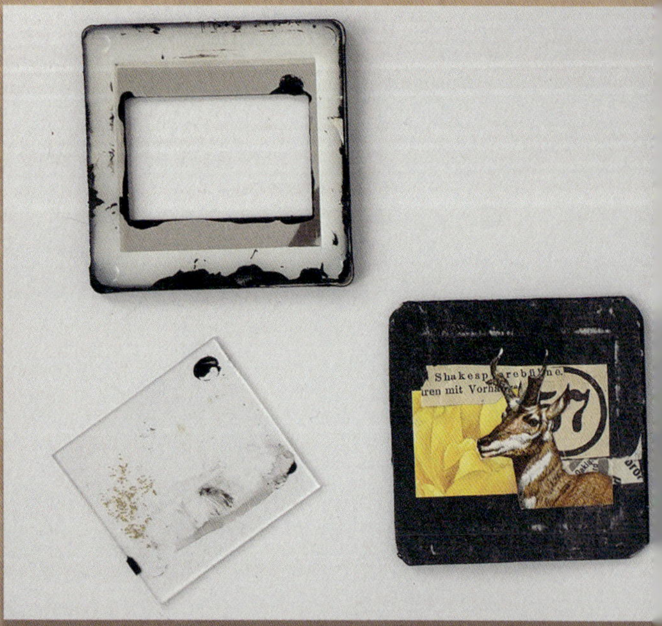

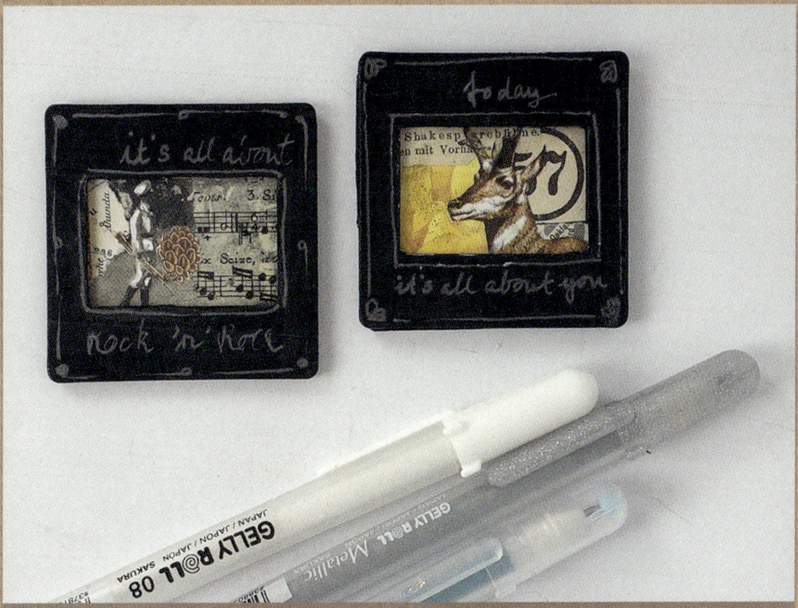
it's all about
rock 'n' roll
today
it's all about you
GELLY ROLL 08
SAKURA
GELLY ROLL Metallic

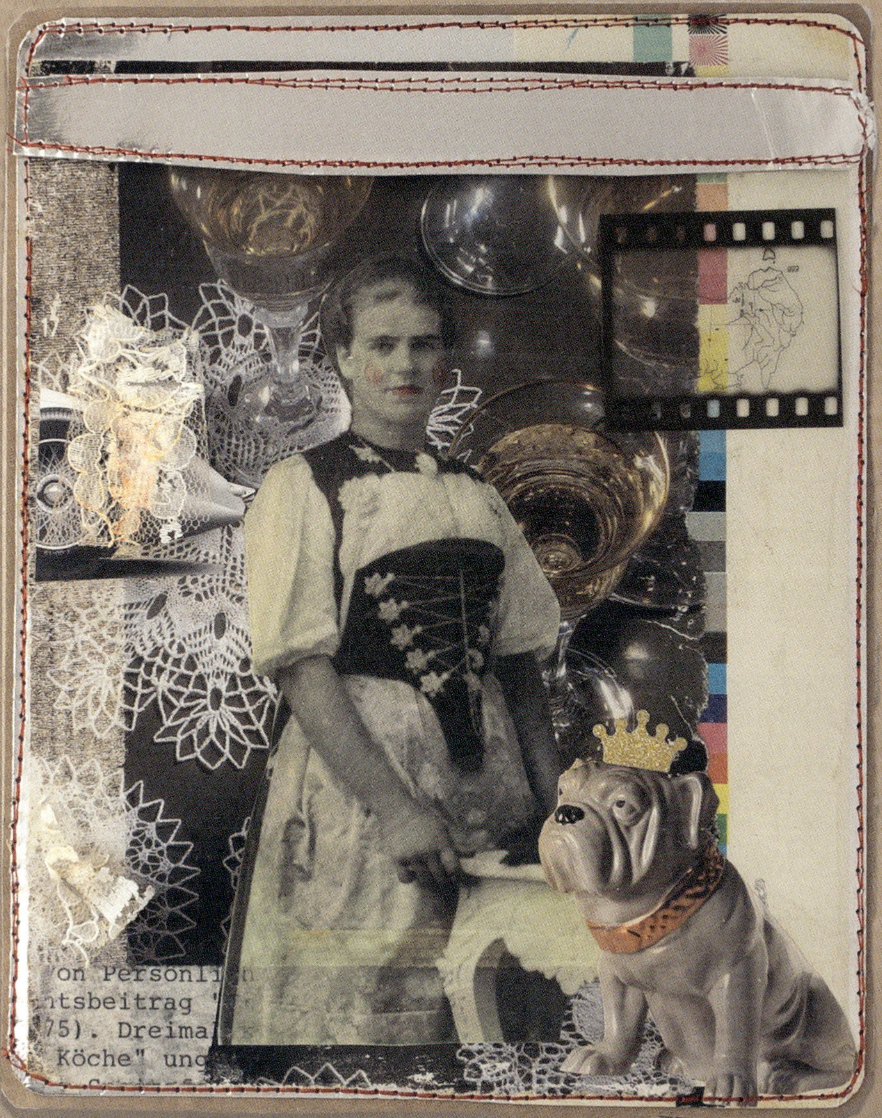

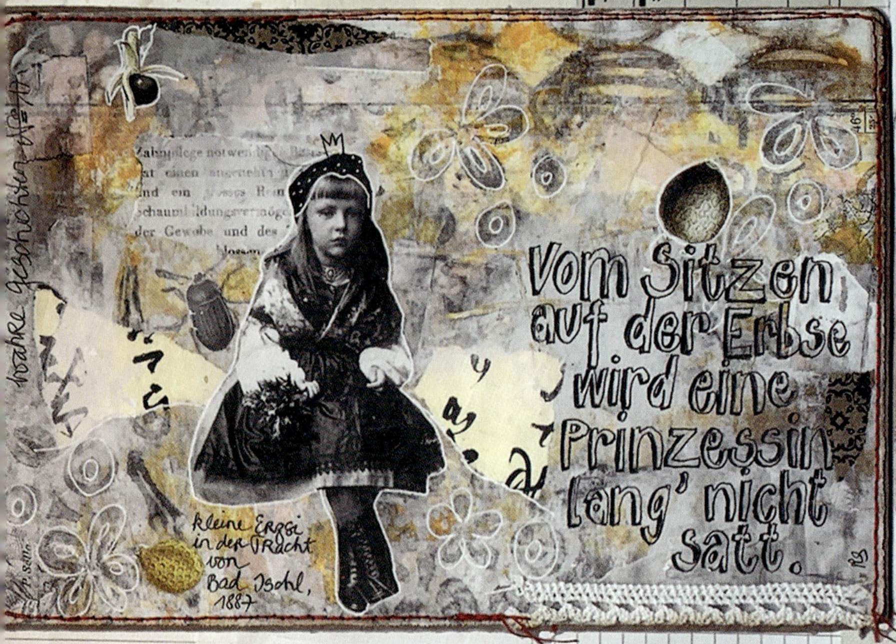

Bemale ein Stück Papier mit grüner Farbe und schneide daraus eine große runde Erbse. Beschrifte sie mit deinem Namen, lege sie in deinen Geldbeutel oder in deine Agenda. Sie soll dich immer wieder daran erinnern, dass du dir genügend Zeit für dich und deine Kreativität nimmst. Es kann nicht schaden, manchmal ein bisschen egoistisch zu sein.

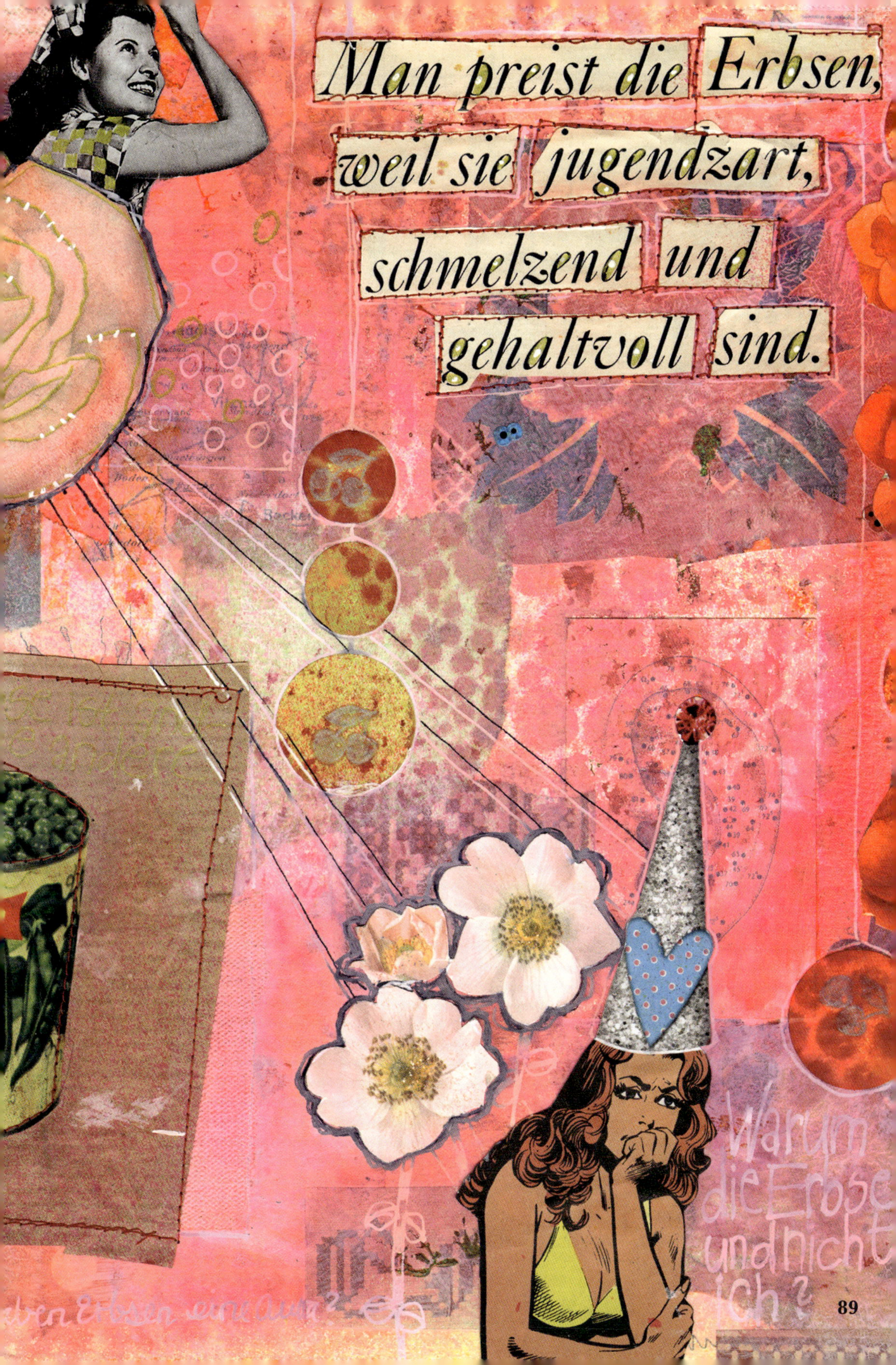
Man preist die Erbsen,
weil sie jugendzart,
schmelzend und
gehaltvoll sind.
Warum die Erbse und nicht ich?
den Erbsen eine Aura?

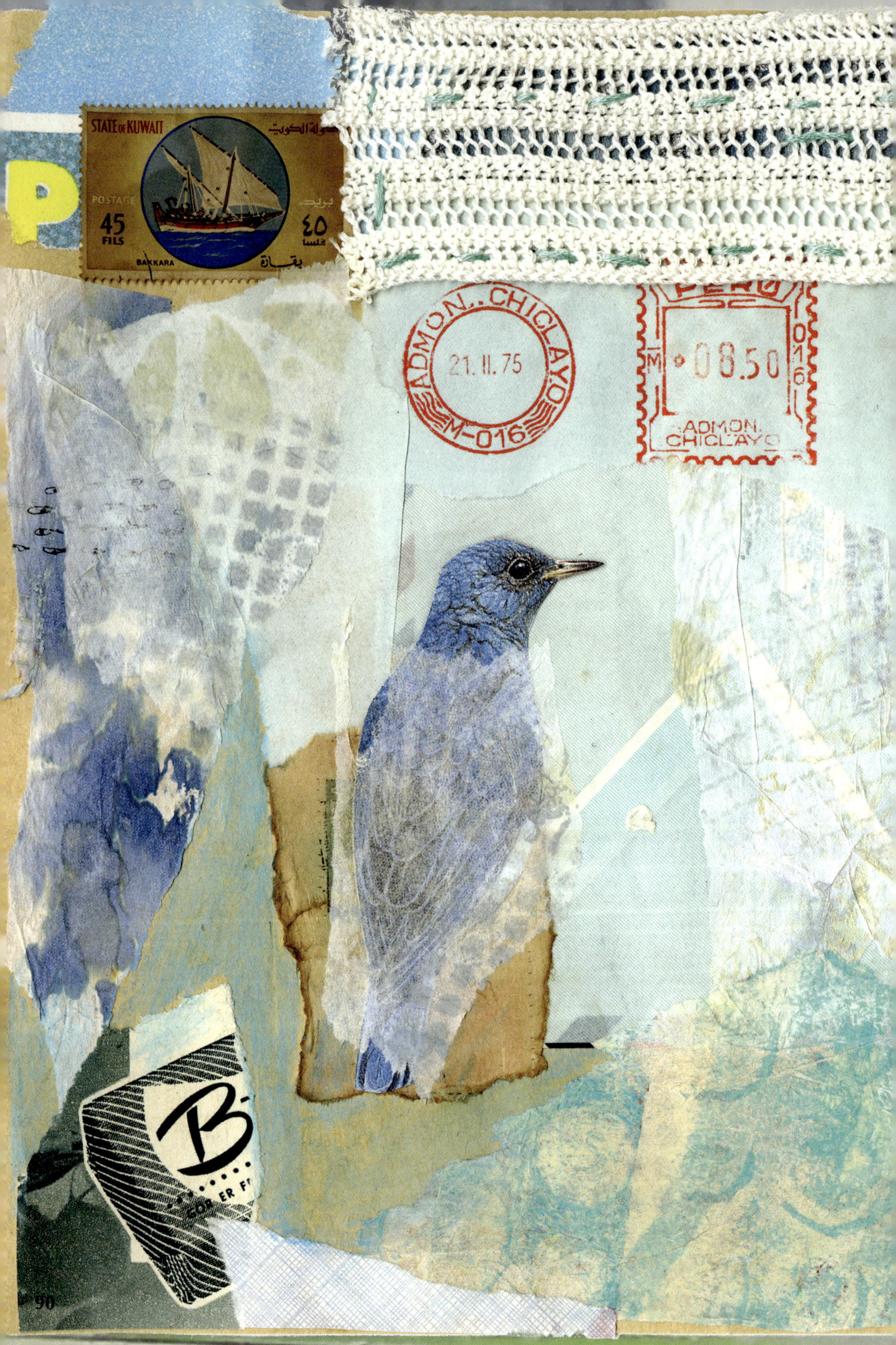
STATE OF KUWAIT
دولة الكويت
POSTAGE
45
FILS
بريد
٤٥
فلس
BAKKARA
بقارة
ADMON..CHICLAYO
21. II. 75
M-016
PERU
M
08.50
016
ADMON.
CHICLAYO

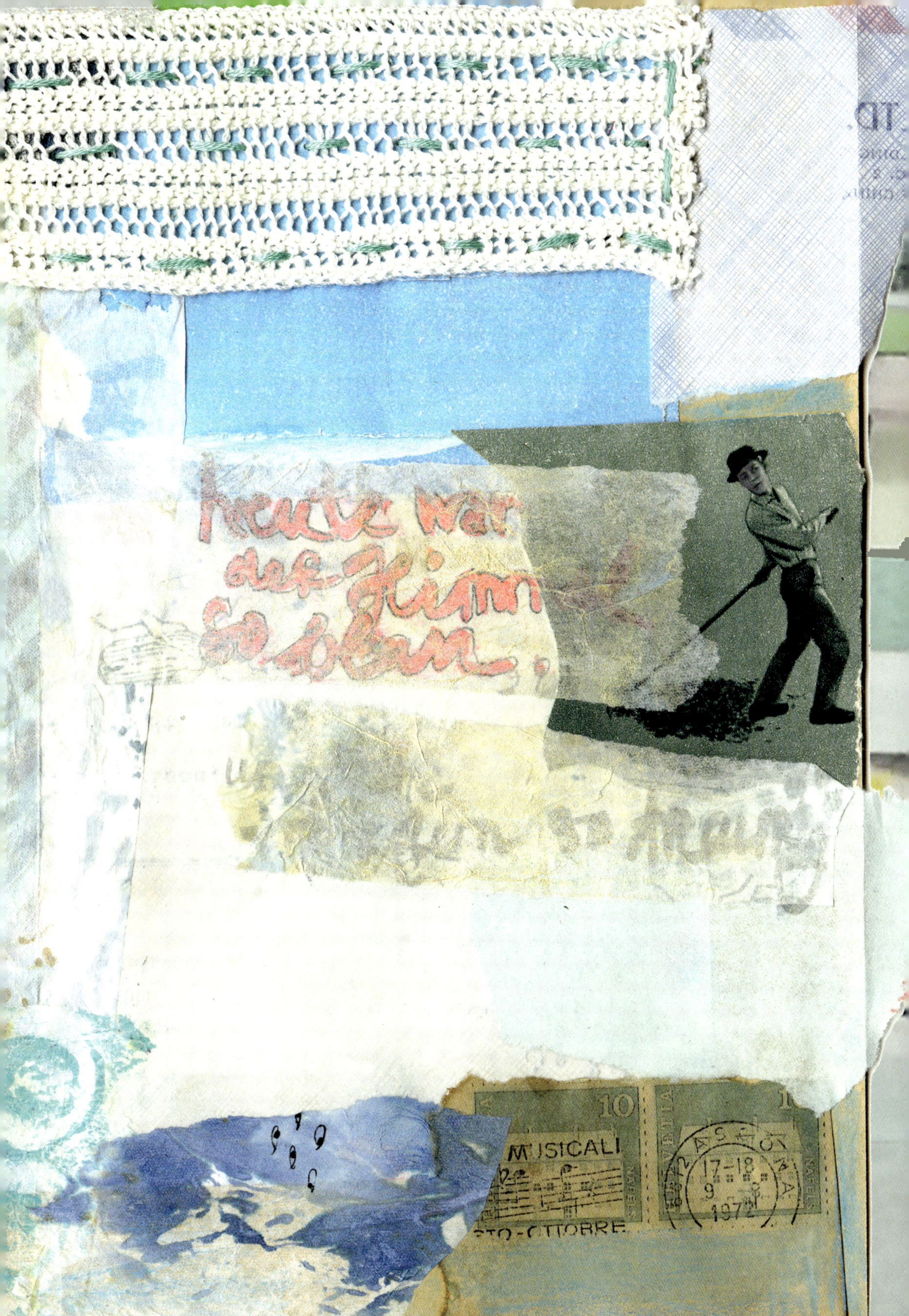
heute war
MUSICALI
10
1972

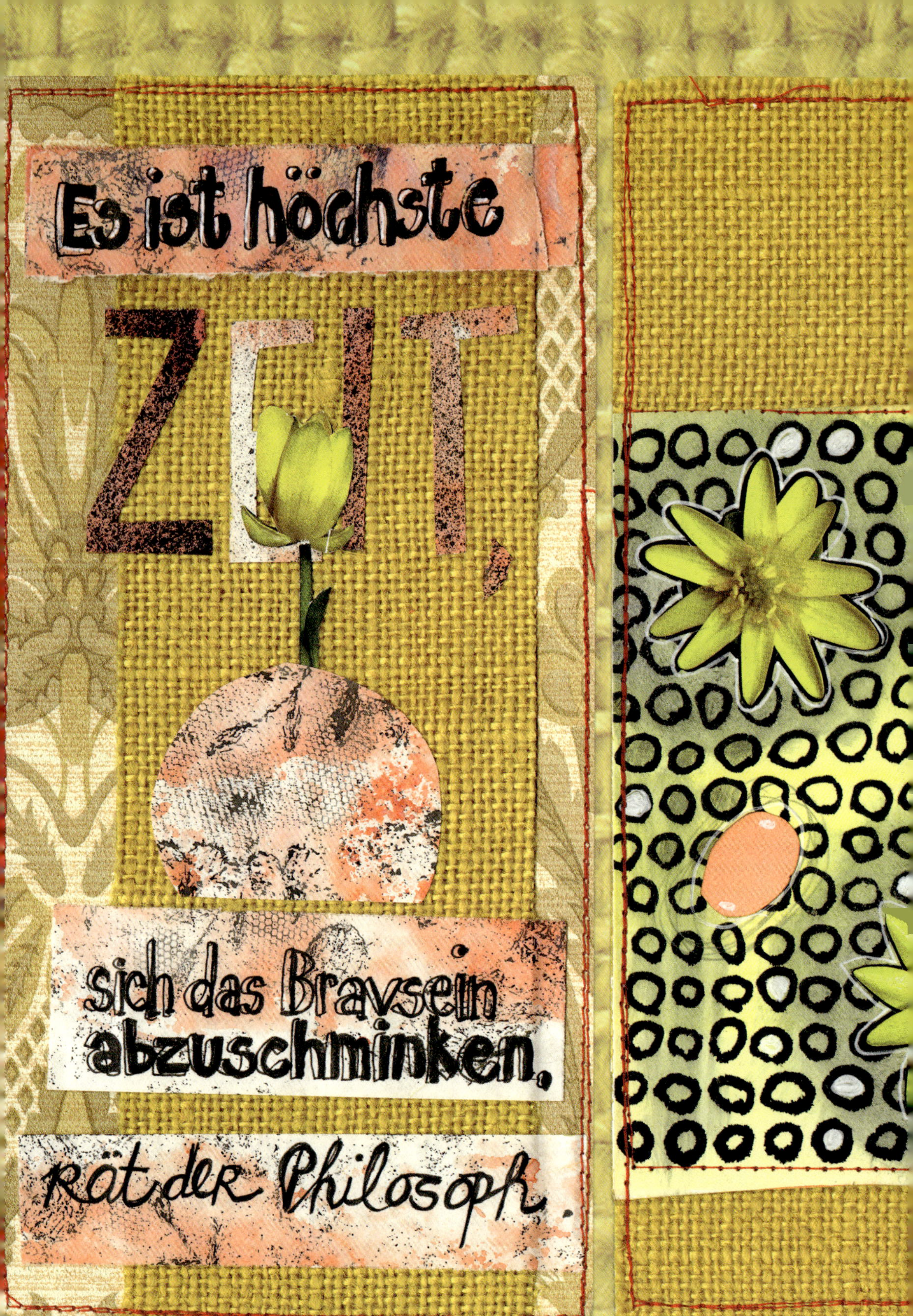
Es ist höchste
ZEIT,
sich das Bravsein
abzuschminken,
rät der Philosoph.

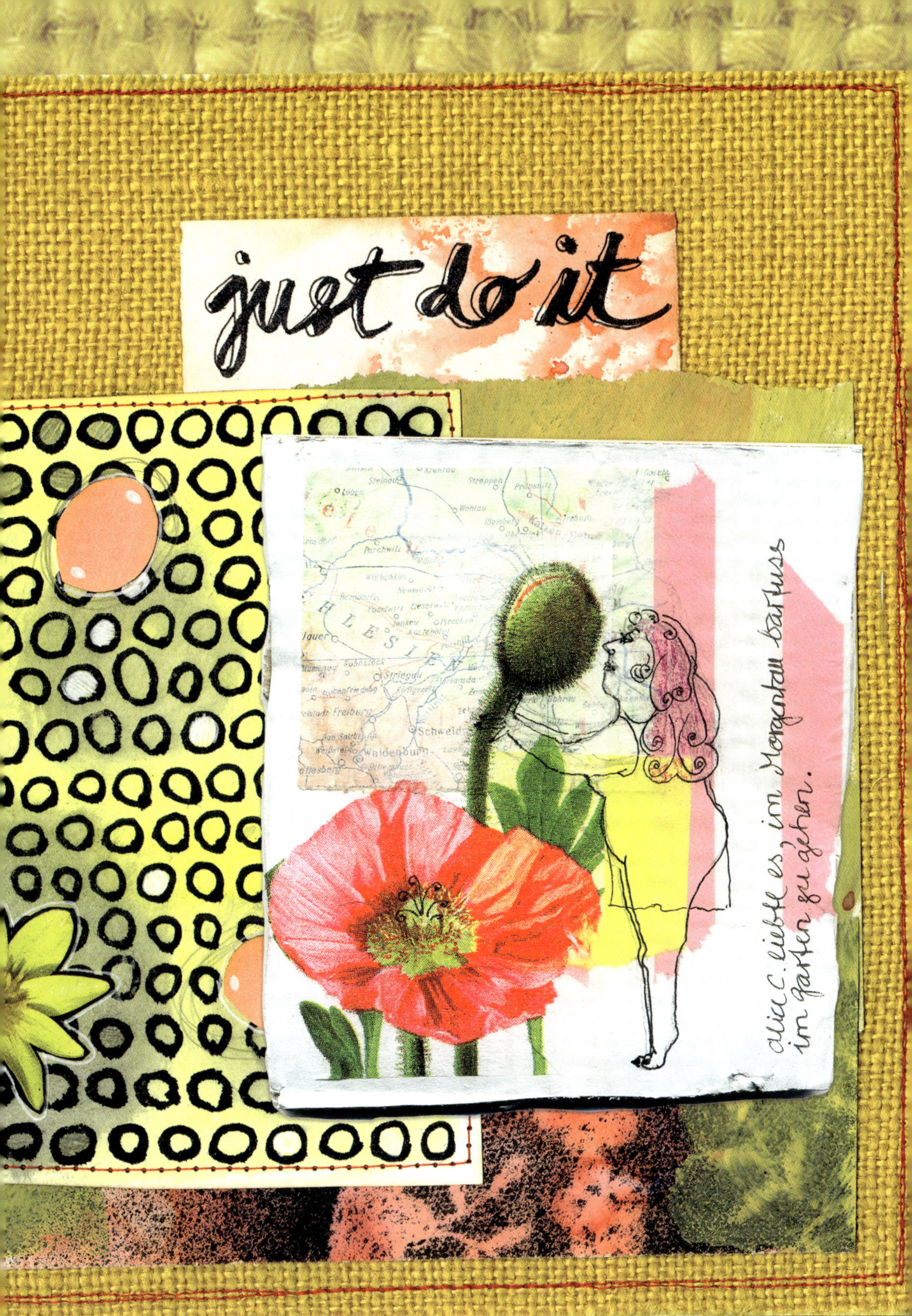
just do it
alice c. liebte es, im Morgentau barfuss
im Garten zu gehen.

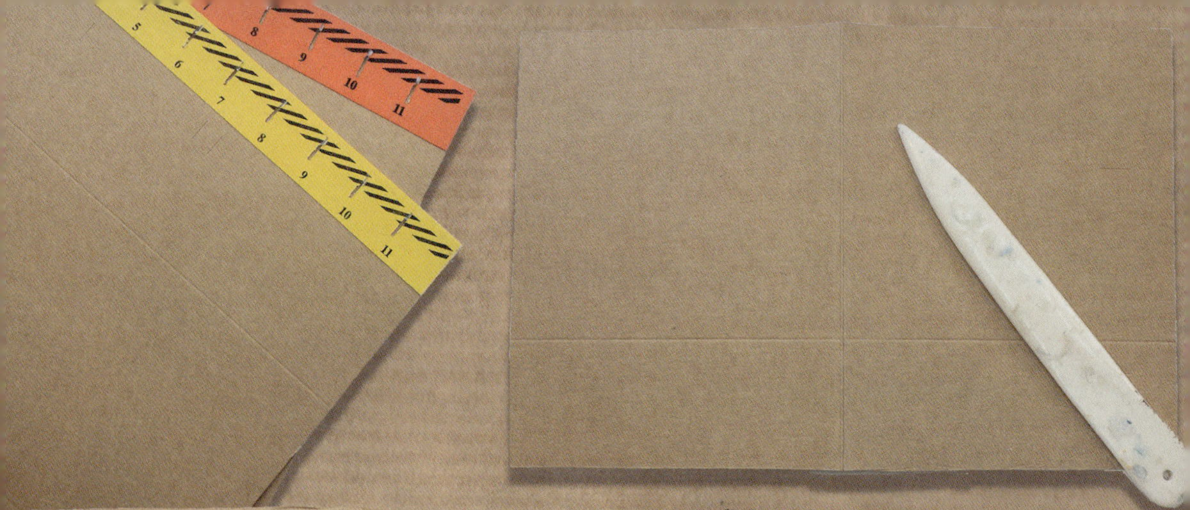

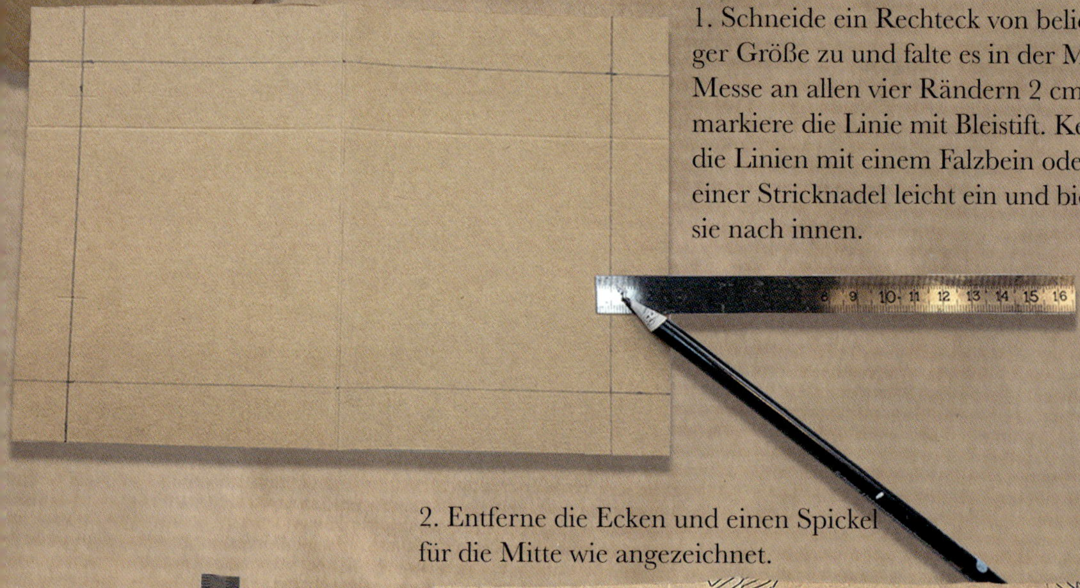

1. Schneide ein Rechteck von beliebiger Größe zu und falte es in der Mitte. Messe an allen vier Rändern 2 cm ab, markiere die Linie mit Bleistift. Kerbe die Linien mit einem Falzbein oder einer Stricknadel leicht ein und biege sie nach innen.

2. Entferne die Ecken und einen Spickel für die Mitte wie angezeichnet.

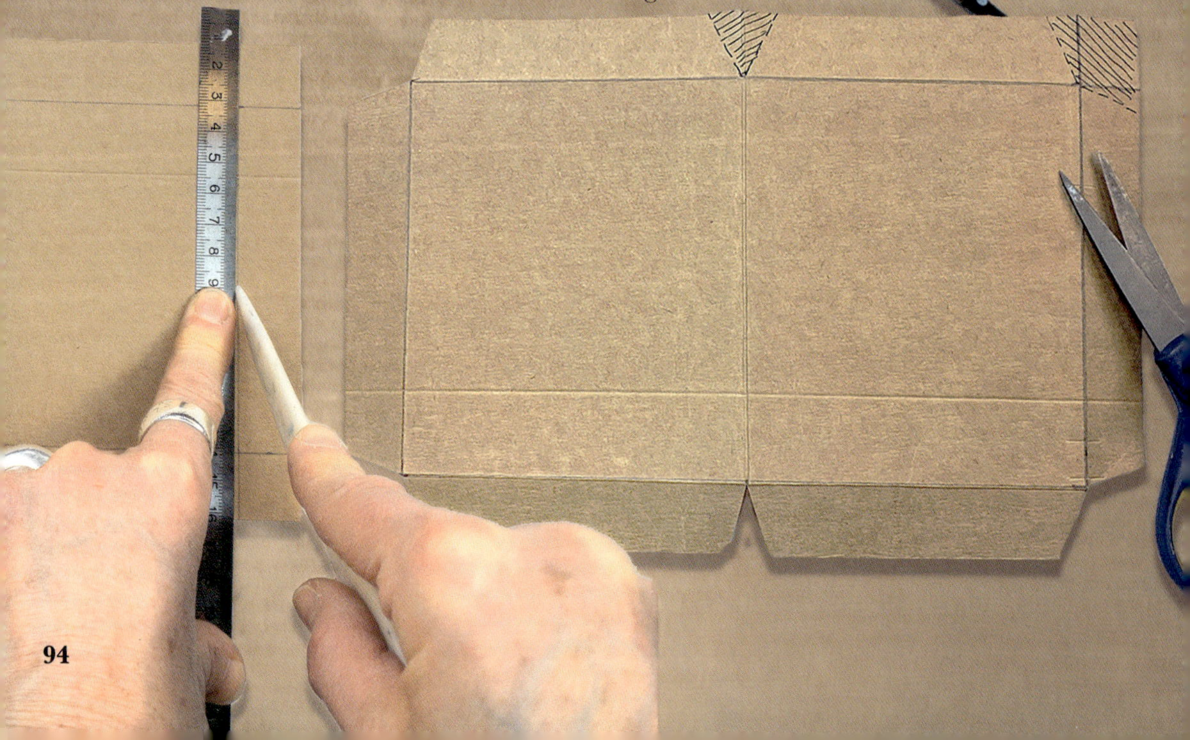

MAPPEN UND MAEPPCHEN

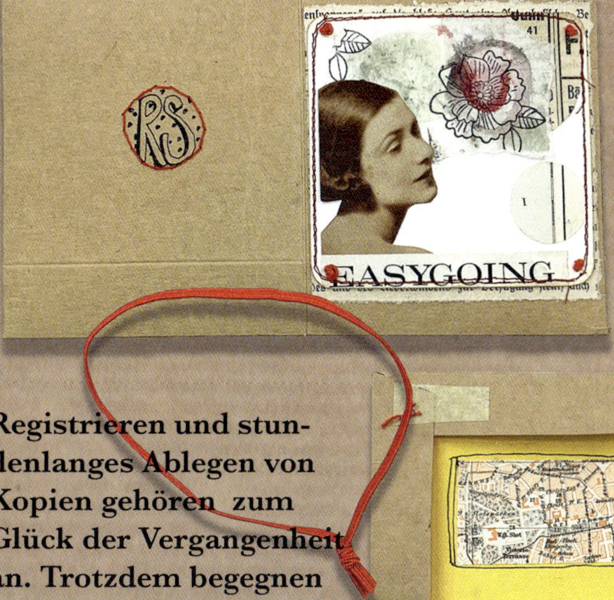

Registrieren und stundenlanges Ablegen von Kopien gehören zum Glück der Vergangenheit an. Trotzdem begegnen mir die braungrauen Registraturmappen immer wieder. Ich nähe sie zusammen und benutze sie zum Versenden von Bildern oder mache kleine, feine Sammelmäppchen daraus.

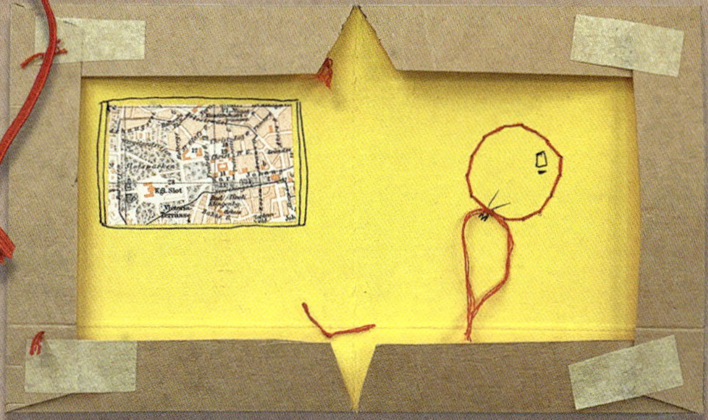

3. Falte die Ränder und klebe sie fest. Gestalte das Mäppchen und schließe es mit einer Gummischlaufe.

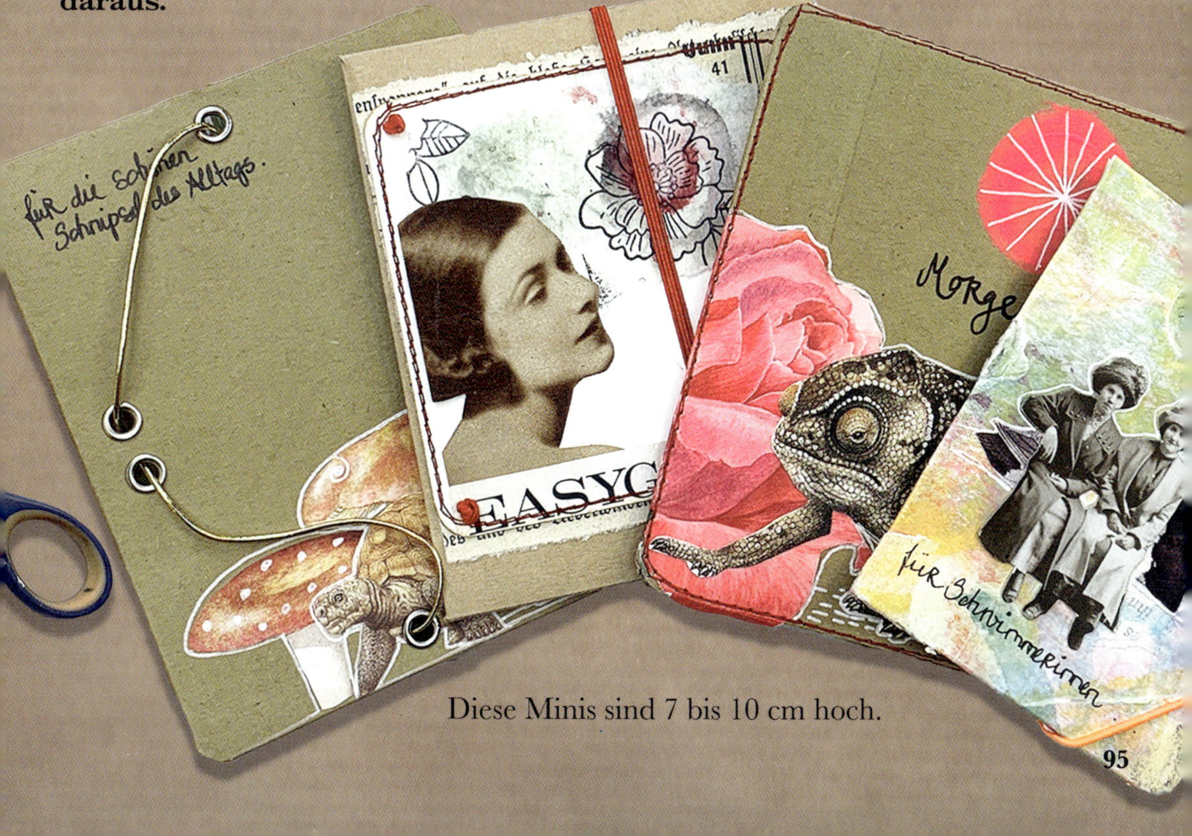

Diese Minis sind 7 bis 10 cm hoch.

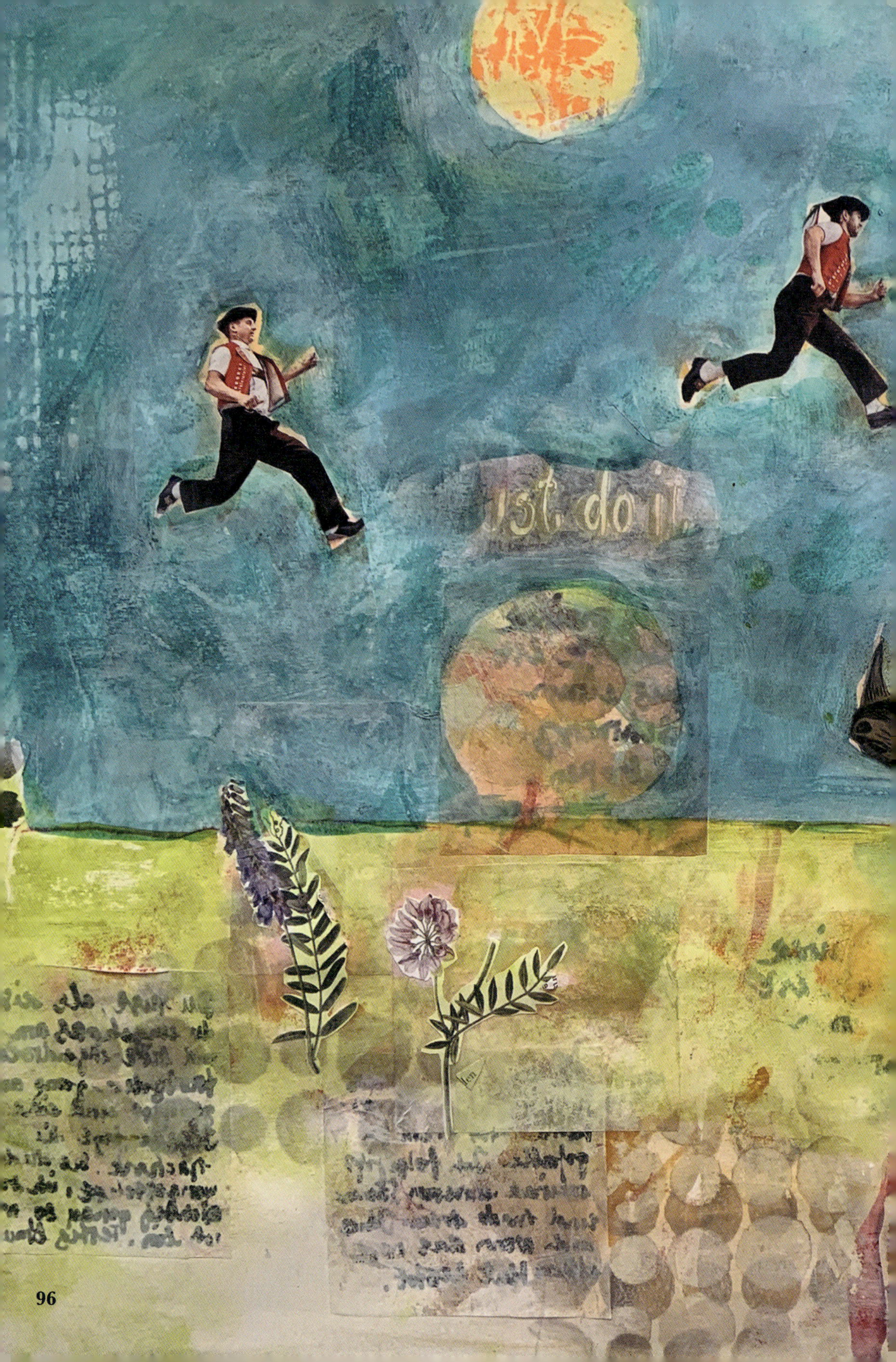

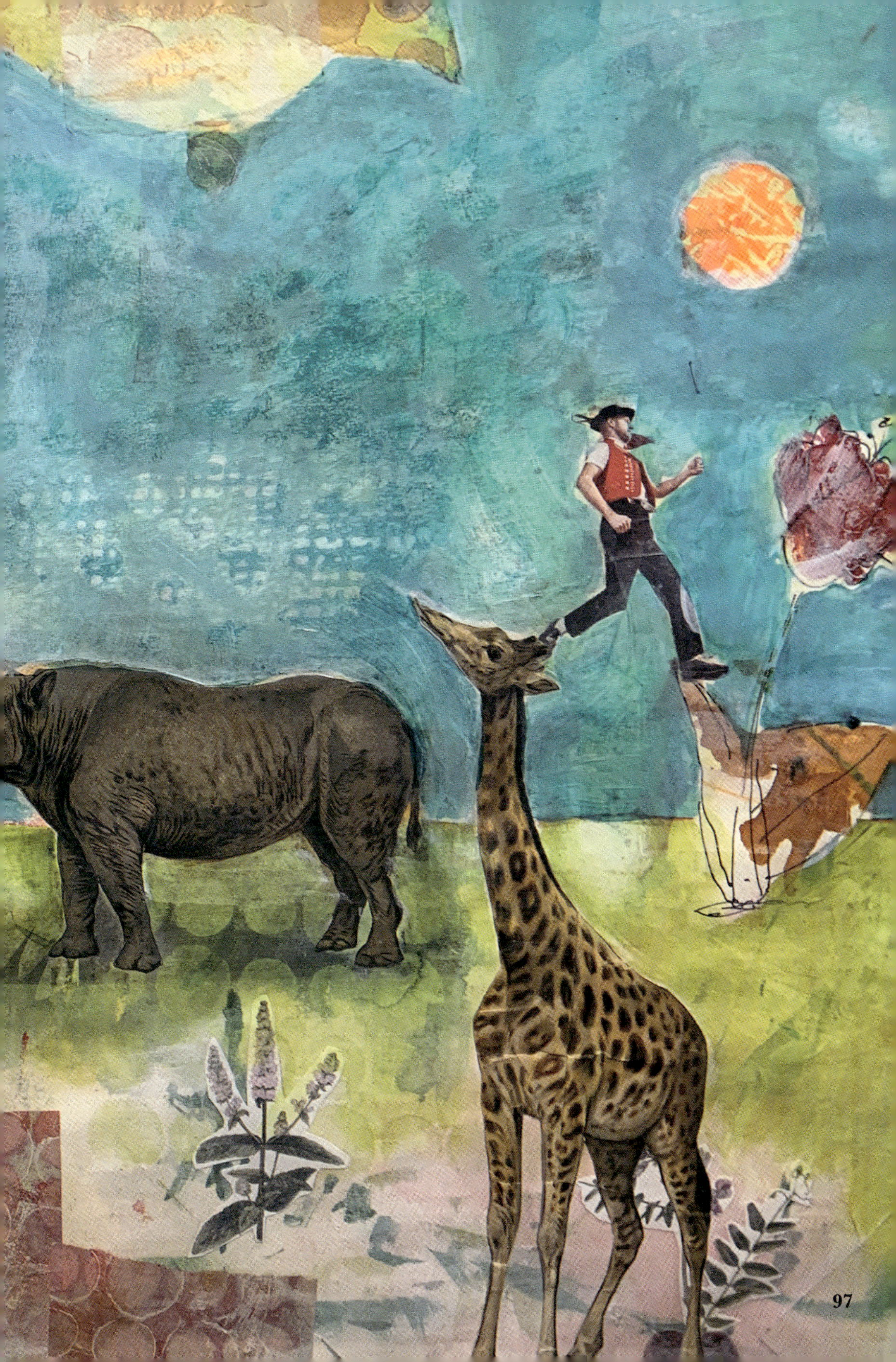

Schreibe mit unverstellter Handschrift ein Wort. Schreibe es gleich nochmals darüber. Achte nicht darauf, ob die beiden Linien exakt übereinander liegen. Im Gegenteil. Verbinde die beiden Schriftlinien und fülle die entstandenen Leerräume mit Farbe. Freue dich über dein persönliches „ugly lettering“.

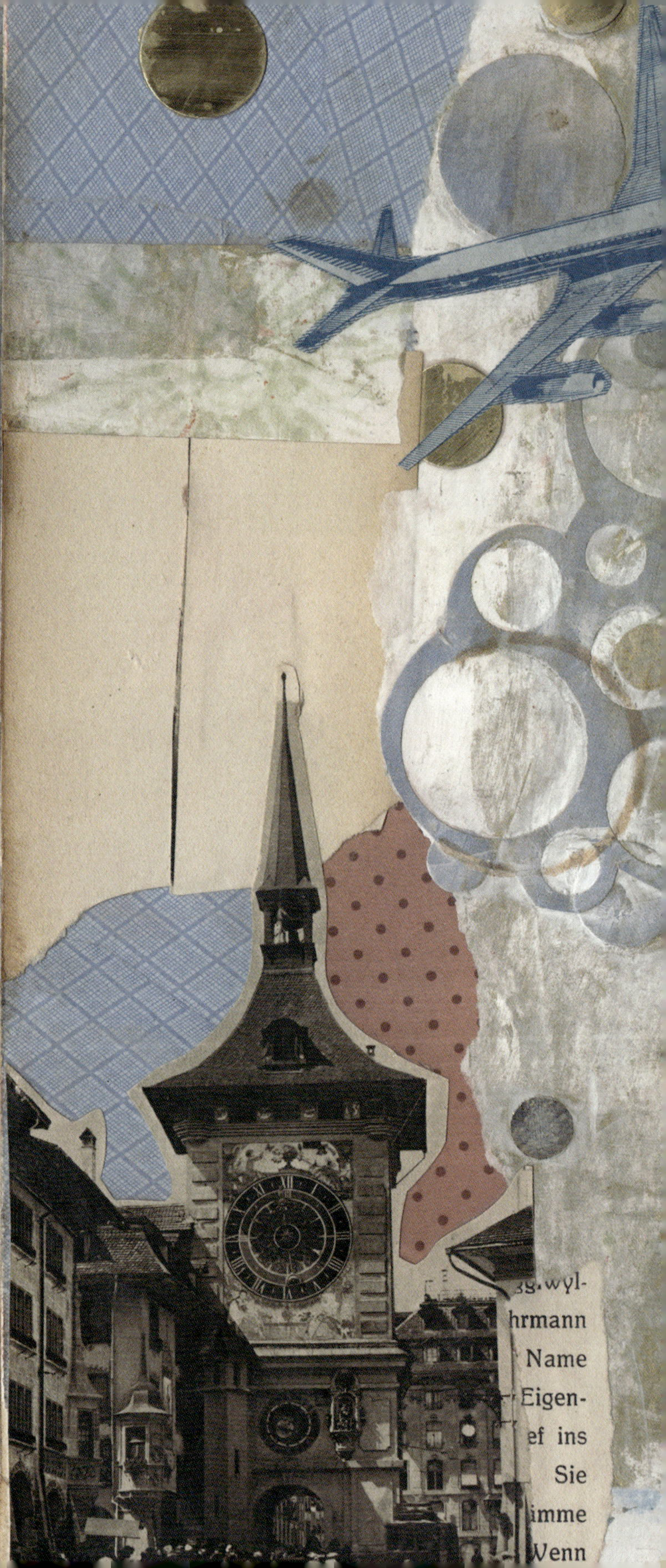

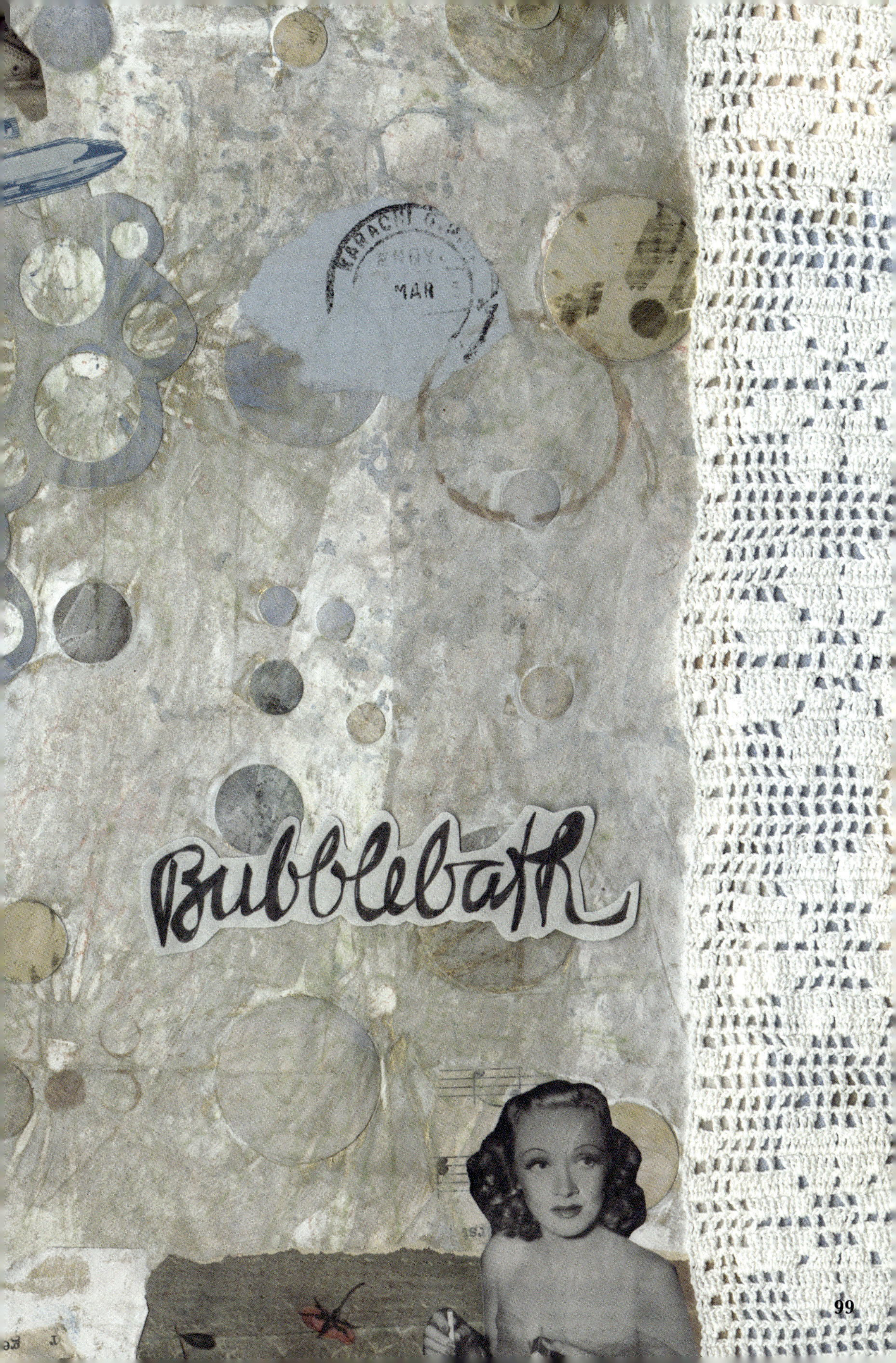
MAR
Bubblebath

Die Scherenschrift

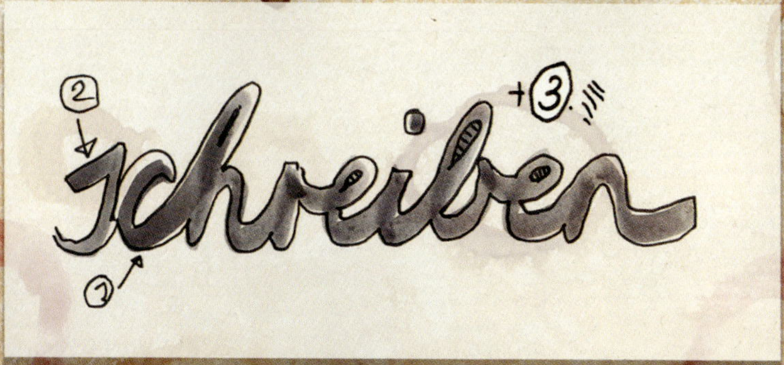

Schreibe ein Wort mit einem dicken Filzstift vor. Schneide die untere Linie (1) aus aus einem leeren Stück Papier aus. Folge der gezeichneten Linie dabei einfach mit dem Auge. Das geht! Du brauchst nichts vorzuzeichnen. Versuche nicht perfekt zu sein, sondern staune, wie Auge und Hand zusammenarbeiten. Nun kommst du zur oberen Kante (2). Das bedingt etwas Konzentration und Geduld.

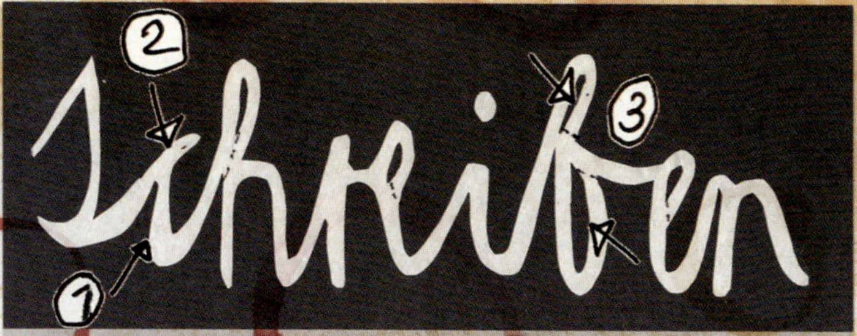

Zum Schluss schneidest du die Buchstaben-Innenräume aus (3). Mache es dir nicht zu schwer. Du kannst den Schriftstreifen durchtrennen (gestrichelte Linie). Beim Kleben mit Gel-Medium wird er wieder verbunden und versiegelt.

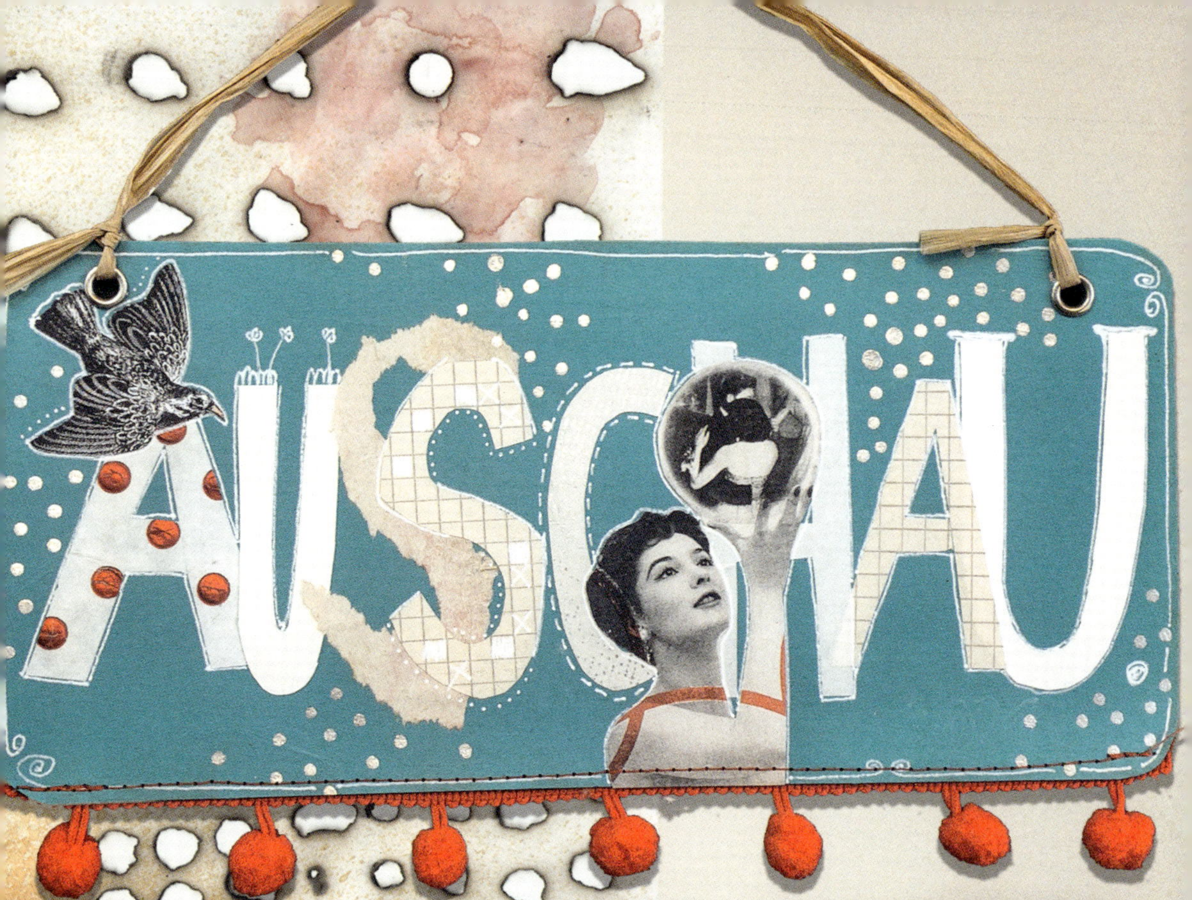

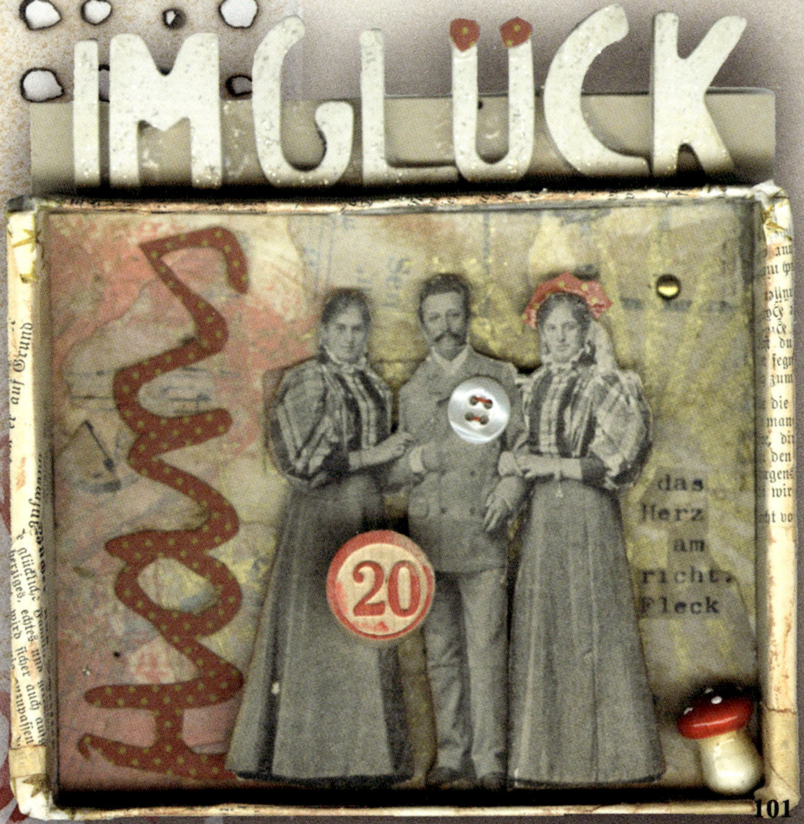

Magst du mir dabei zuschauen, wie ich das Schriftbild „Ausschau“ gestalte? Scanne den folgenden Link:

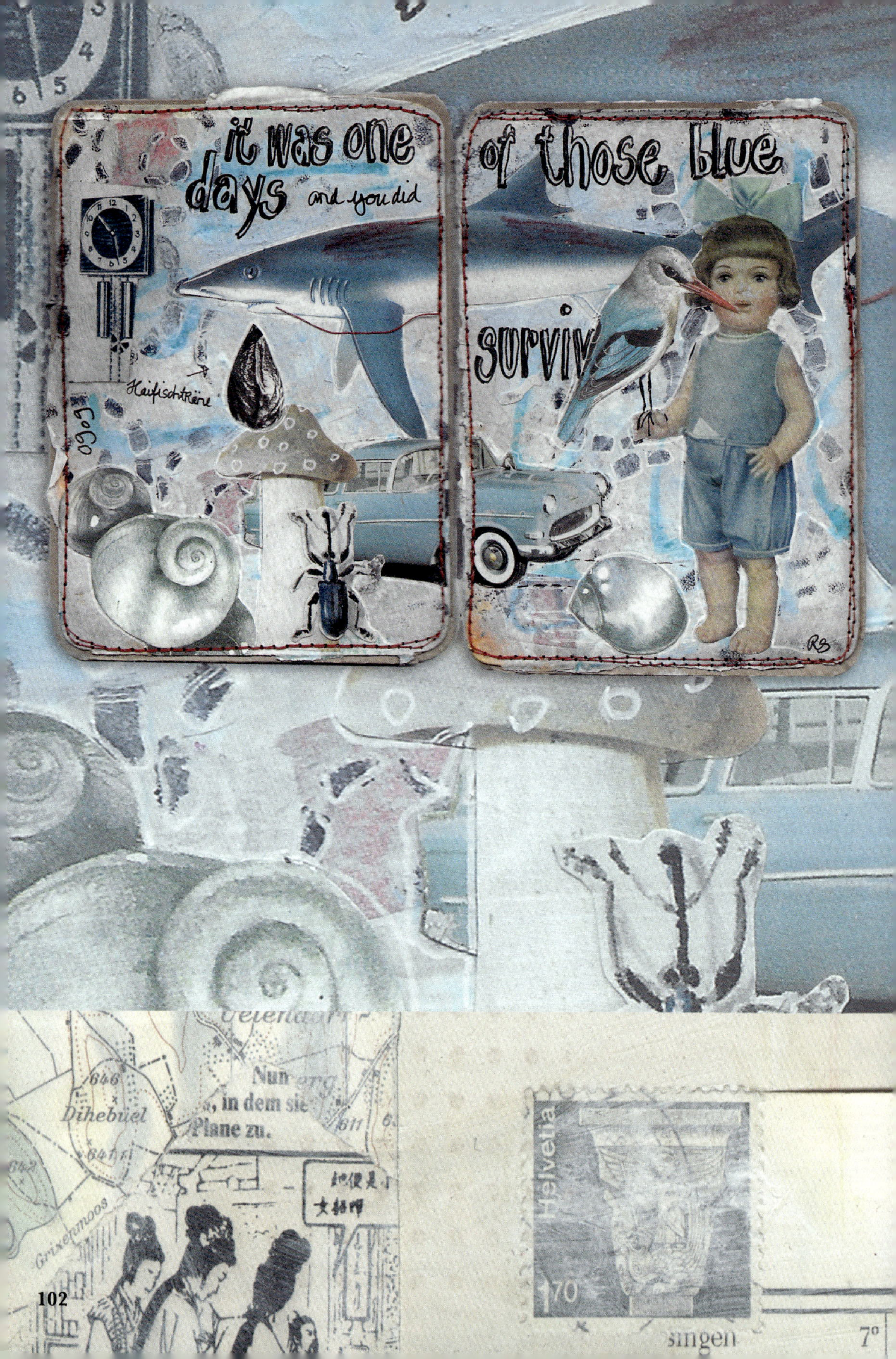

it was one
days
and you did
of those blue
surviv
Dihebuel
Nun
in dem sie
Plane zu.
Grixelmoos
Helvetia
1.70
singen
7°

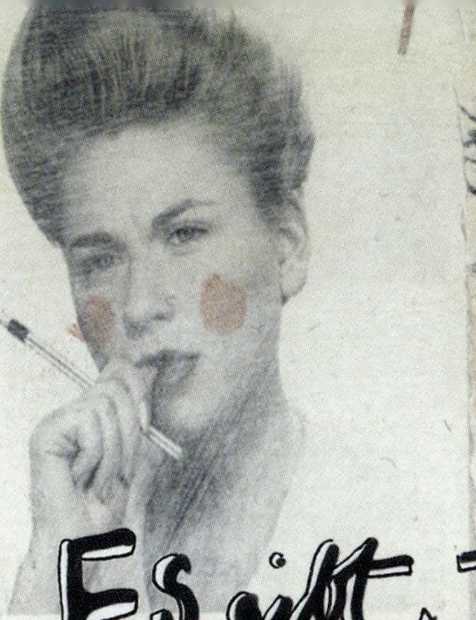

Es gibt Tage, an denen ich im Leben bade.

Deine eigene Handschrift bietet ein einzigartiges persönliches Gestaltungsmittel. Schreibe einen Satz mit einem dicken Marker und verdopple mit einem dünnen Fineliner die Linien links und unterhalb deiner Schrift. Genau so, wie ich es beim oben stehenden Satz gemacht habe. Das Ergebnis ist eine dreidimensional wirkende Schrift, die gerne nicht so sein darf, wie es in der Schule gewünscht wurde. Liebe dein Unperfektsein und deine Eigenheiten. Nimm einen dünnen Stift und experimentiere mit den unten stehenden Zeilen.

An anderen bin ich total wasserscheu.

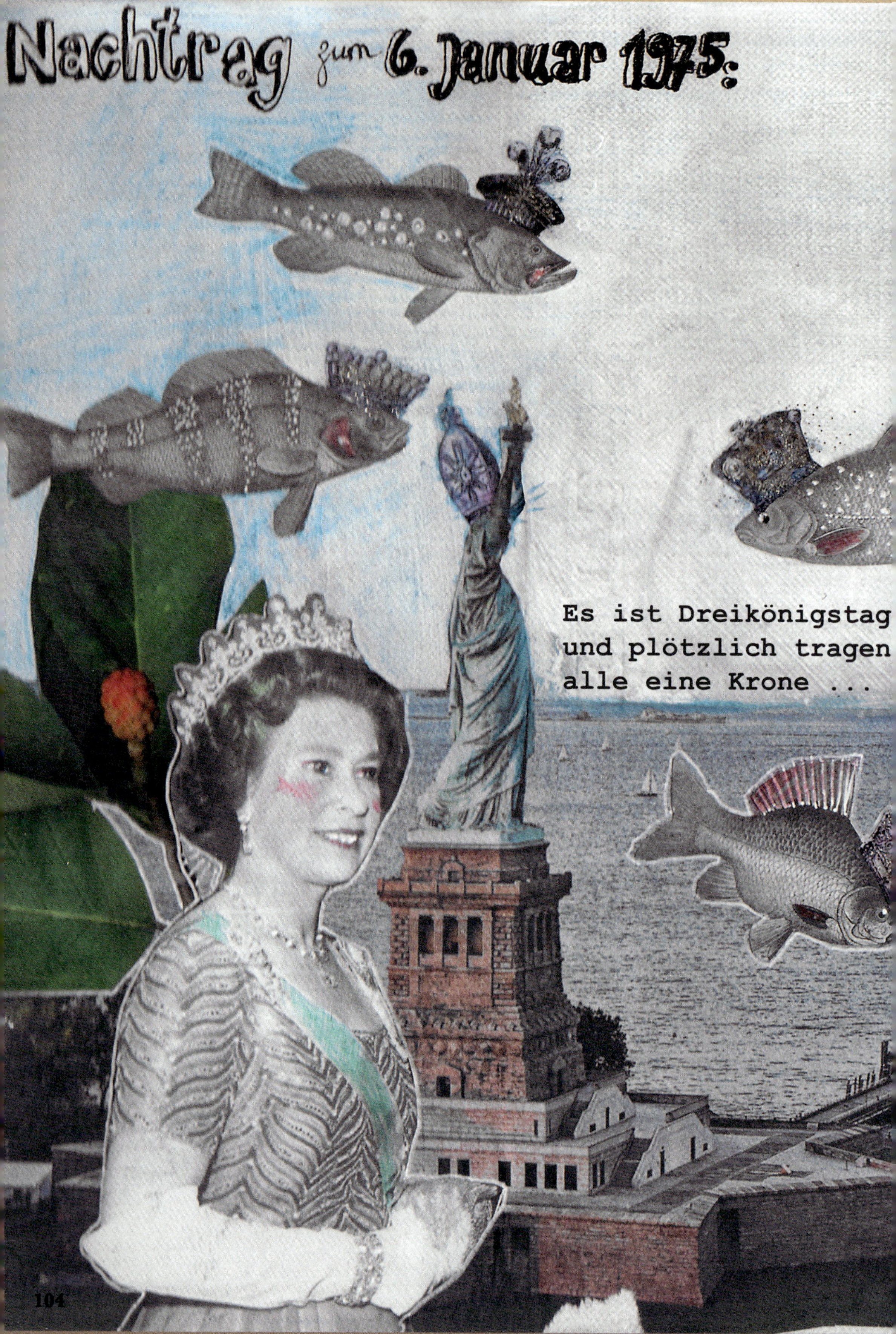
Nachtrag zum 6. Januar 1975:
Es ist Dreikönigstag
und plötzlich tragen
alle eine Krone ...

60 Cents

Steht bei dir vielleicht eine unbenutzte alte Schreibmaschine herum? Wunderbar! Spanne ein Stück Papier ein und tippe deine Worte drauf. Schneide die Schrift aus und pinsle sie mit Gel-Medium vorsichtig auf dein Bild. (Dieses Werk habe ich auf einen mit Leinen eingefassten alten Buchdeckel gemalt und geklebt.)

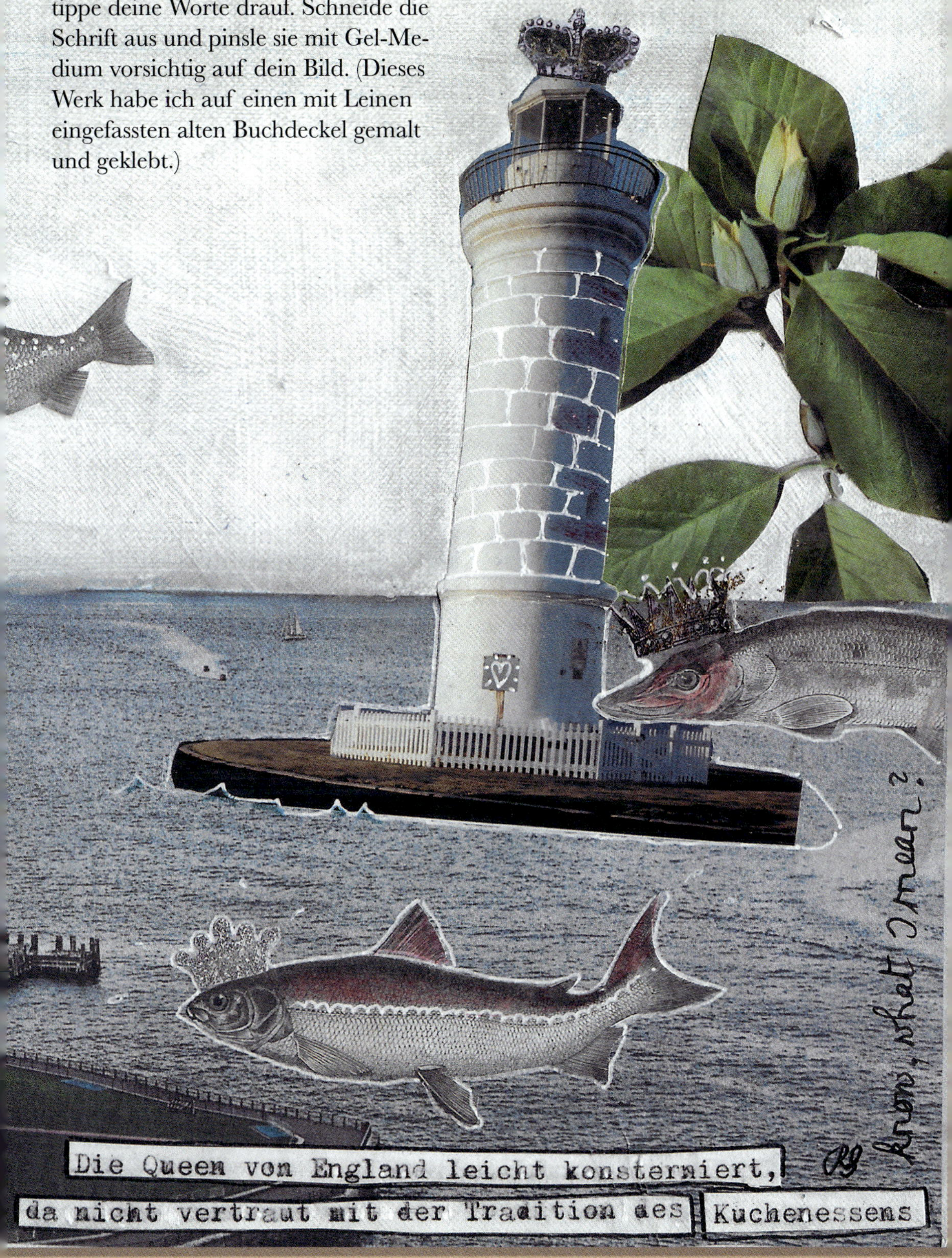

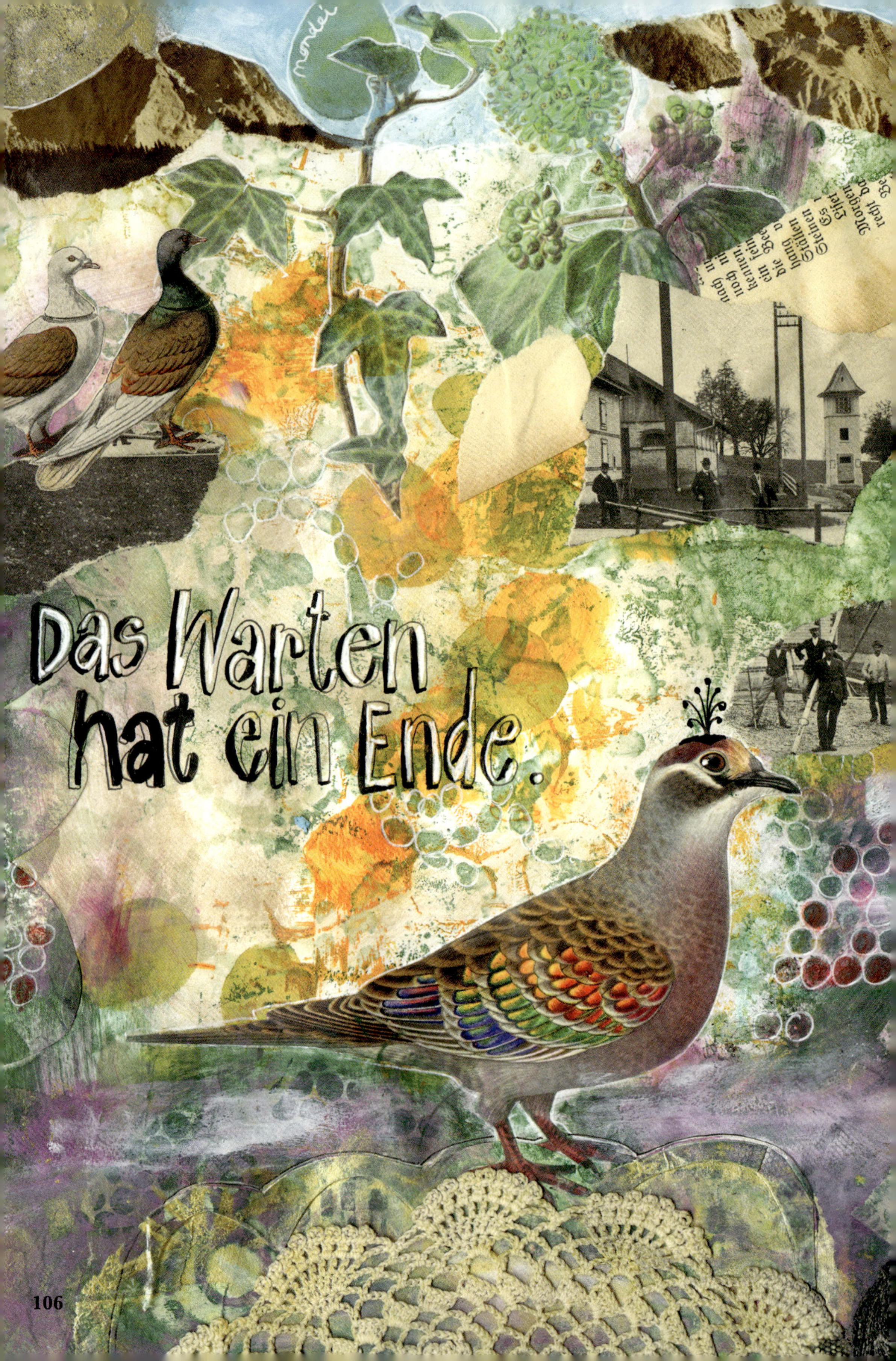
Das Warten
hat ein Ende.

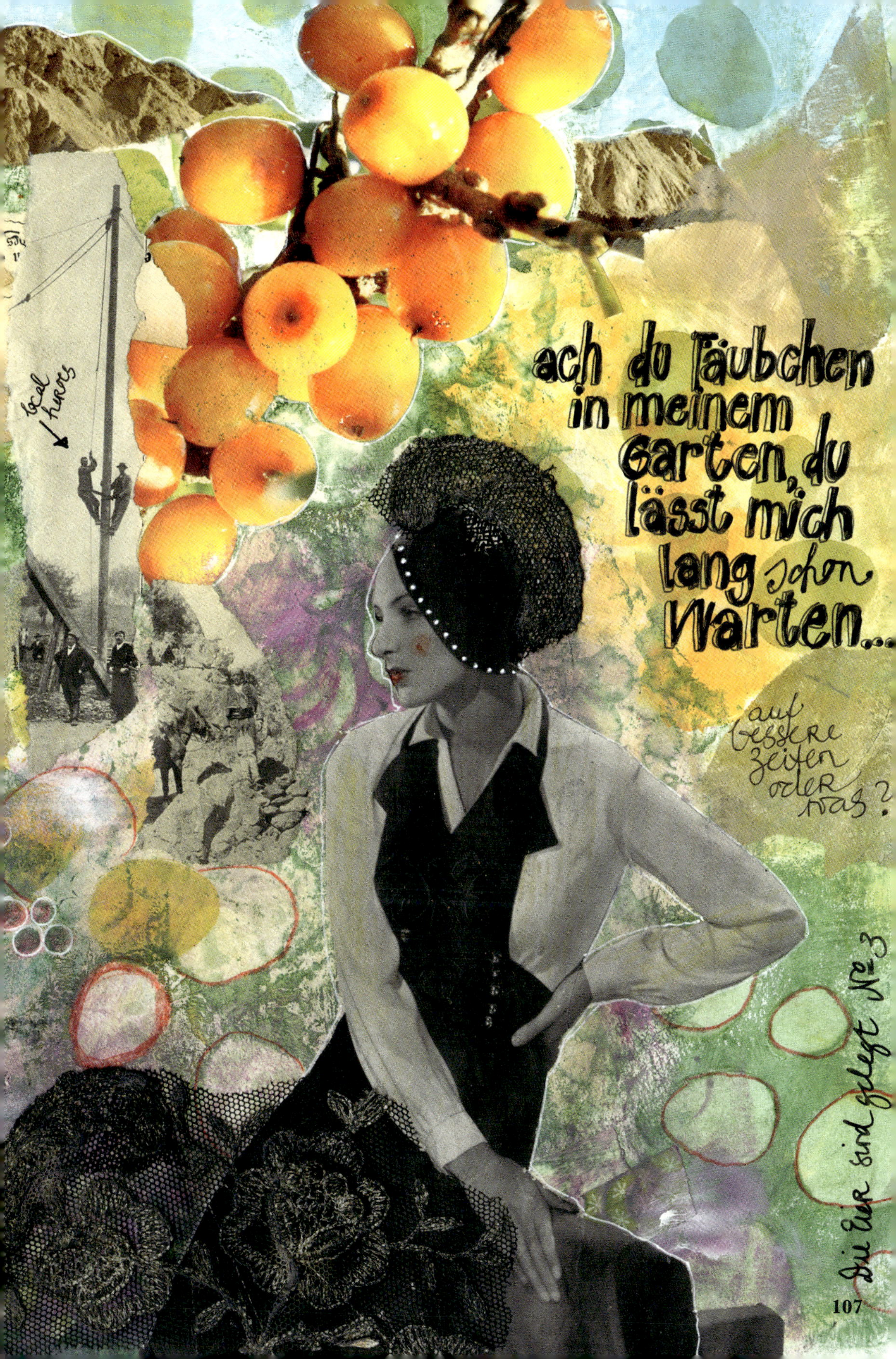
ach du Täubchen in meinem Garten, du lässt mich lang schon warten...
auf bessere Zeiten oder was?
local heroes
Die Eier sind gelegt № 3

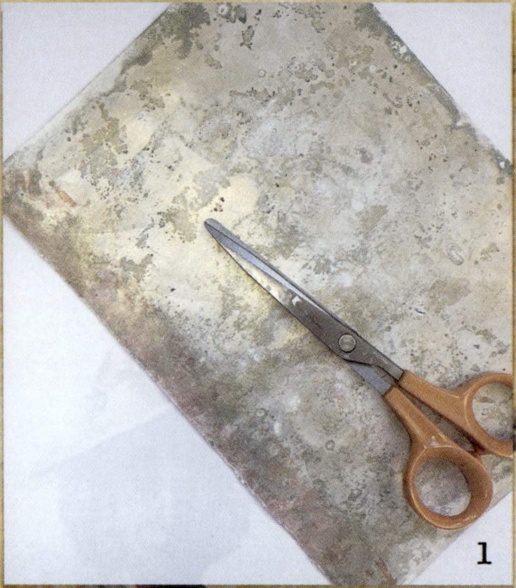

1

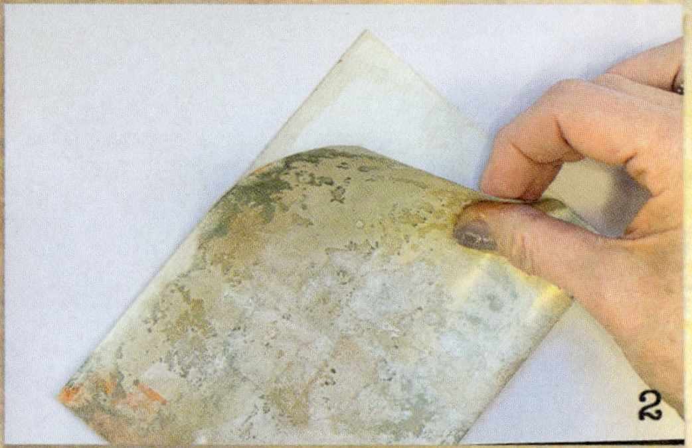

2

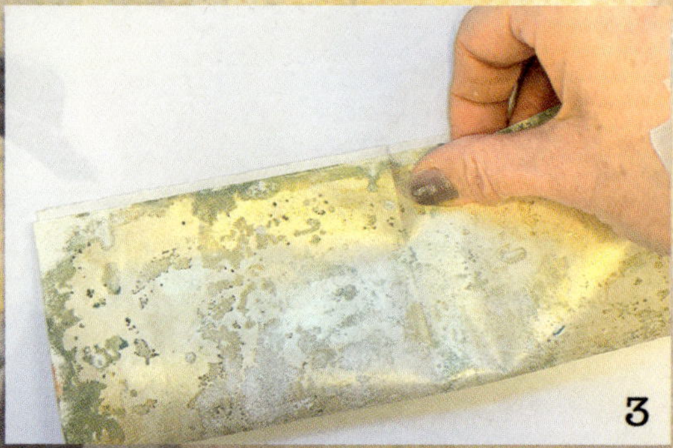

3

Falte das Papier hoch und quer in die Mitte. Streiche den Falz glatt und öffne das Papier wiede (2 + 3).
Lege die schmalen Außenkanten zur Mitte hin, falte sie und achte darauf, dass die Kanten genau auf den Innenfalz zu liegen kommen (4 + 5).
Durchschneide den Innenfalz bis zur letzten Kreuzung, also durch drei von vier Teilen (6).

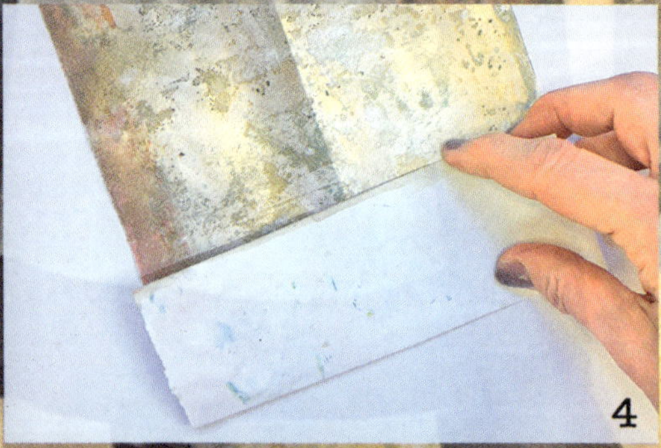

4

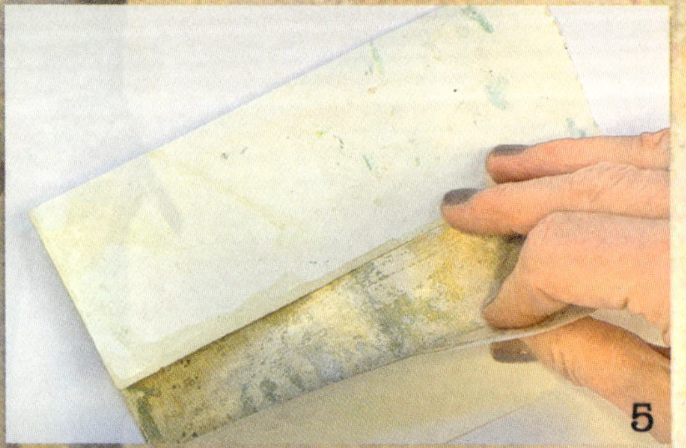

5

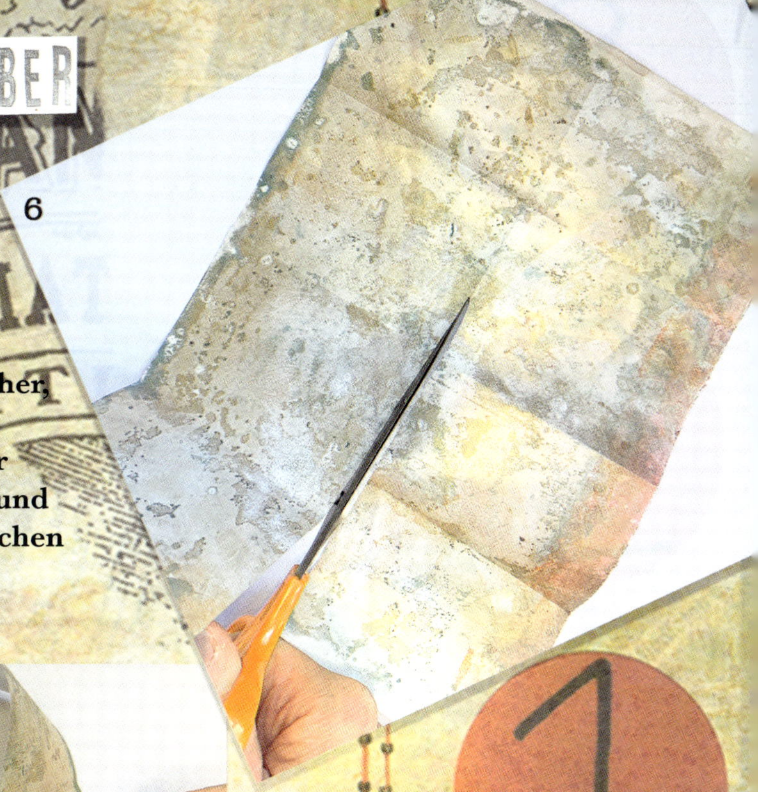

6

Zines sind Faltbücher, die du mit jedem Papier und in jeder Grösse herstellen und nach deinen Wünschen füllen kannst.

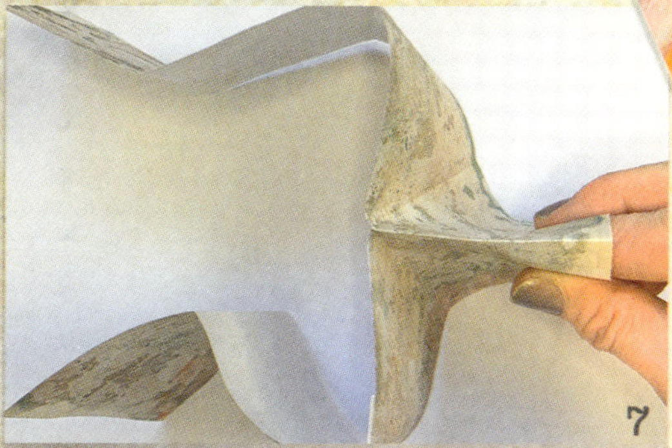

7

Klebe die verbundenen Seiten auf der Rückseite zusammen (7). Falte die restlichen Seiten zur Mitte hin (8).

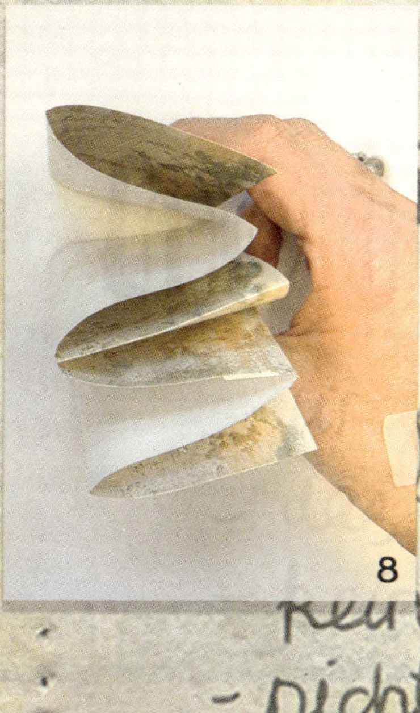

8

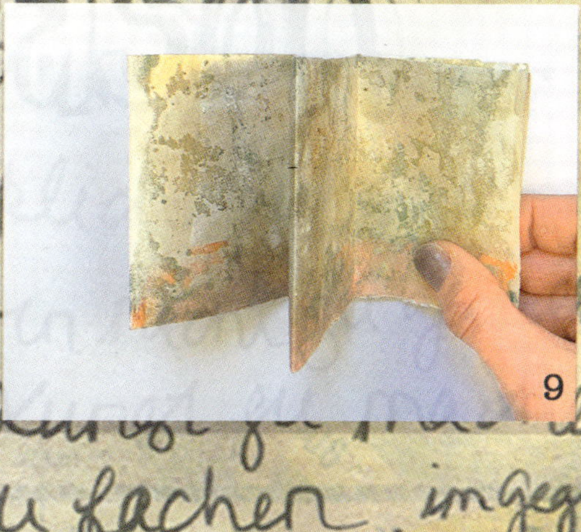

9

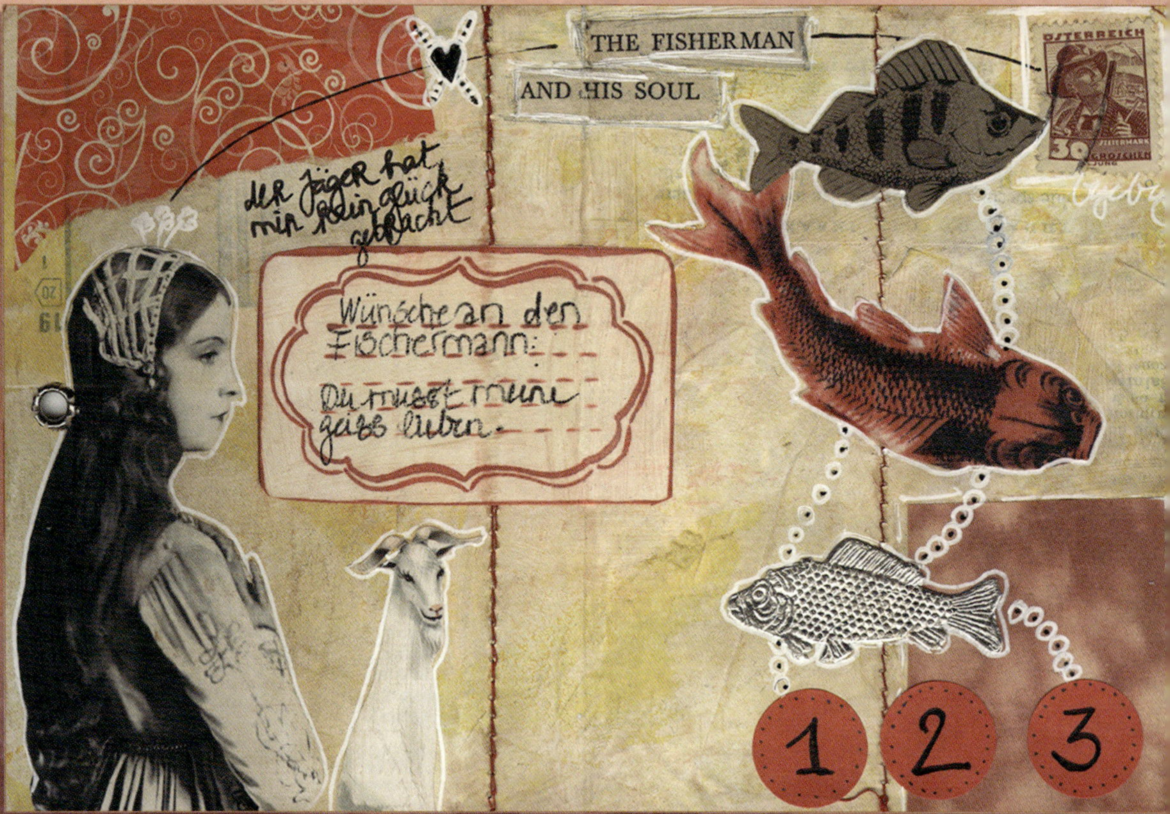
THE FISHERMAN
AND HIS SOUL
ÖSTERREICH
der Jäger hat mir kein Glück gebracht
Wünsche an den Fischermann:
Du musst meine geiss lieben.
1
2
3

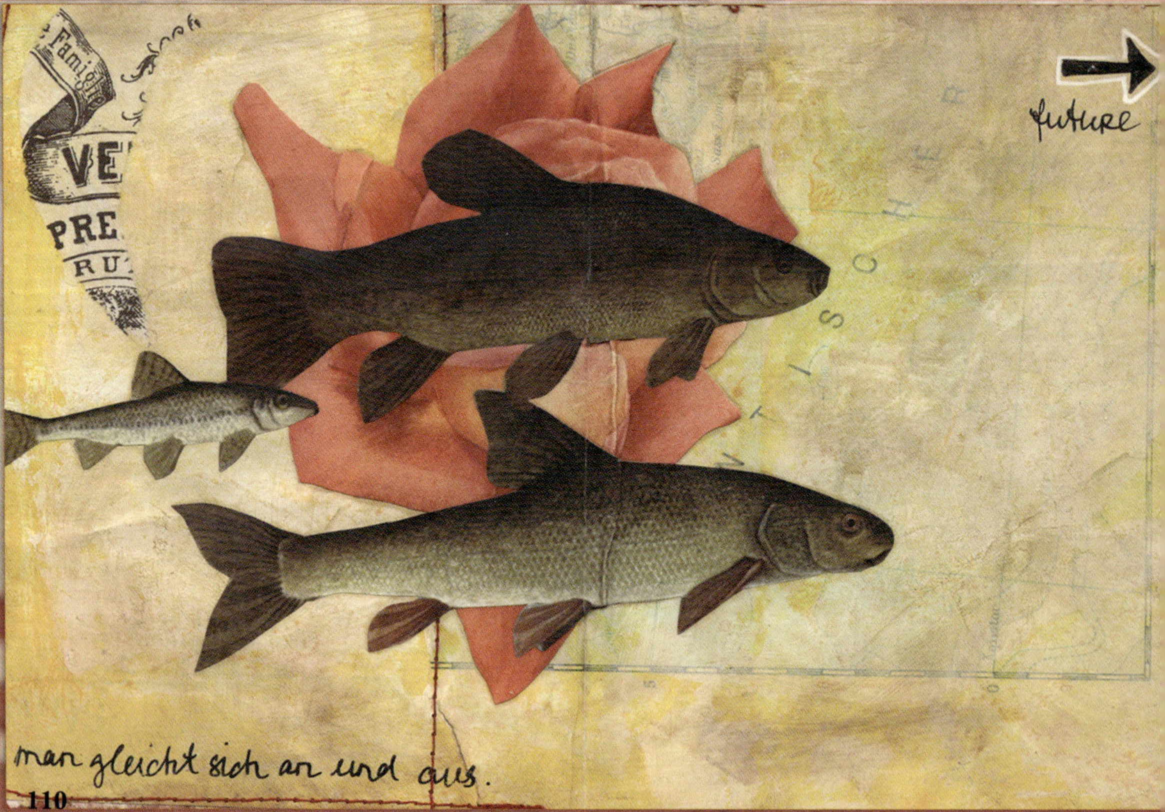
future
man gleicht sich an und aus.

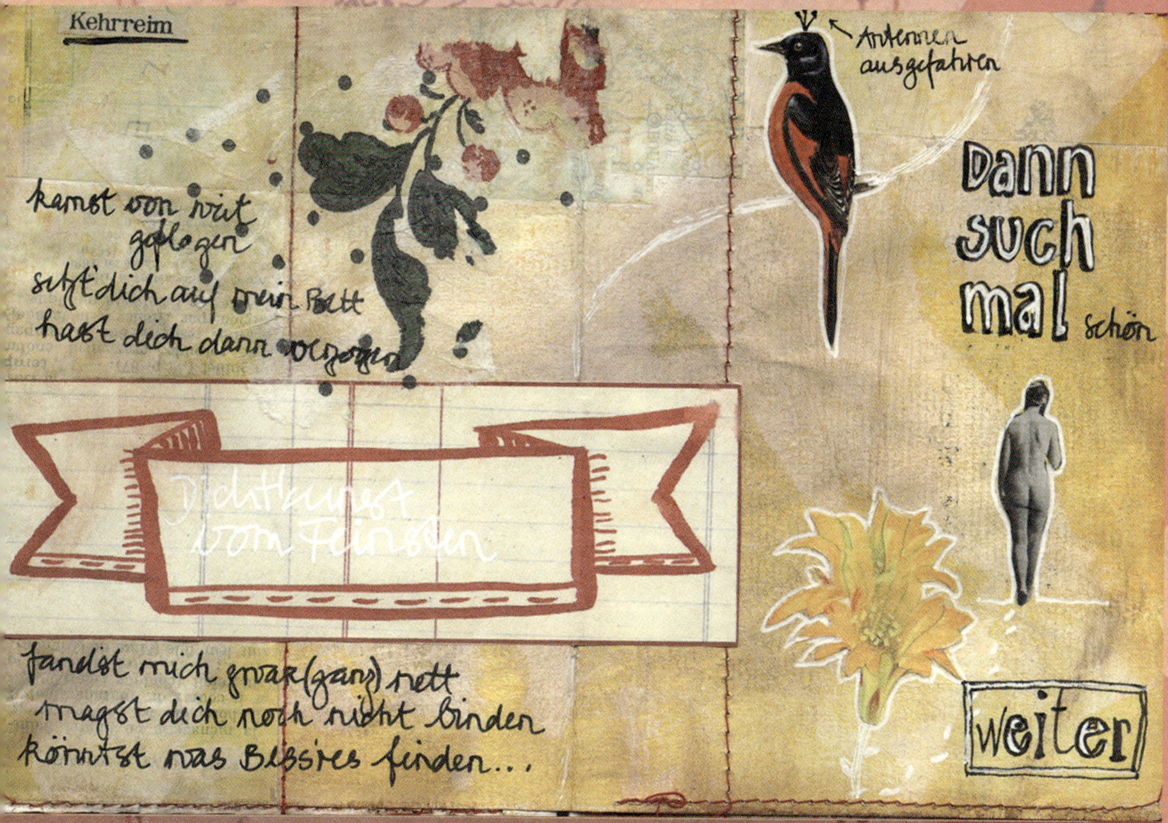
Kehrreim
kamst von weit
geflogen
setzt dich auf mein Bett
hast dich dann verzogen
Antennen ausgefahren
Dann
such
mal schön
Dichtkunst
vom Feinsten
fandst mich zwar (ganz) nett
magst dich noch nicht binden
könntst was Bessres finden...
weiter

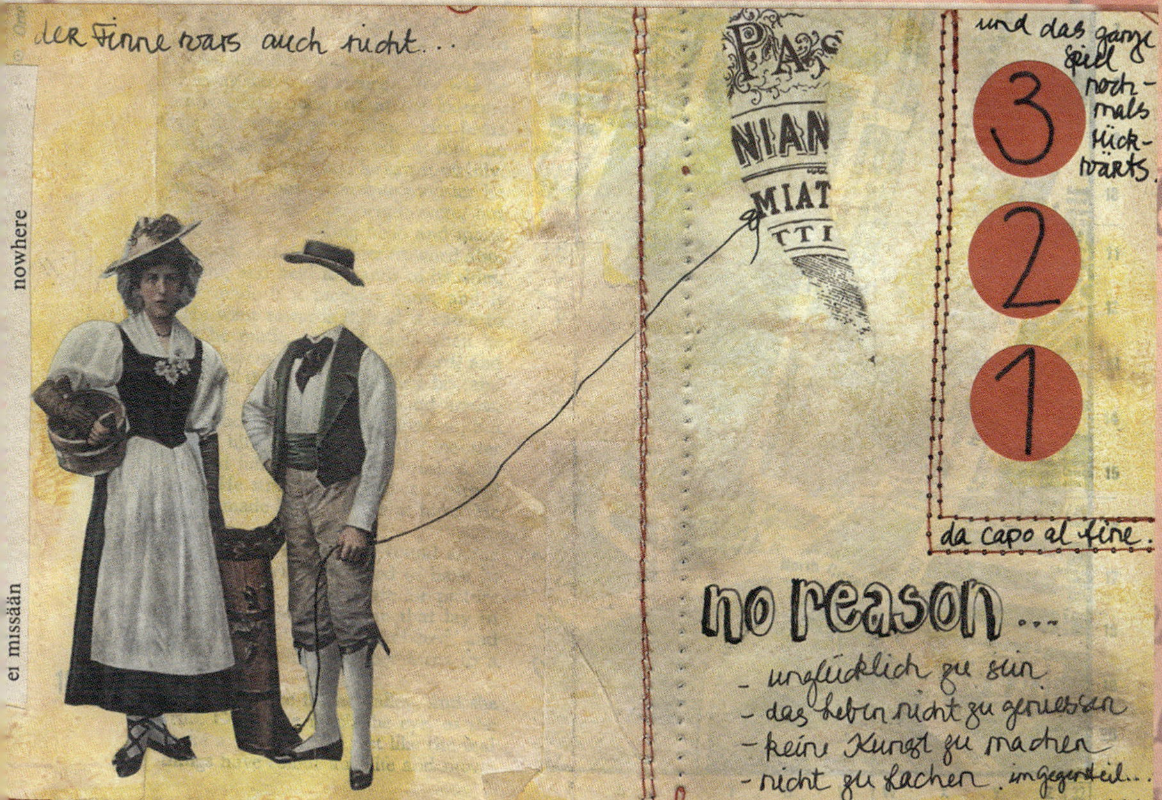
der Finne wars auch nicht...
nowhere
ei missään
und das ganze Spiel noch-mals rück-wärts.
3
2
1
da capo al fine.
no reason...
- unglücklich zu sein
- das Leben nicht zu geniessen
- keine Kunst zu machen
- nicht zu lachen. im gegenteil..

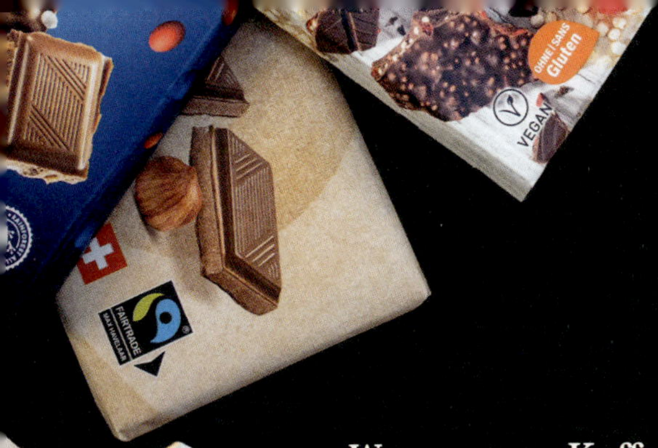

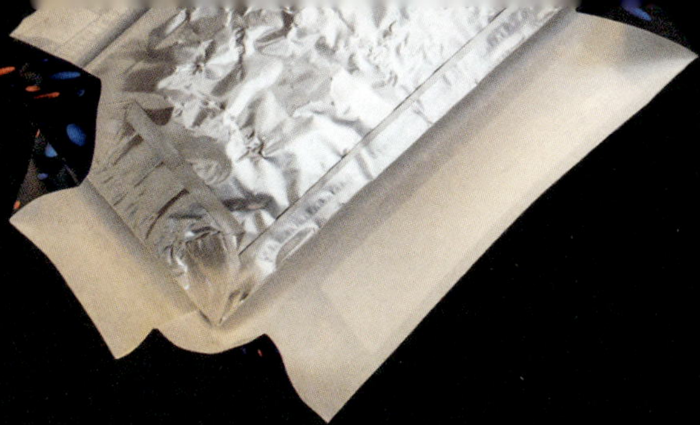

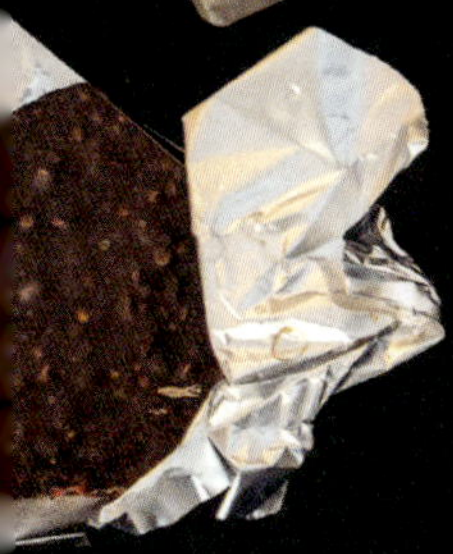

Wer so gerne Kaffee trinkt wie ich, kann auch zu einem Stück Schokolade nur schwer Nein sagen. Es versteht sich also, dass auch aus diesem Papier etwas Neues entsteht.

1. Falte das Papier so, wie wir es beim Zine auf Seite 108 gemacht haben. Hoch und quer in die Mitte und dann die beiden schmalen Seiten zur Mittellinie einschlagen.

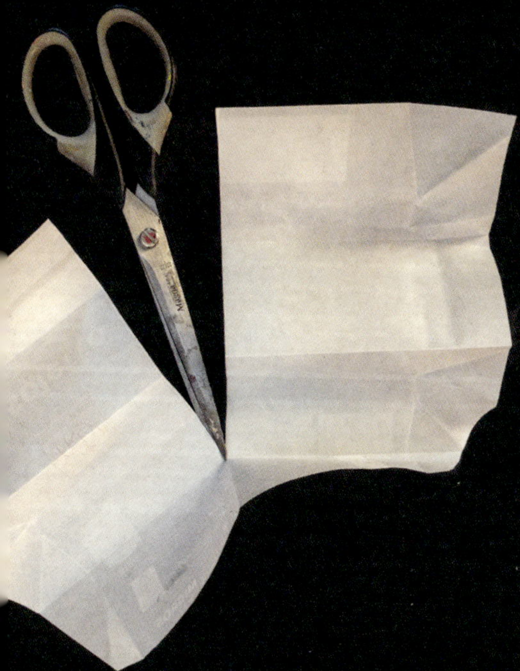

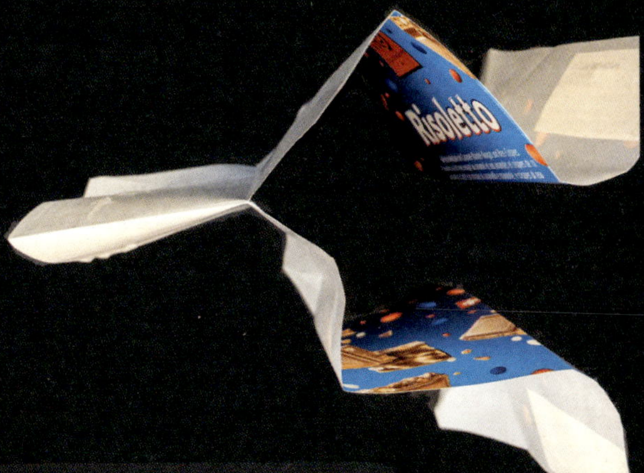

2. Öffne das Papier und schneide dem langen Innenfalz entlang bis zur letzten Kreuzung. Klebe die nicht zerschnittenen Seiten auf der Rückseite zusammen. Falte von beiden Enden zur Mitte hin.

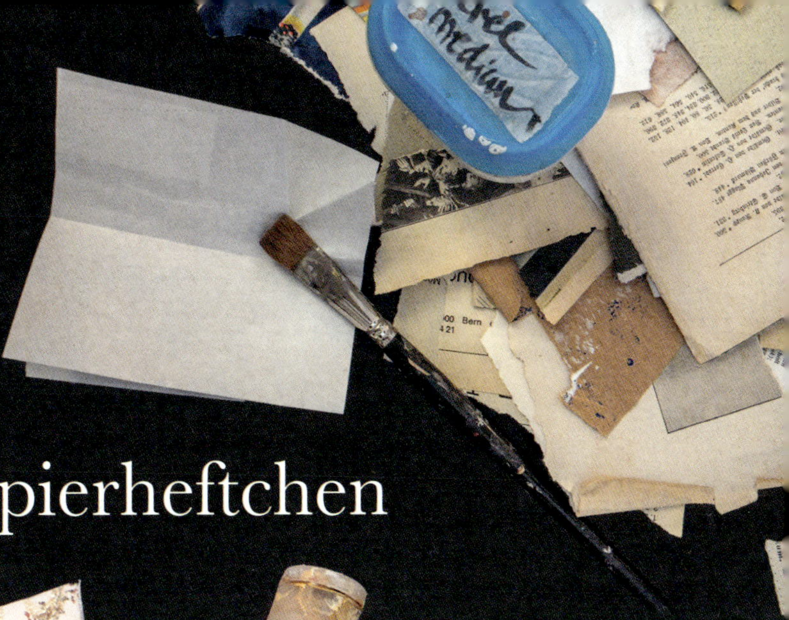

Schokopapierheftchen

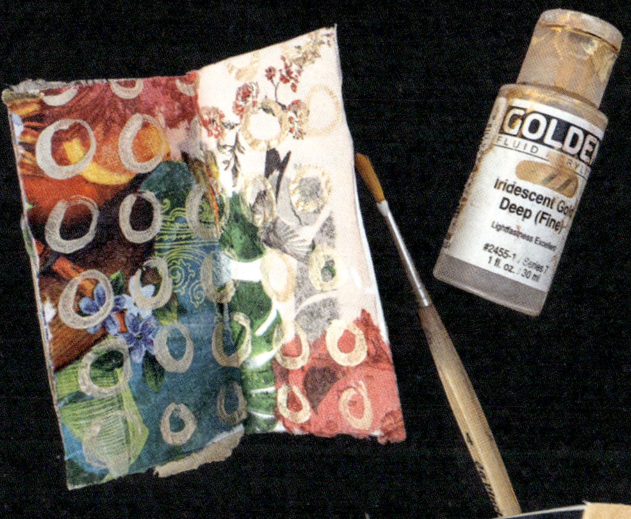

3. Beklebe das Papier vollständig mit Schnipseln, verwende zum Kleben am besten Gel-Medium. Danach kannst du die Seiten mit einem Muster bepinseln oder einen Vordergrund collagieren.

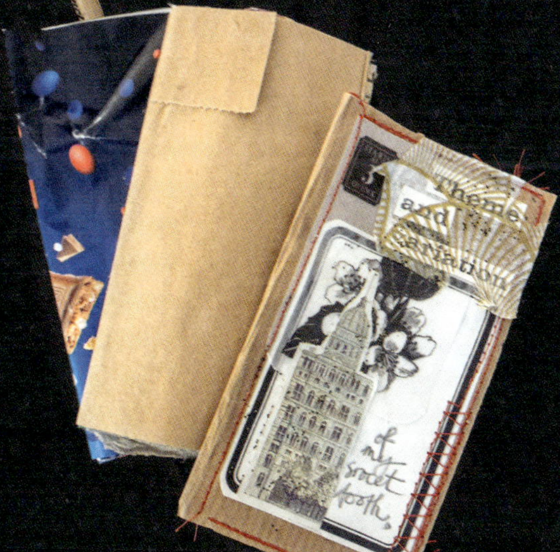

4. Wenn du die Seiten jetzt noch mit der Nähmaschine absteppst, erhält dein Schokoheftchen etwas zusätzliche Stabilität. Eine Video-Anleitung zum Projekt findest du hier:

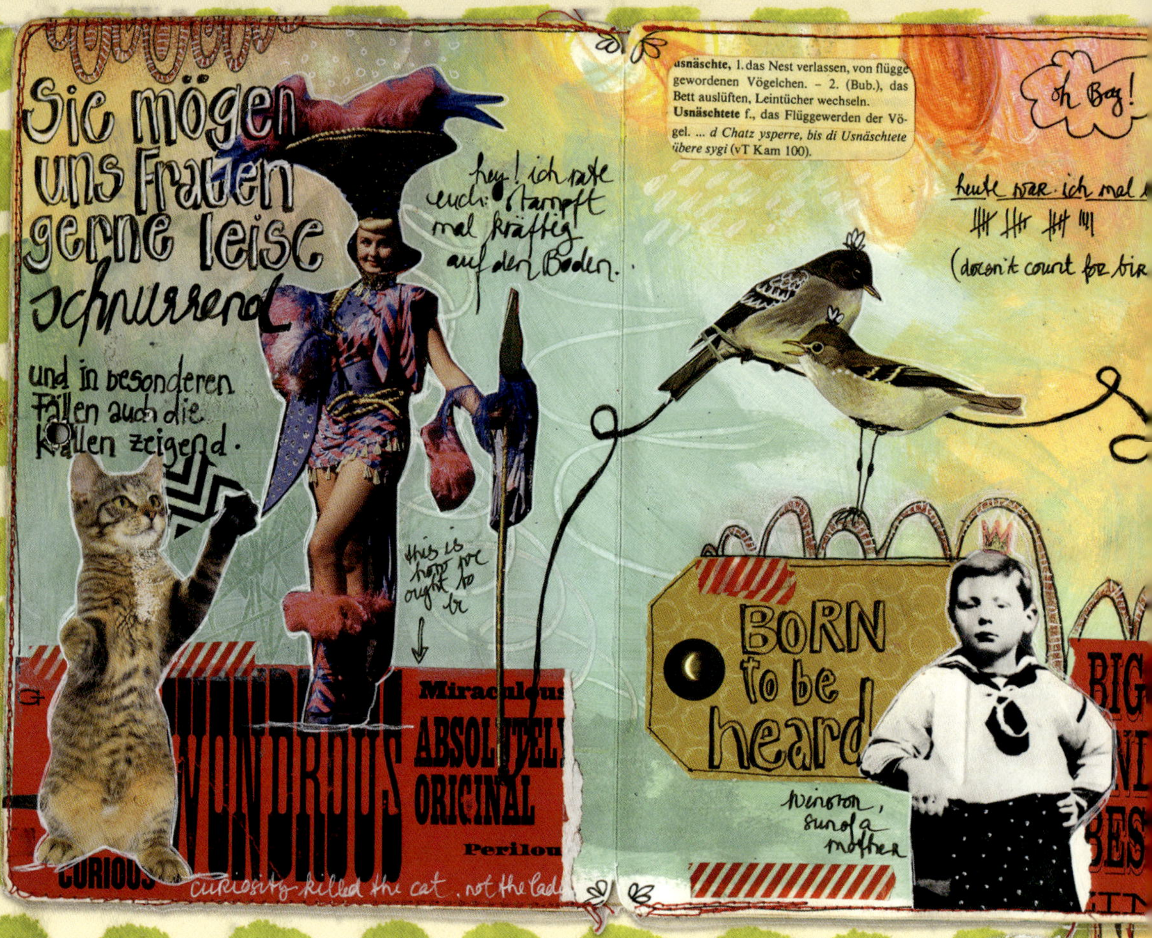

Dieses 4-seitige Heft im Format DIN A5 ist aus einem Zeichenblatt der Größe DIN A3 entstanden. Das Faltvorgehen ist das gleiche wie beim Postkartenzine auf Seite 50. Das Wort „Zine“ ist abgeleitet vom englischen „magazine“. Als Fanzines werden Hefte bezeichnet, die in kleiner Auflage von Fans für Fans eines bestimmten Themas hergestellt werden. Mittlerweile ist daraus eine Kunstform entstanden. Wie du ein 16-seitiges Zine falten kannst, zeige ich dir hier:

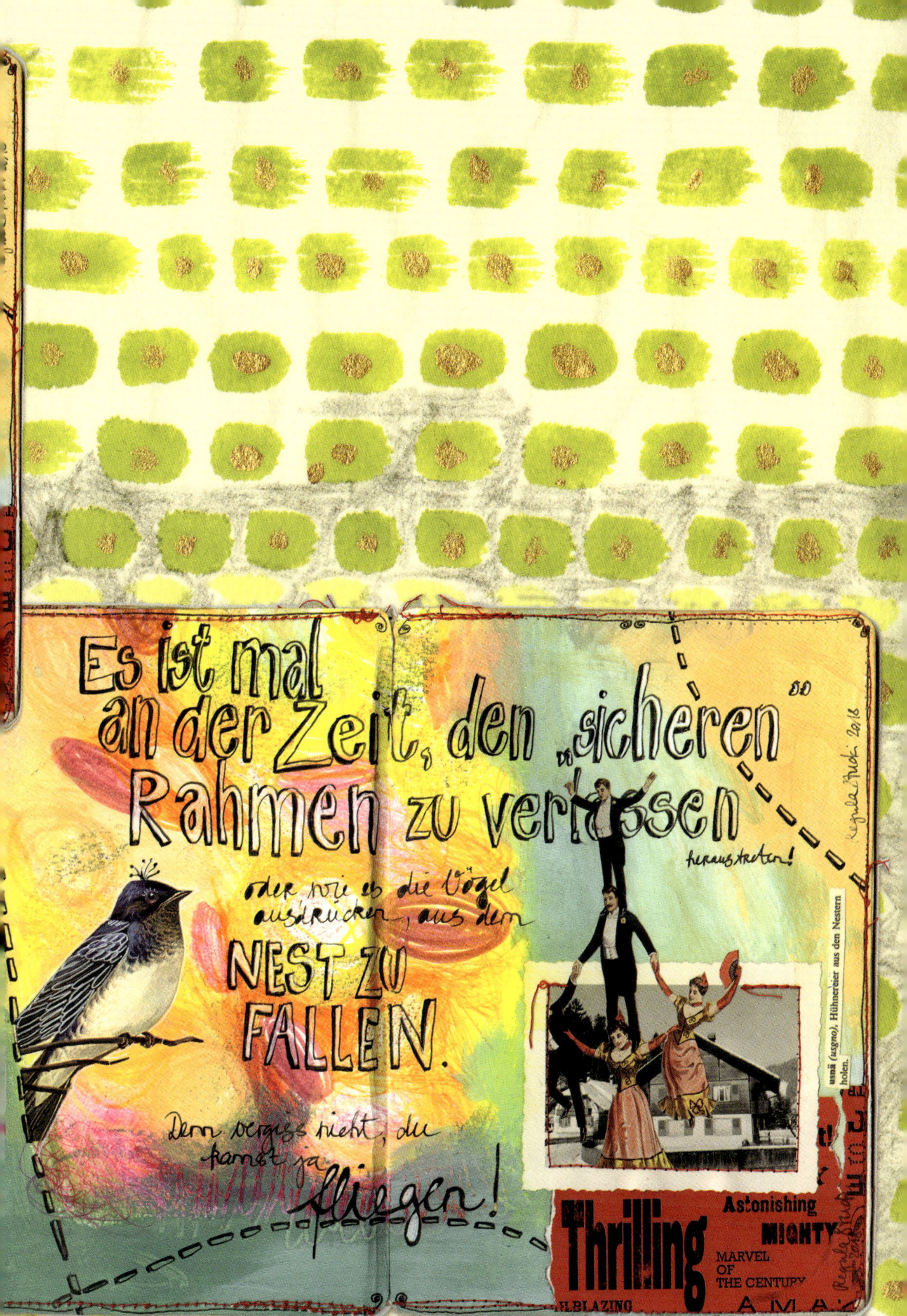
Es ist mal an der Zeit, den „sicheren" Rahmen zu verlassen
herauszutreten!
oder wie es die Vögel ausdrücken, aus dem
NEST ZU FALLEN.
Denn vergiss nicht, du kannst ja fliegen!
usnä (usgno), Hühnereier aus den Nestern holen.
Thrilling
Astonishing
MIGHTY
MARVEL OF THE CENTURY

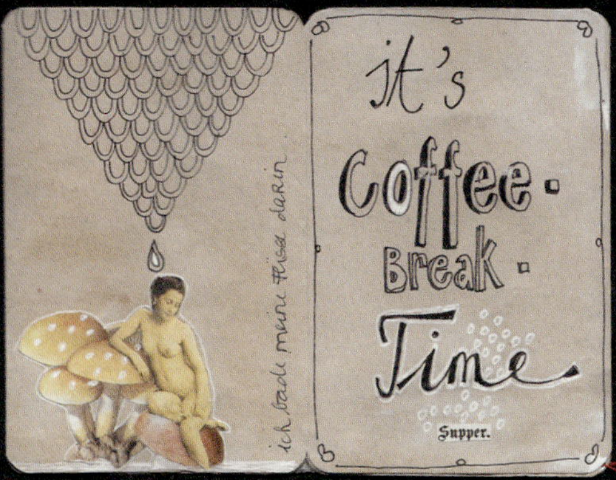

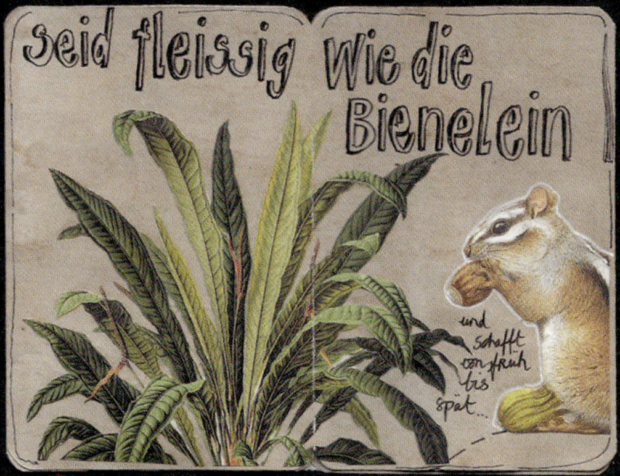

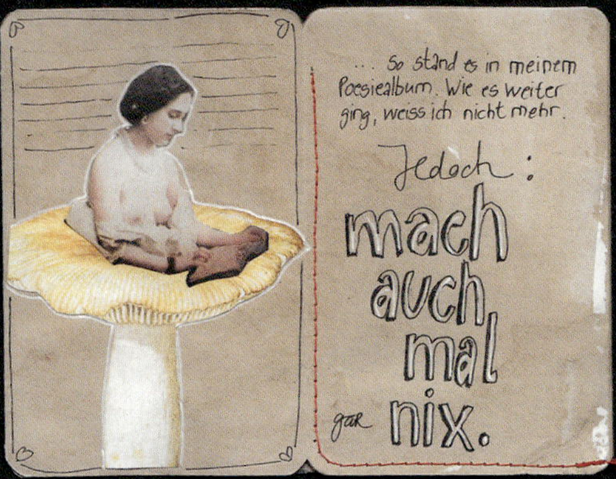

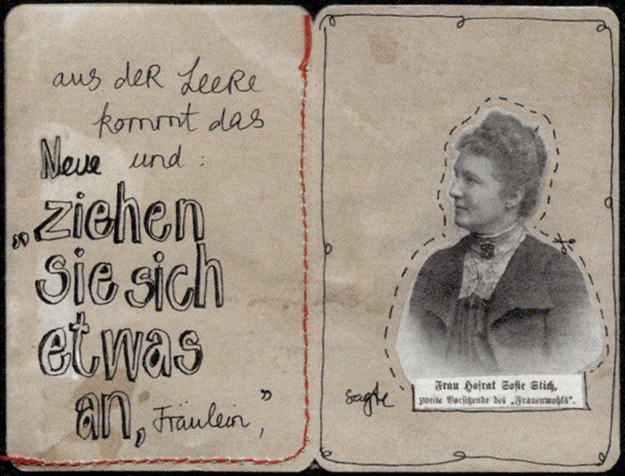

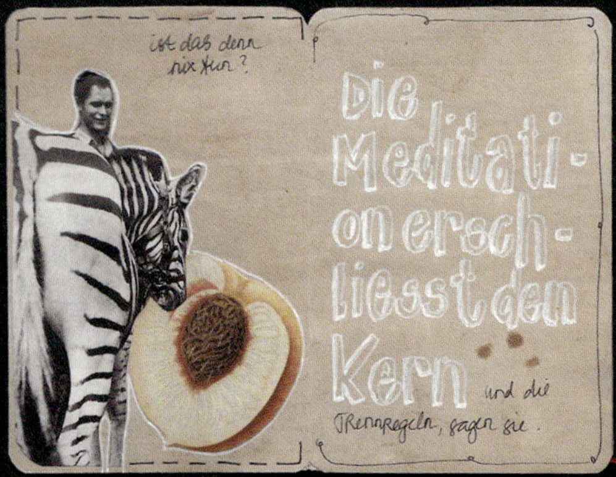

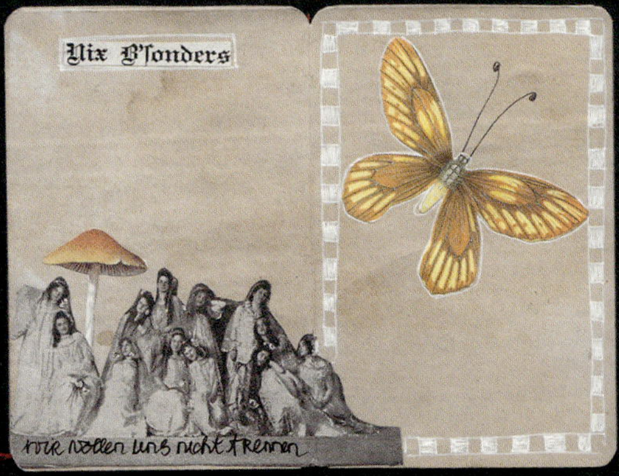

Dieses Papier habe ich zur Abwechslung in Schwarztee gebadet. Auch ein schöner Farbton, finde ich. Nächstens probiere ich es mit einem billigen Rotwein oder dem Kochwasser von blauen Pfälzerrüben ...

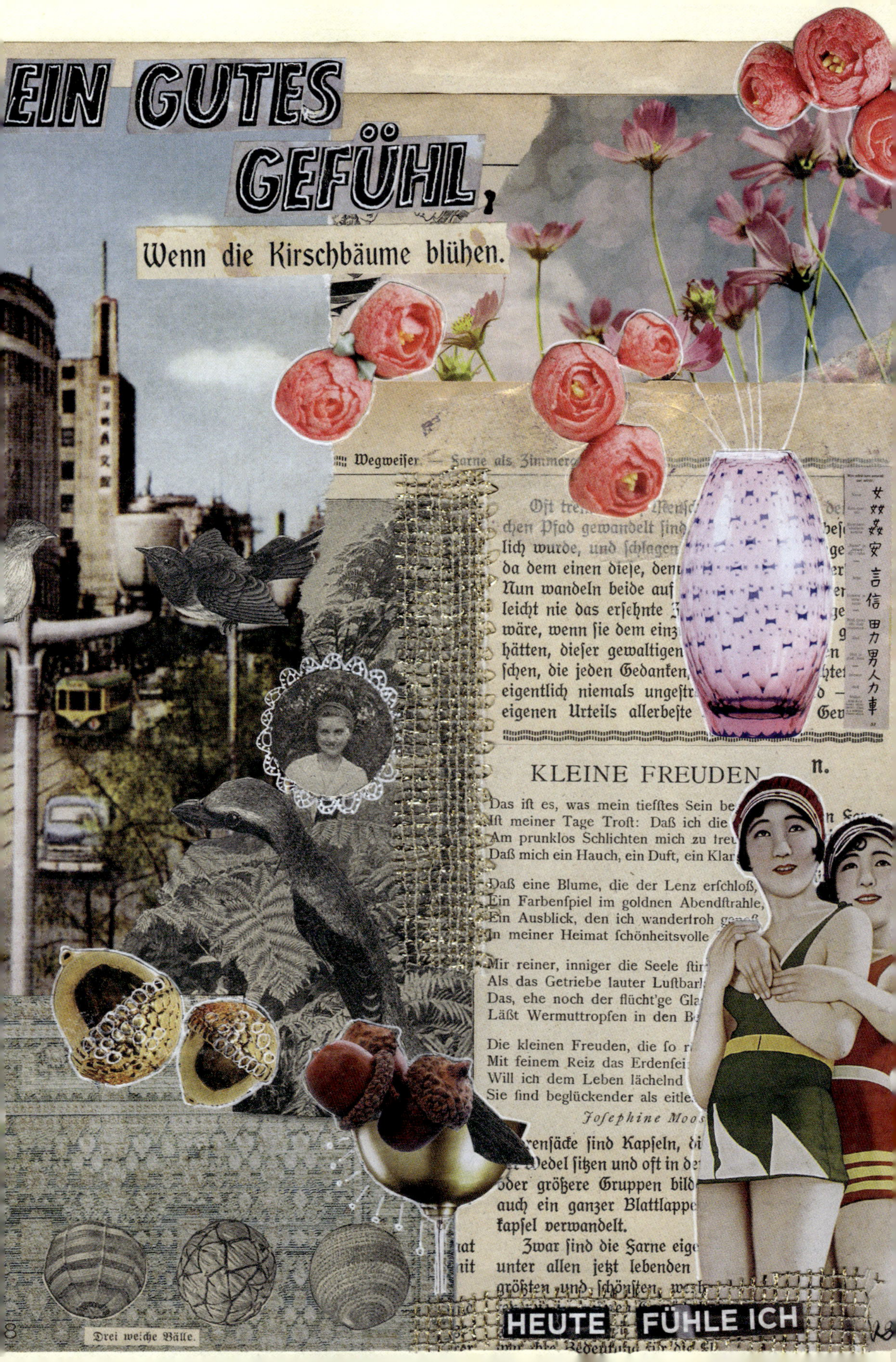
EIN GUTES GEFÜHL,
Wenn die Kirschbäume blühen.
Wegweiser — Farne als Zimmer
chen Pfad gewandelt sind
lich wurde, und schlagen
da dem einen diese, den
Nun wandeln beide auf
leicht nie das ersehnte
wäre, wenn sie dem einz
hätten, dieser gewaltigen
schen, die jeden Gedanken,
eigentlich niemals ungestr
eigenen Urteils allerbeste
KLEINE FREUDEN
Das ist es, was mein tiefstes Sein be
Ist meiner Tage Trost: Daß ich die
Am prunklos Schlichten mich zu freu
Daß mich ein Hauch, ein Duft, ein Klar
Daß eine Blume, die der Lenz erschloß,
Ein Farbenspiel im goldnen Abendstrahle,
Ein Ausblick, den ich wanderfroh
In meiner Heimat schönheitsvolle
Mir reiner, inniger die Seele
Als das Getriebe lauter Lustbar
Das, ehe noch der flücht'ge Gla
Läßt Wermuttropfen in den B
Die kleinen Freuden, die so
Mit feinem Reiz das Erdensei
Will ich dem Leben lächelnd
Sie sind beglückender als eitle
Josephine Moos
rensäcke sind Kapseln,
Wedel sitzen und oft in de
oder größere Gruppen bild
auch ein ganzer Blattlappe
kapsel verwandelt.
Zwar sind die Farne eige
unter allen jetzt lebenden
HEUTE FÜHLE ICH
Drei weiche Bälle.

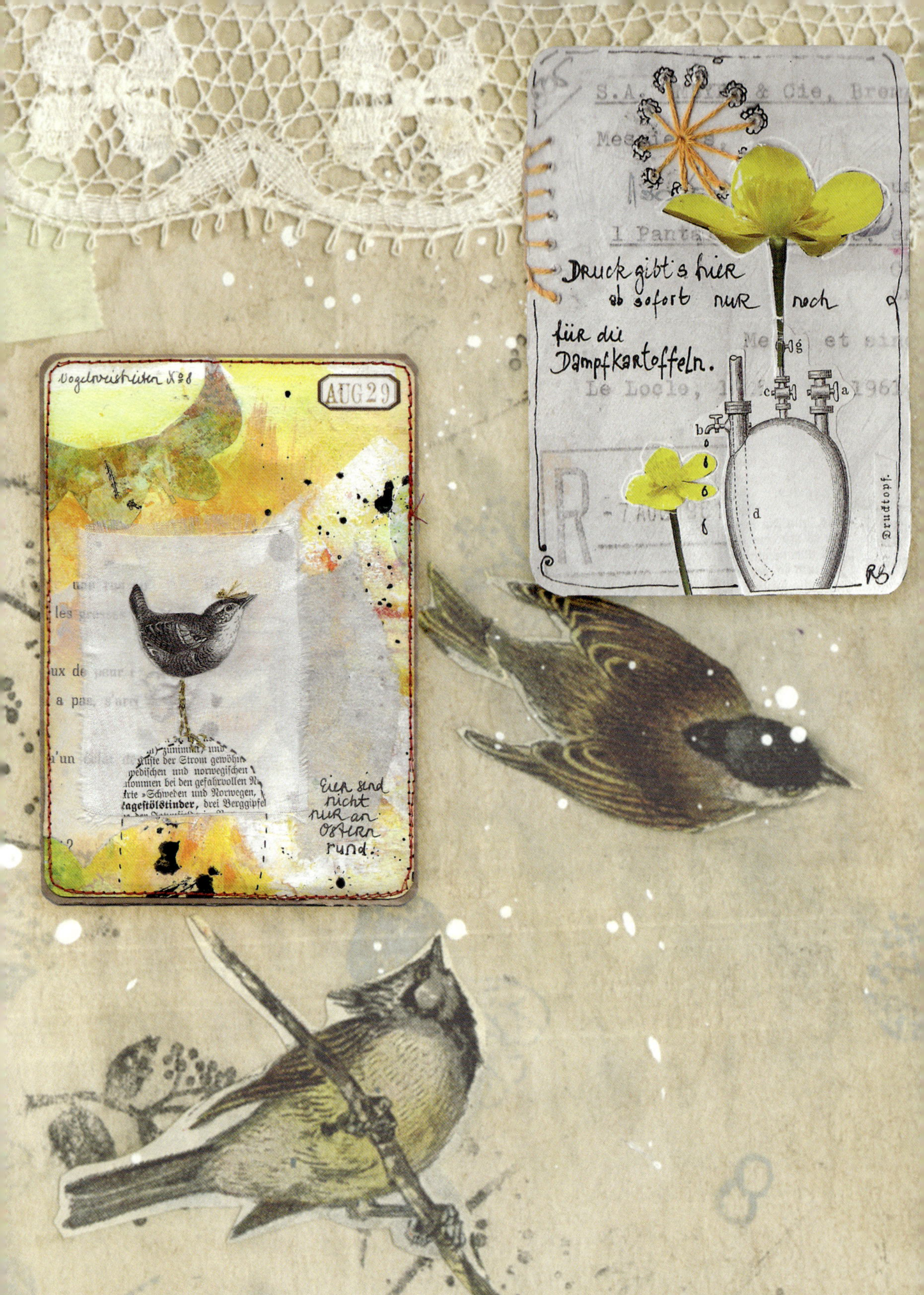

Mutmacherbildchen ...

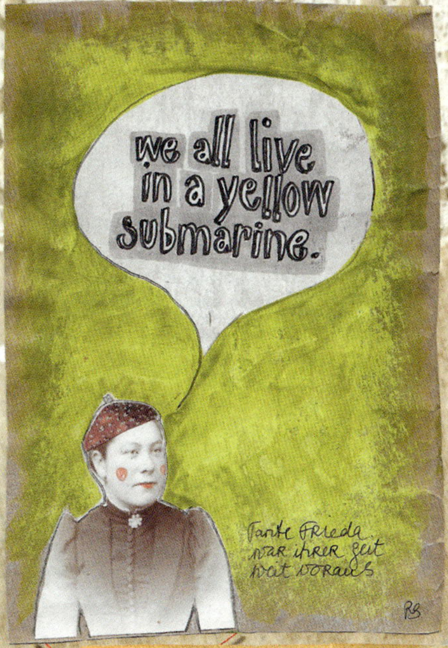
we all live in a yellow submarine.
Tante Frieda war ihrer Zeit weit voraus
RB

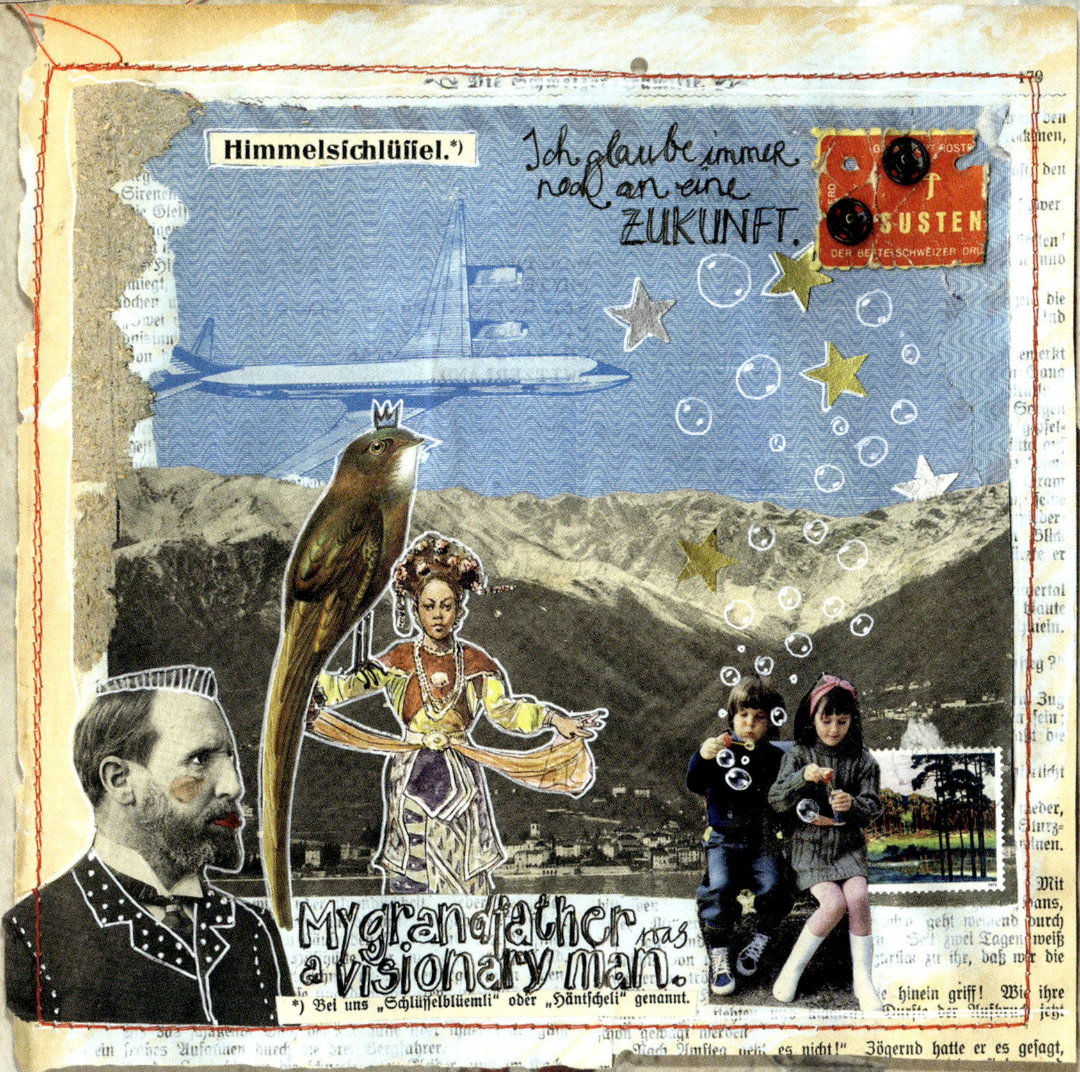
Himmelsschlüssel.*)
Ich glaube immer noch an eine ZUKUNFT.
SUSTEN
My grandfather was a visionary man.
*) Bei uns „Schlüsselblüemli" oder „Häntscheli" genannt.

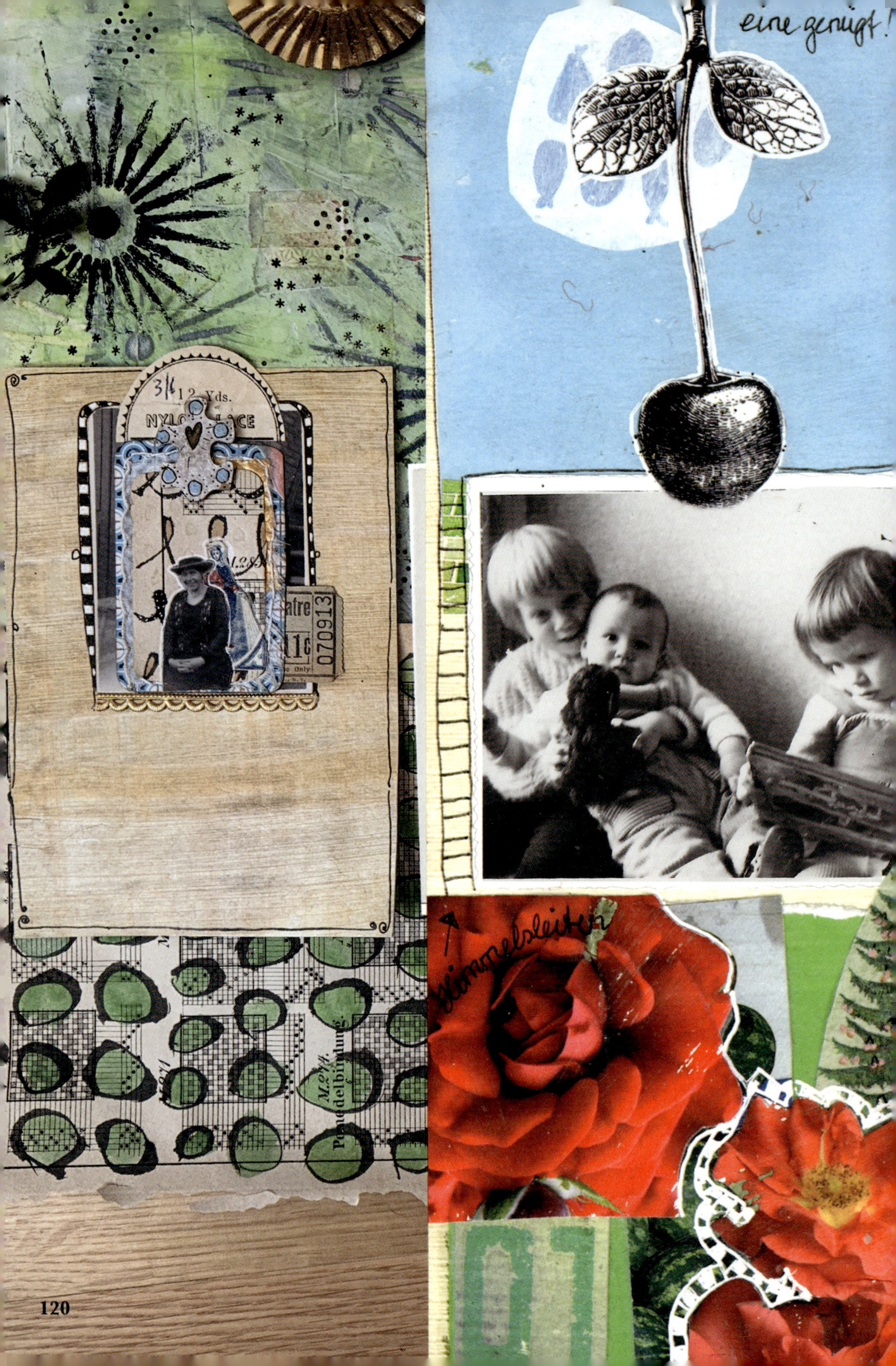
eine genügt!
12 Yds.
NYLON LACE
070913
Himmelsleiter

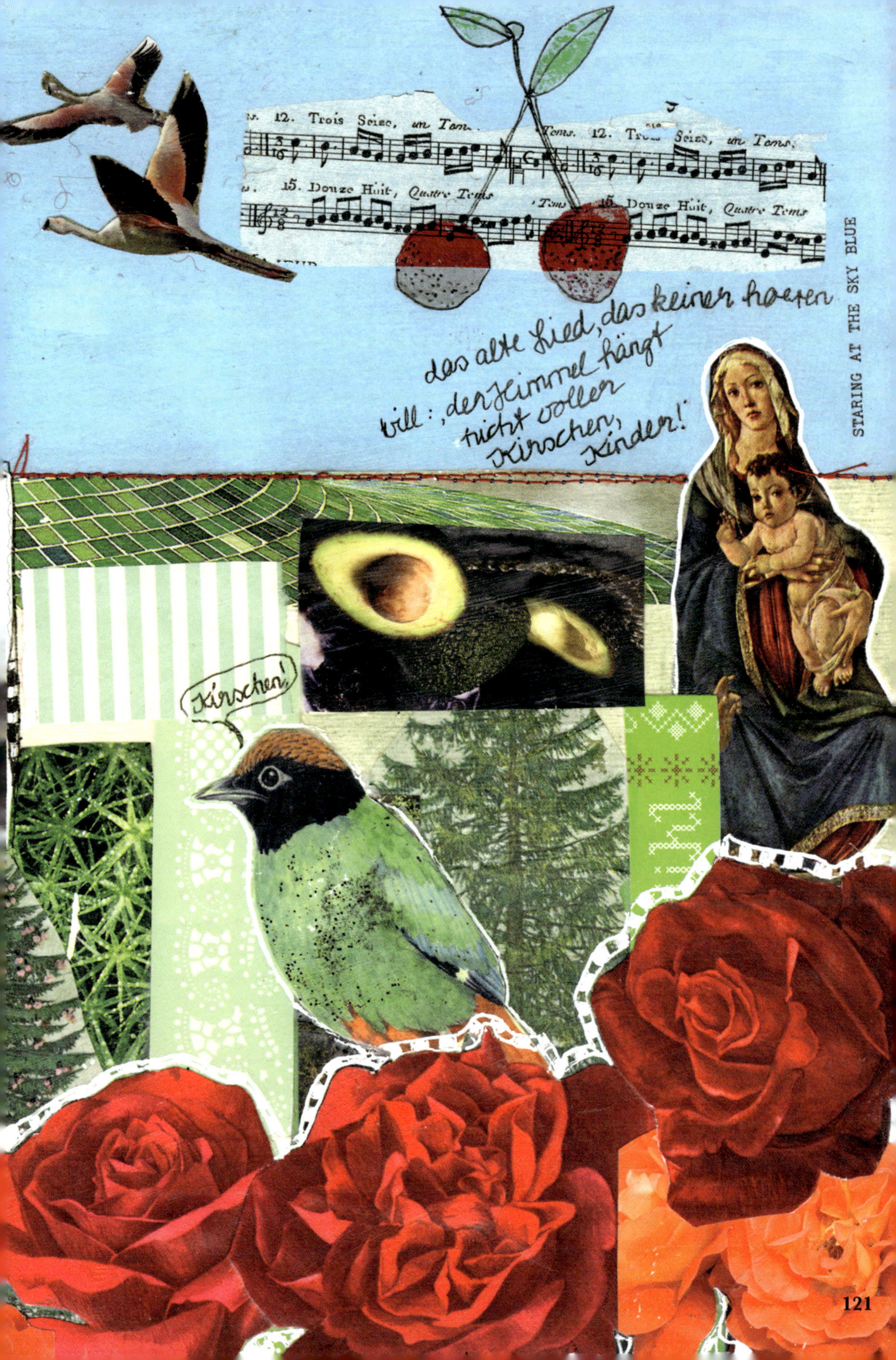
12. Trois Seize, un Tems.
15. Douze Huit, Quatre Tems
das alte Lied, das keiner hoeren will: „der Himmel hängt nicht voller Kirschen, Kinder!"
STARING AT THE SKY BLUE
Kirschen!

1.

2.

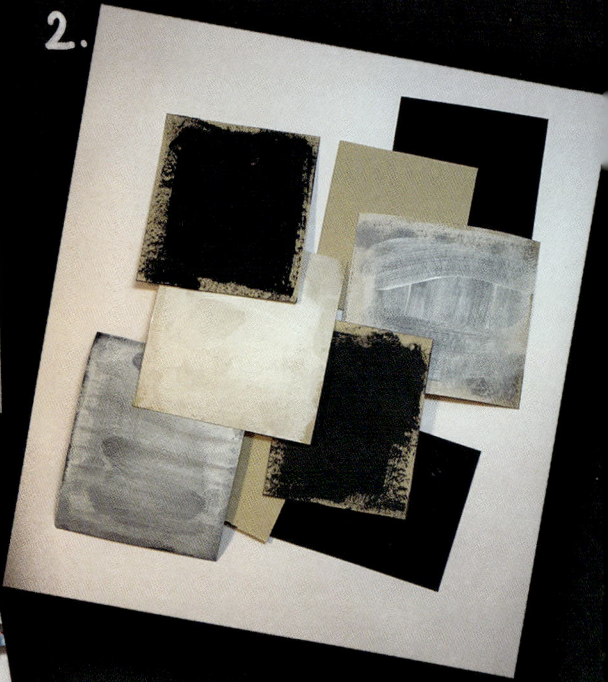

3.

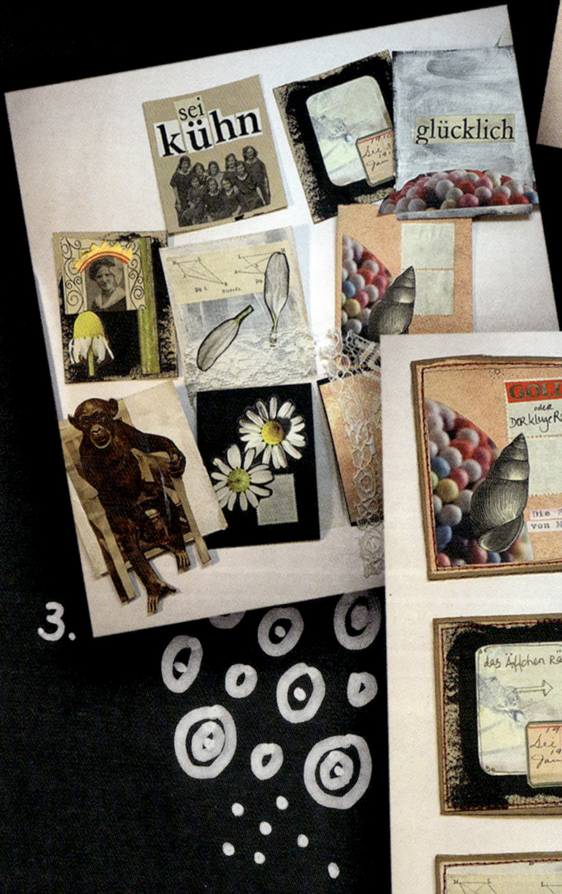
sei
kühn
glücklich

4.

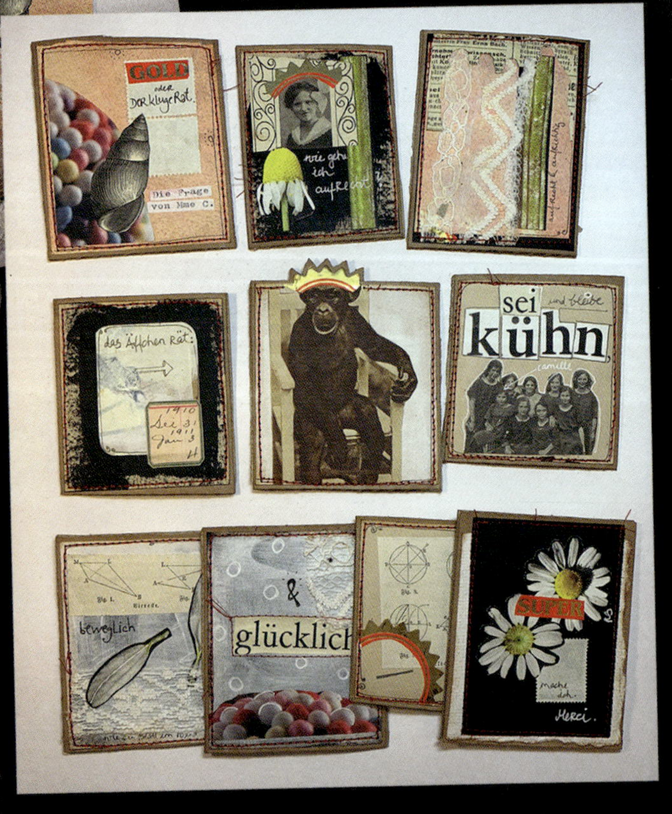
Die Frage
von Mme C.
das Äffchen Rat.
sei
und bleibe
kühn
beweglich
glücklich
SUPER
merci.

CRAZY LEPORELLO

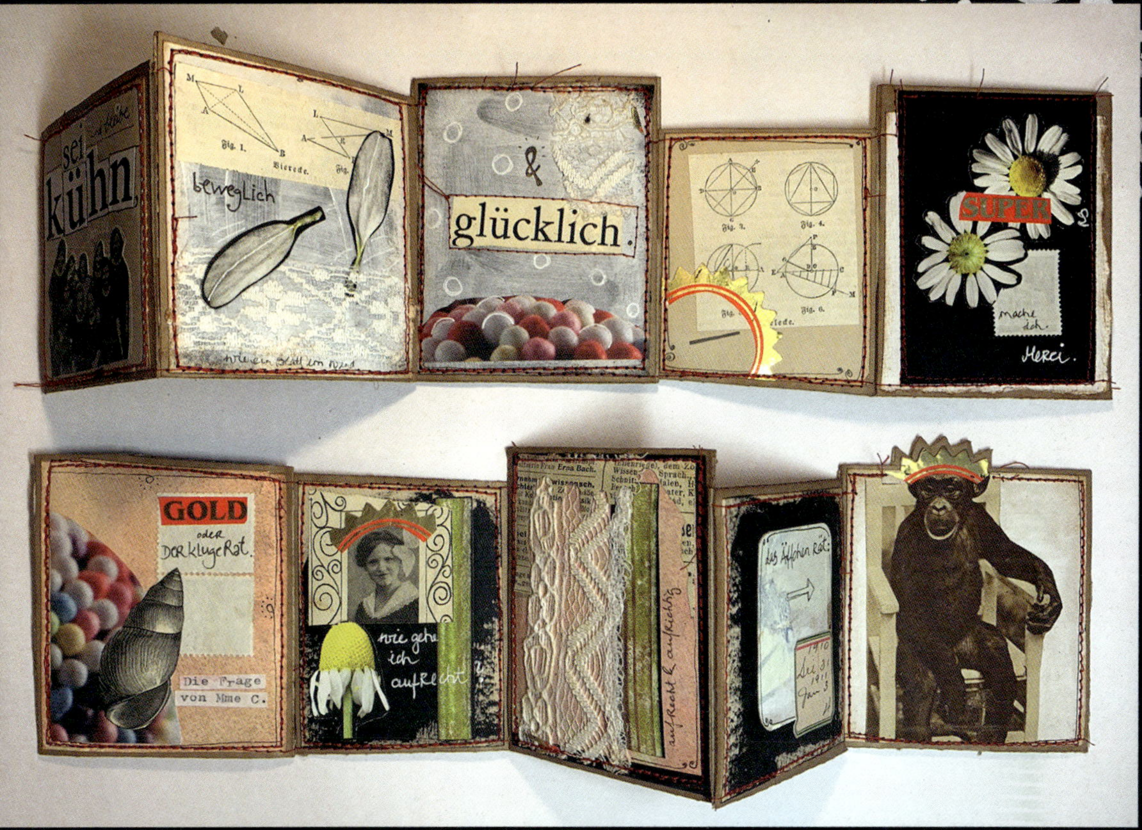

1. Nimm etwas festeres Papier und schneide es in 10 oder 12 Rechtecke. Diese dürfen unregelmäßig groß sein. Du kannst auch verschiedene Materialien kombinieren (ich habe braunes und schwarzes Papier verwendet).

2. Grundiere die Papierteile mit einer dünnen Schicht Gesso. Ich wählte schwarzes und weißes Gesso und habe mit einem flachen Pinsel gearbeitet. Du kannst auch eine ganz normale Acrylfarbe verwenden.

3. Suche Bilder und Worte, die dir gefallen. Platziere sie nach Lust und Laune auf deinen Bildtafeln und collagiere sie mit Gel-Medium oder Leimstift. Nähe deine Bildchen mit einer Zugabe von 1 bis 2 mm auf etwas festeren Karton.

4. Verändere die Abfolge deiner Bildchen, bis in deinem Kopf eine Geschichte dazu entsteht. Erzähle sie mit deinen eigenen Worten. Nähe die Bildchen an der oberen und unteren Kante mit der Maschine zusammen, so dass zwei Reihen à 5 oder 6 Teile entstehen. Du kannst das Leporello nun aufstellen wie eine Theaterkulisse.

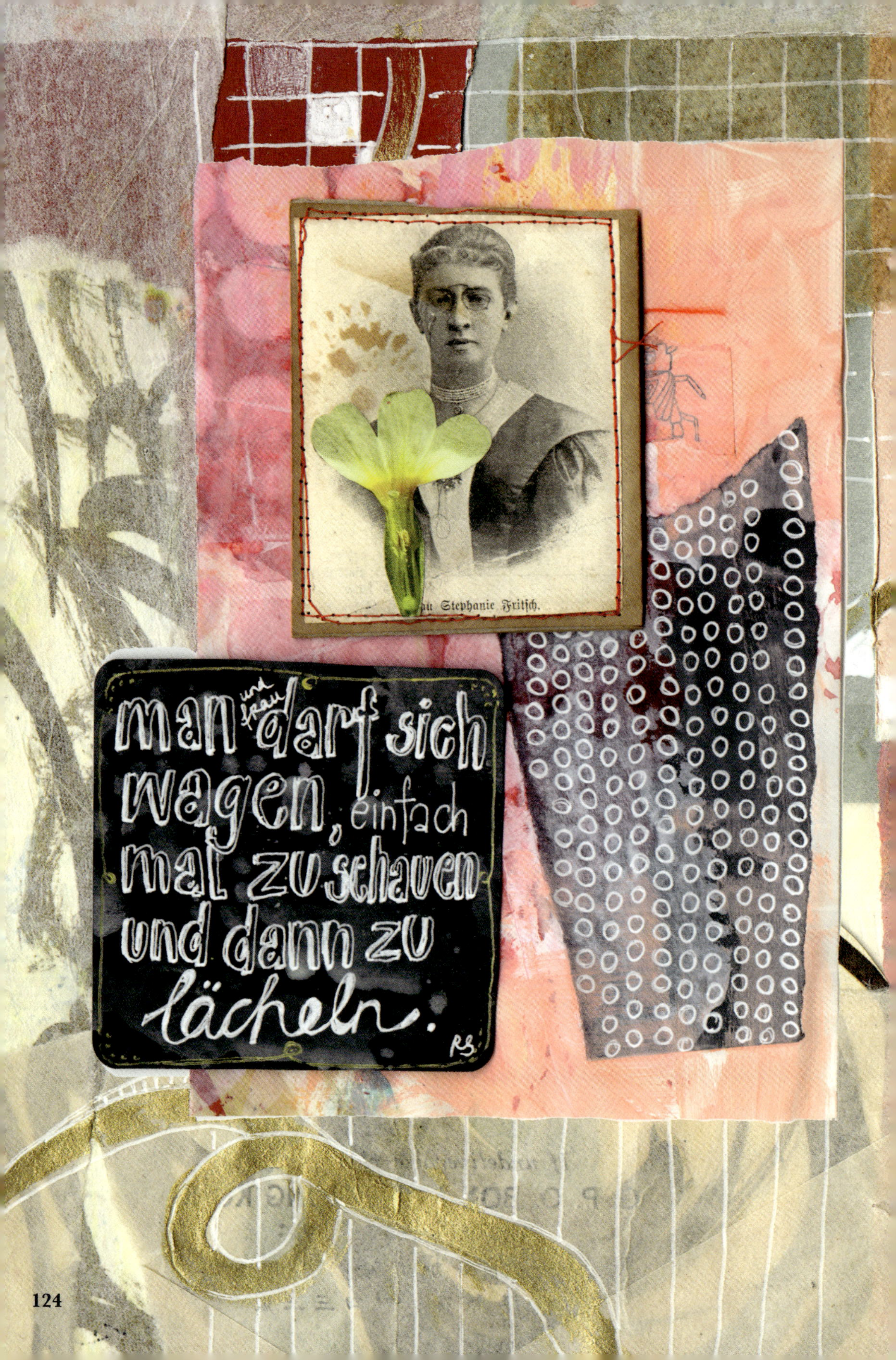
…au Stephanie Fritsch.
man und frau darf sich wagen, einfach mal zu schauen und dann zu lächeln.
R.S.

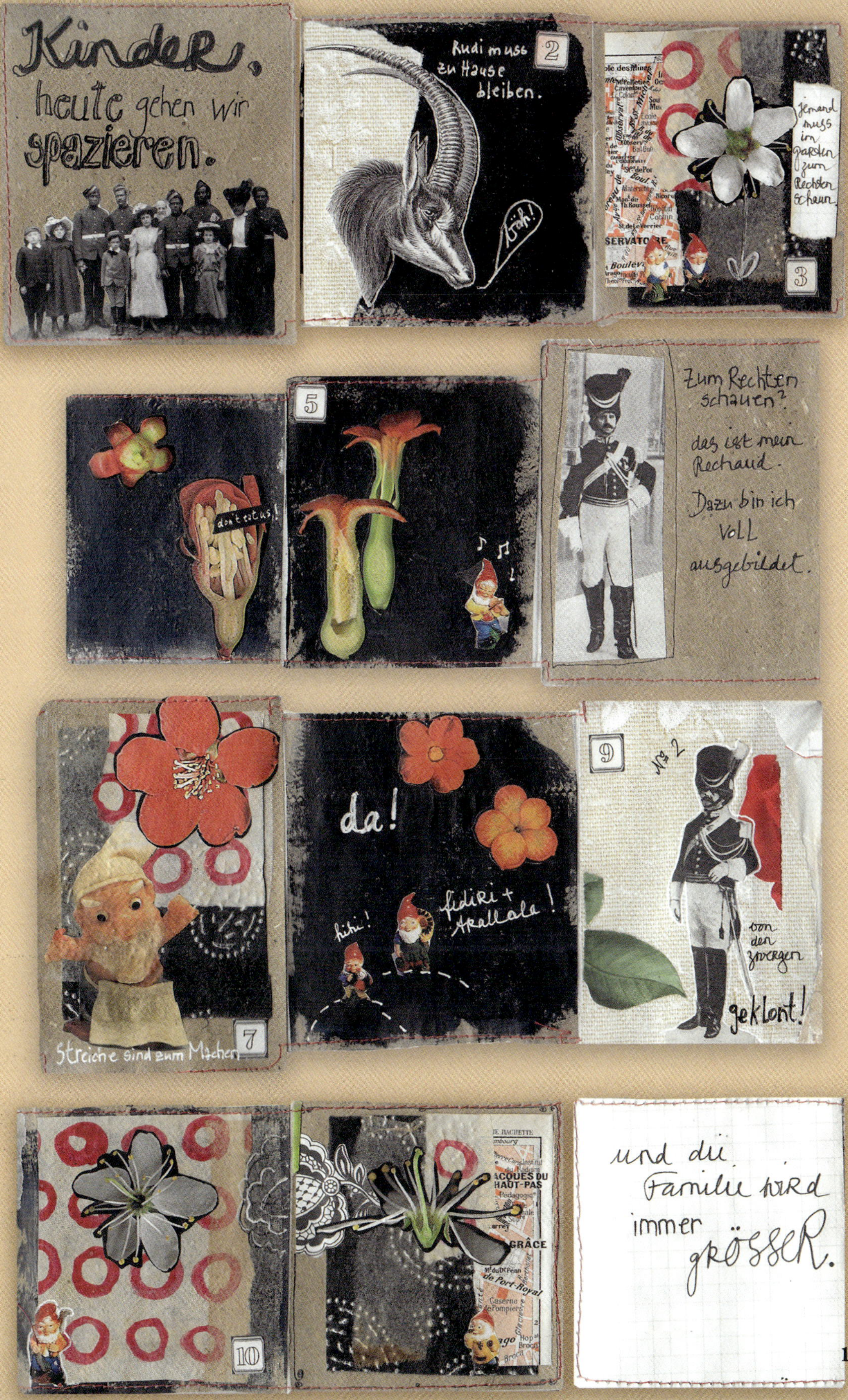
Kinder, heute gehen wir spazieren.
Rudi muss zu Hause bleiben.
2
Böh!
Jemand muss im Garten zum Rechten schaun.
3
don't eat us!
5
Zum Rechten schauen? das ist mein Rechaud. Dazu bin ich voll ausgebildet.
Streiche sind zum Machen
7
da!
hihi!
fidiri + Arallale!
9
No 2
von den Zwergen geklont!
10
und die Familie wird immer GRÖSSER.

Art Journals

Alte Bücher, gefüllt mit neuen Geschichten

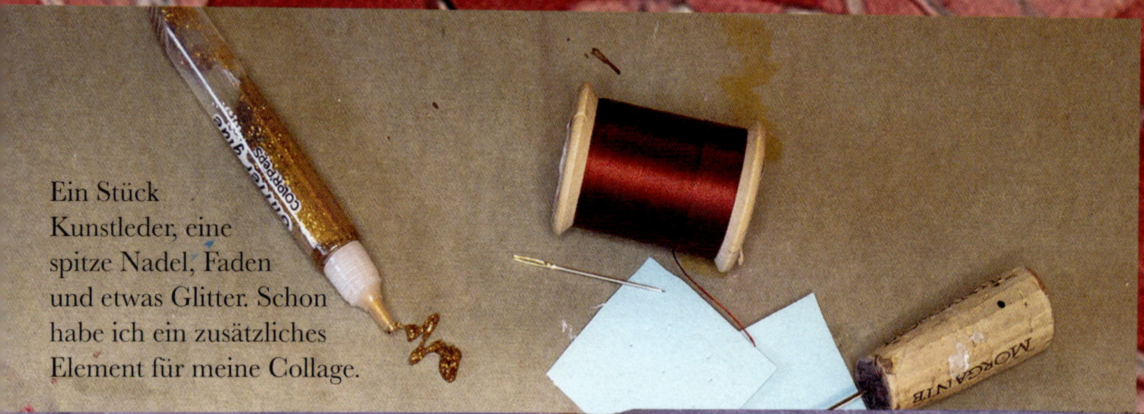

Ein Stück Kunstleder, eine spitze Nadel, Faden und etwas Glitter. Schon habe ich ein zusätzliches Element für meine Collage.

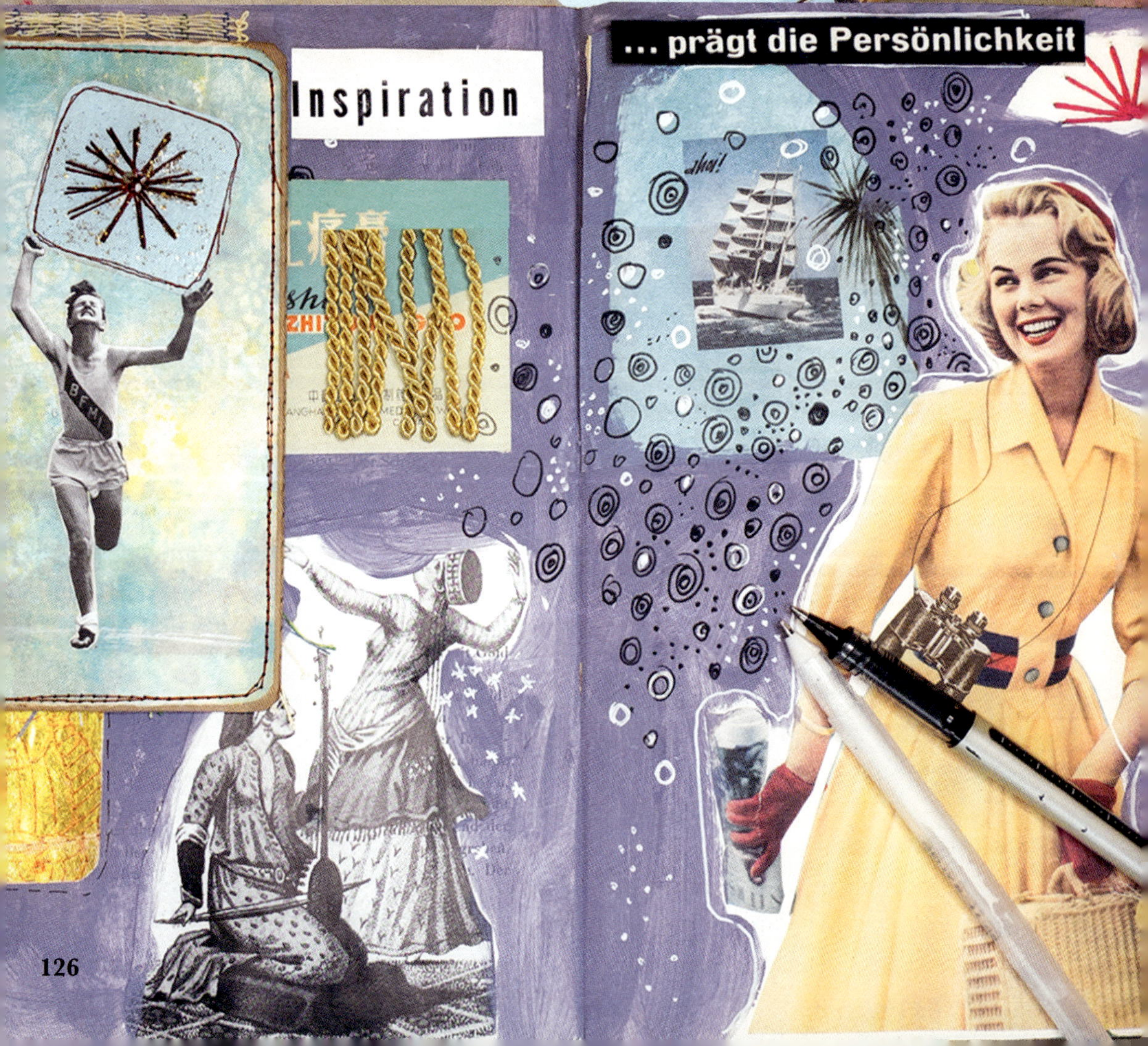

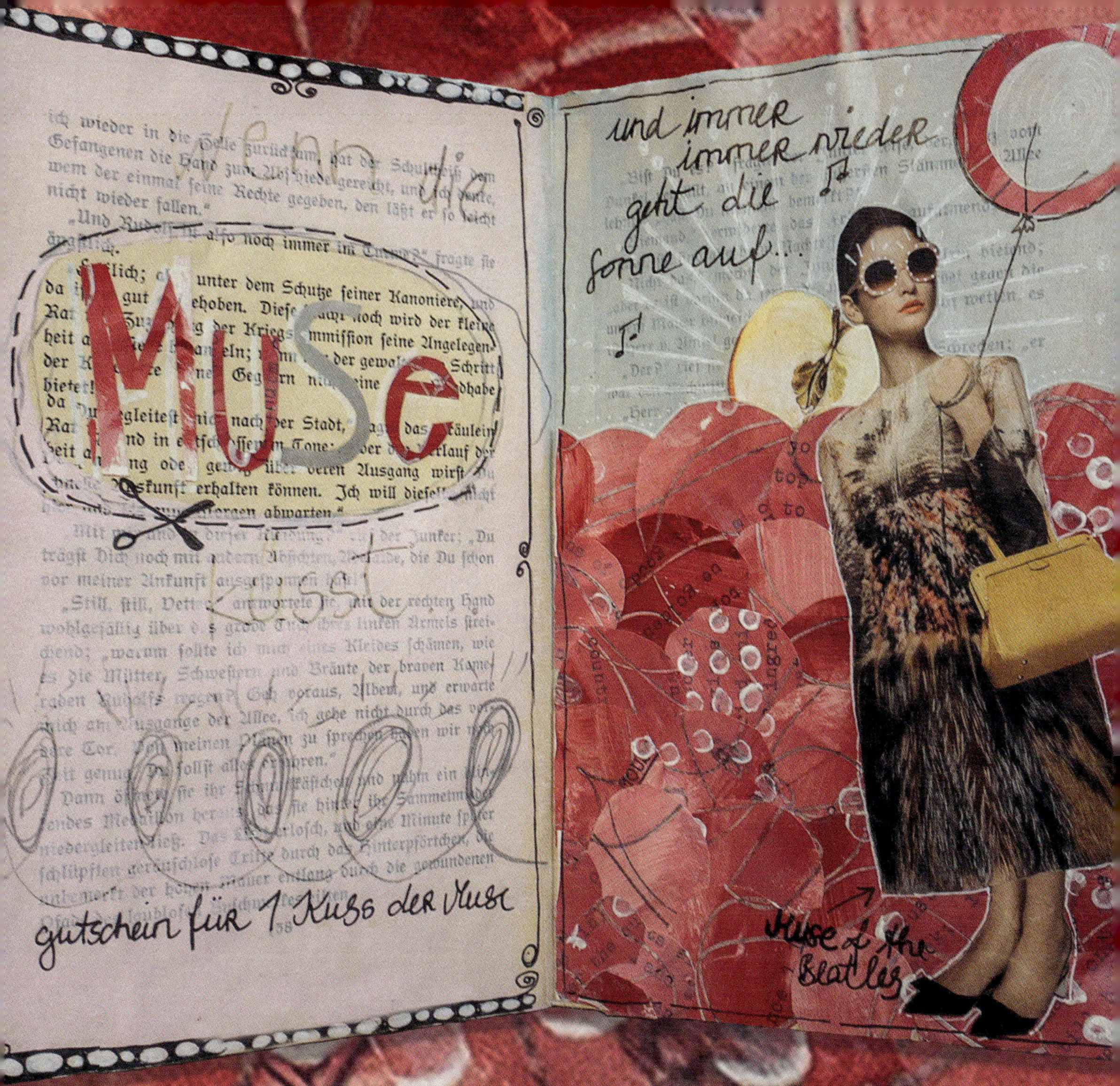

Besitzt du auch ein paar Bücher, die du nie lesen wirst, die aber viel zu schade sind, um in der Altpapiersammlung zu landen? Auch deshalb, weil ihre Leineneinbände mit Prägedruck so schön sind. Ich mache aus solchen Büchern Art Journals. Ich entferne zuerst etwa die Hälfte aller Seiten, indem ich vorsichtig jede zweite Signatur* aus dem Buch löse. Dann klebe ich jeweils zwei oder drei Seiten mit Leimstift zusammen, damit ein etwas festeres Papier entsteht. Ich presse ein Stück Kreppband zwischen die Seiten, so kann keine Feuchtigkeit in den Buchrücken dringen, wenn ich mit Farbe arbeite. Die Seiten grundiere ich mit Gesso und los gehts! Möchtest du mir dabei zuschauen, wie diese Doppelseite entsteht? Scanne den Code mit deinem Smartphone und du kommst direkt zum Anleitungsfilm.

*jeweils 4 oder 8 Doppelseiten

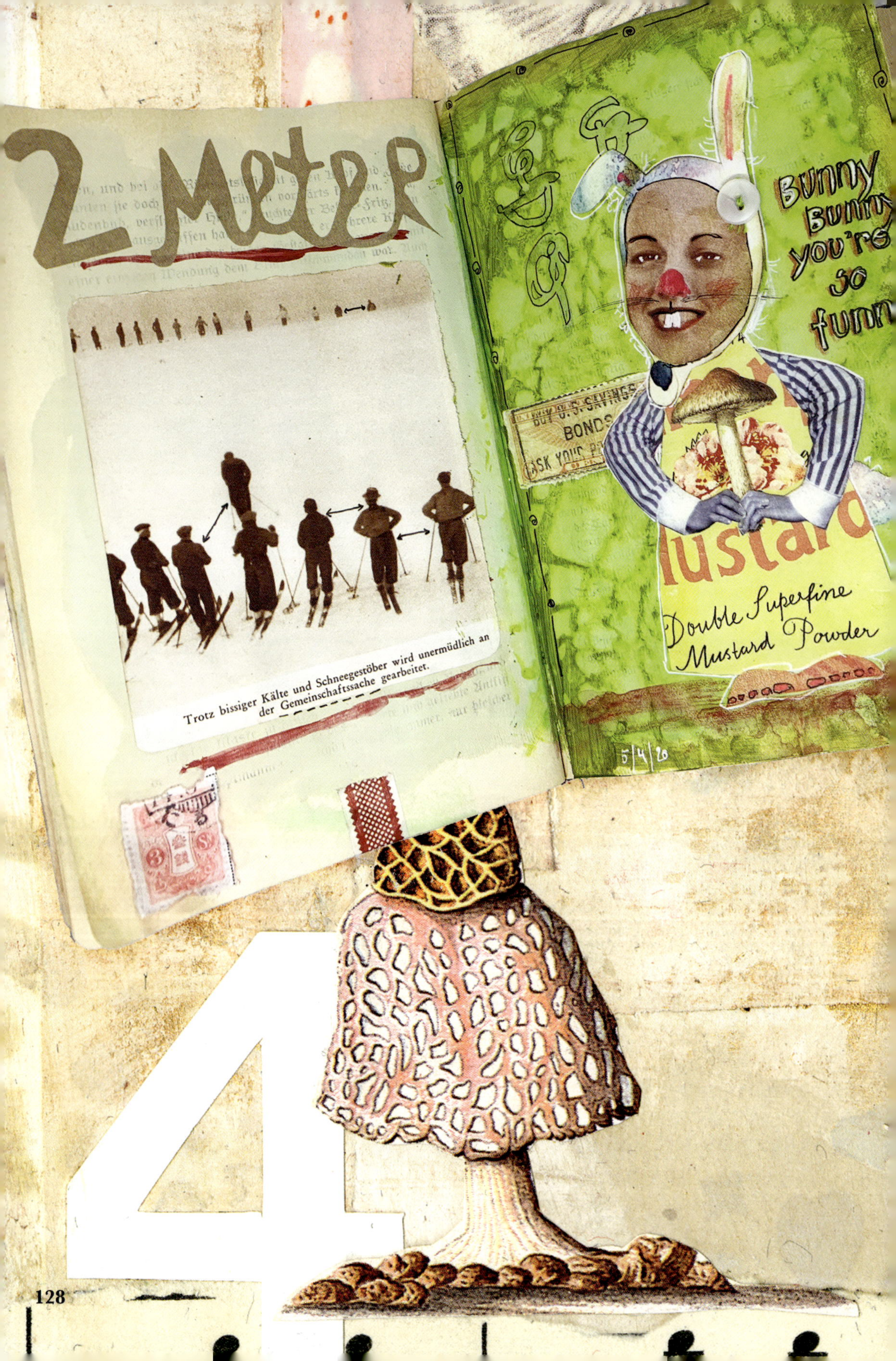
2 Meter
Trotz bissiger Kälte und Schneegestöber wird unermüdlich an der Gemeinschaftssache gearbeitet.
Bunny Bunny you're so funn
BONDS
Double Superfine Mustard Powder
5/4/20
4

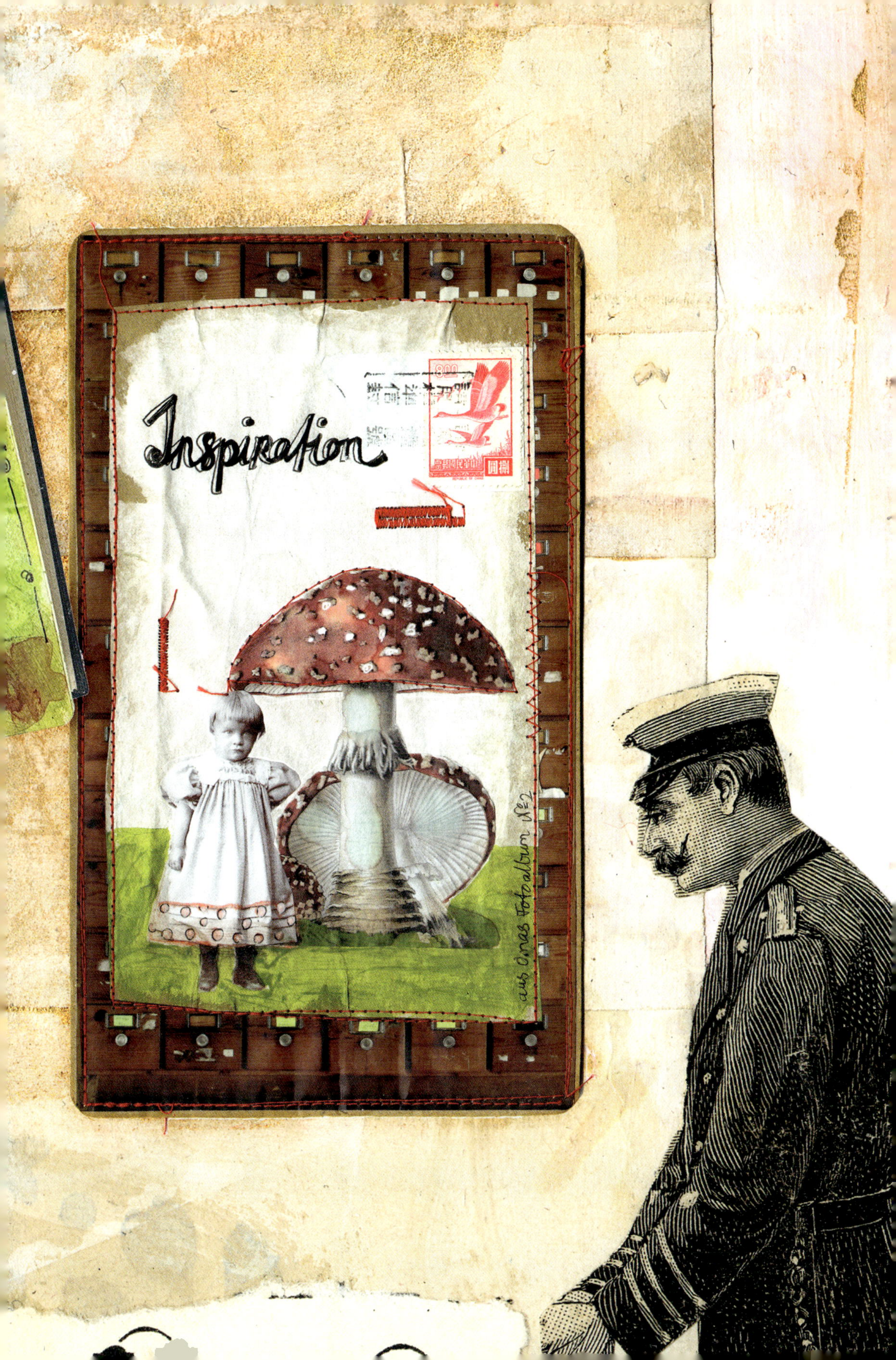
Inspiration
aus Omas Fotoalbum Nº2

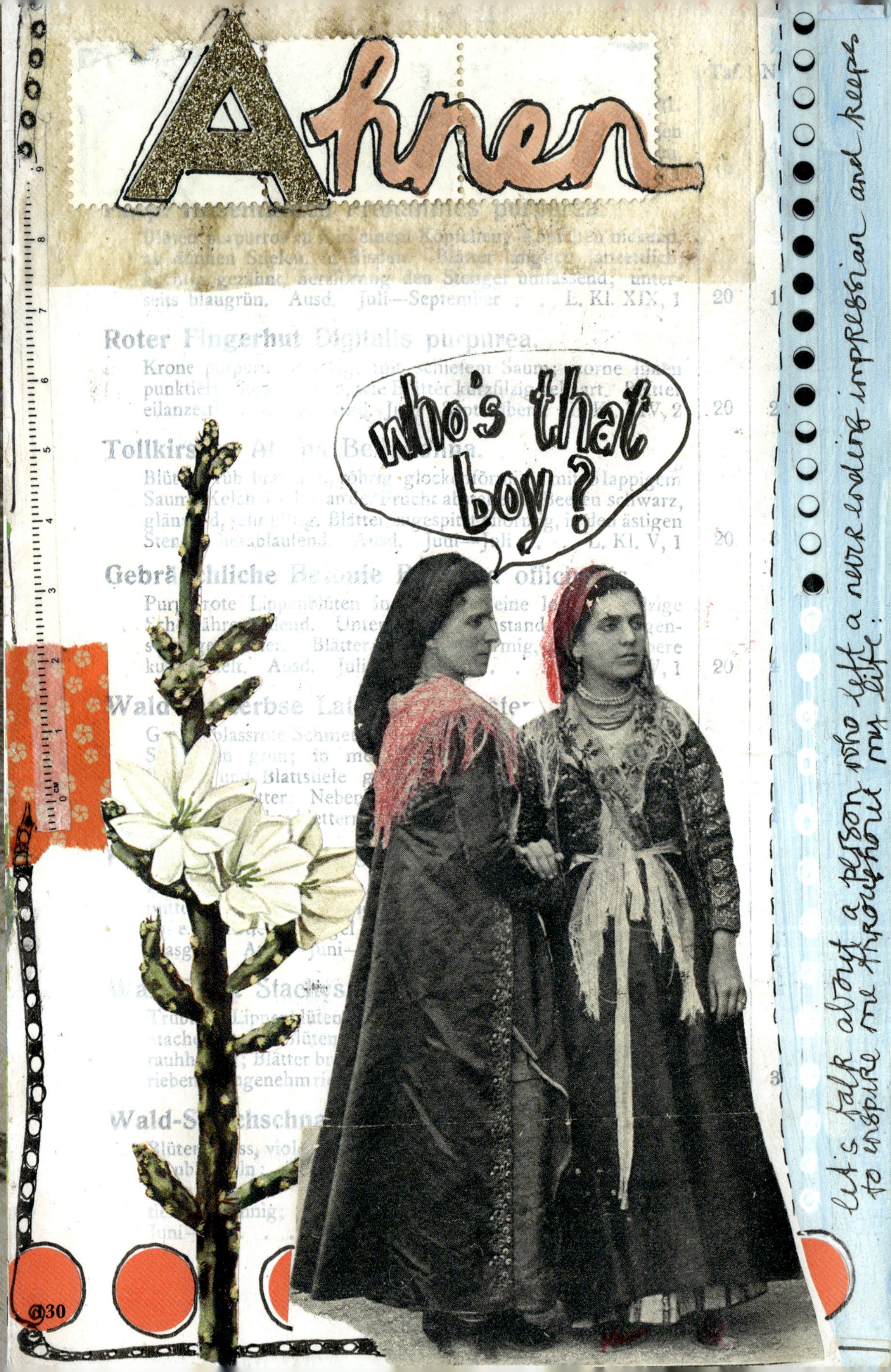
Ahnen
who's that boy?
let's talk about a person who left a never ending impression and keeps
to inspire me throughout my life:
Roter Fingerhut Digitalis purpurea.

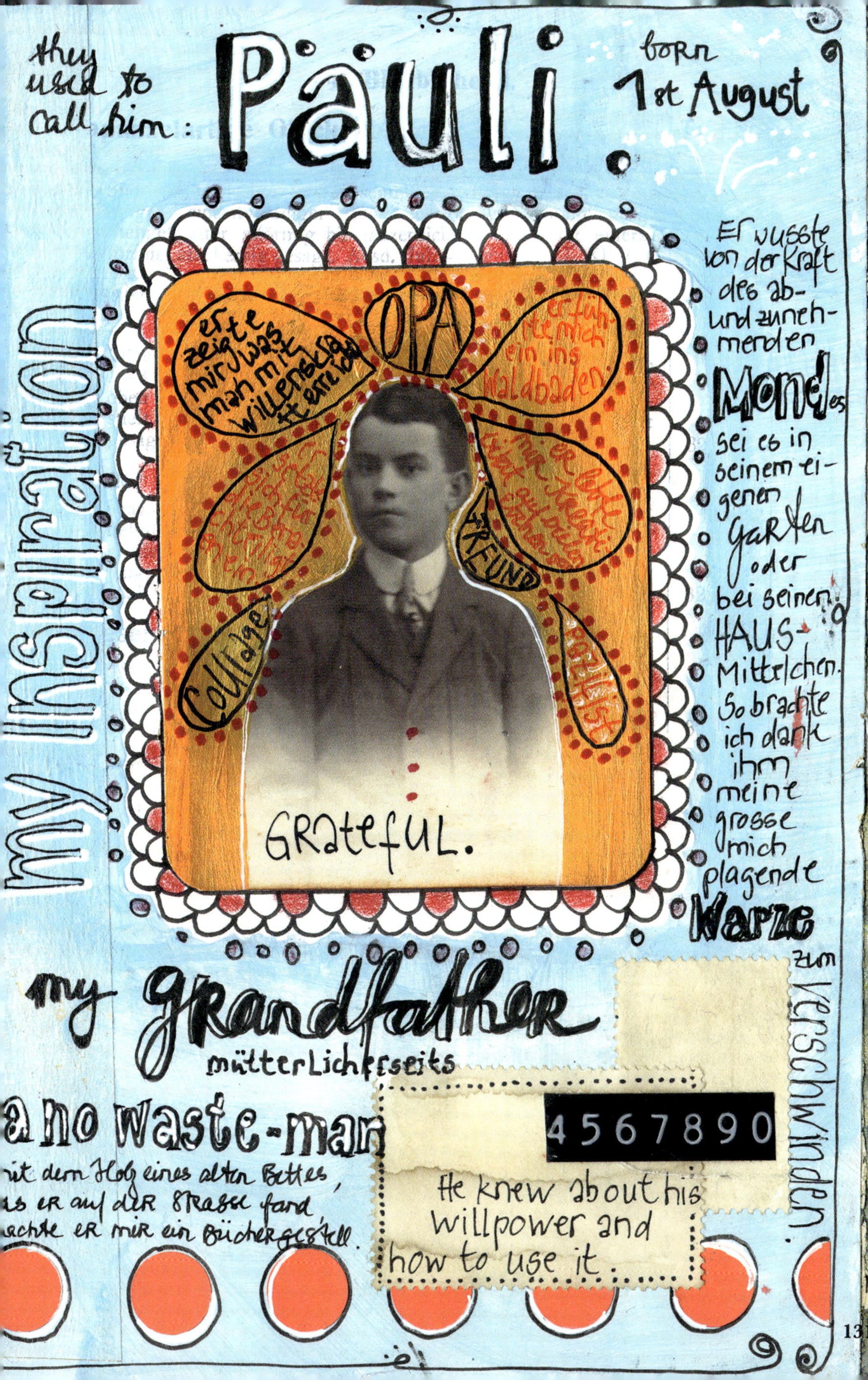
they used to call him:
Pauli.
born 1st August
my inspiration
OPA
er zeigte mir was man mit Willenskraft erreicht
er führte mich ein ins Waldbaden.
er setzte sich für die Benachteiligten ein.
FREUND
Collage
Pazifist
GRateful.
Er wusste von der Kraft des ab- und zunehmenden Mond es sei es in seinem eigenen Garten oder bei seinen HAUS-Mittelchen. So brachte ich dank ihm meine grosse mich plagende Warze zum verschwinden.
my grandfather
mütterLicherseits
a no waste-man
it dem Holz eines alten Bettes,
as er auf der Strasse fand,
achte er mir ein Büchergestell
4567890
He knew about his willpower and how to use it.

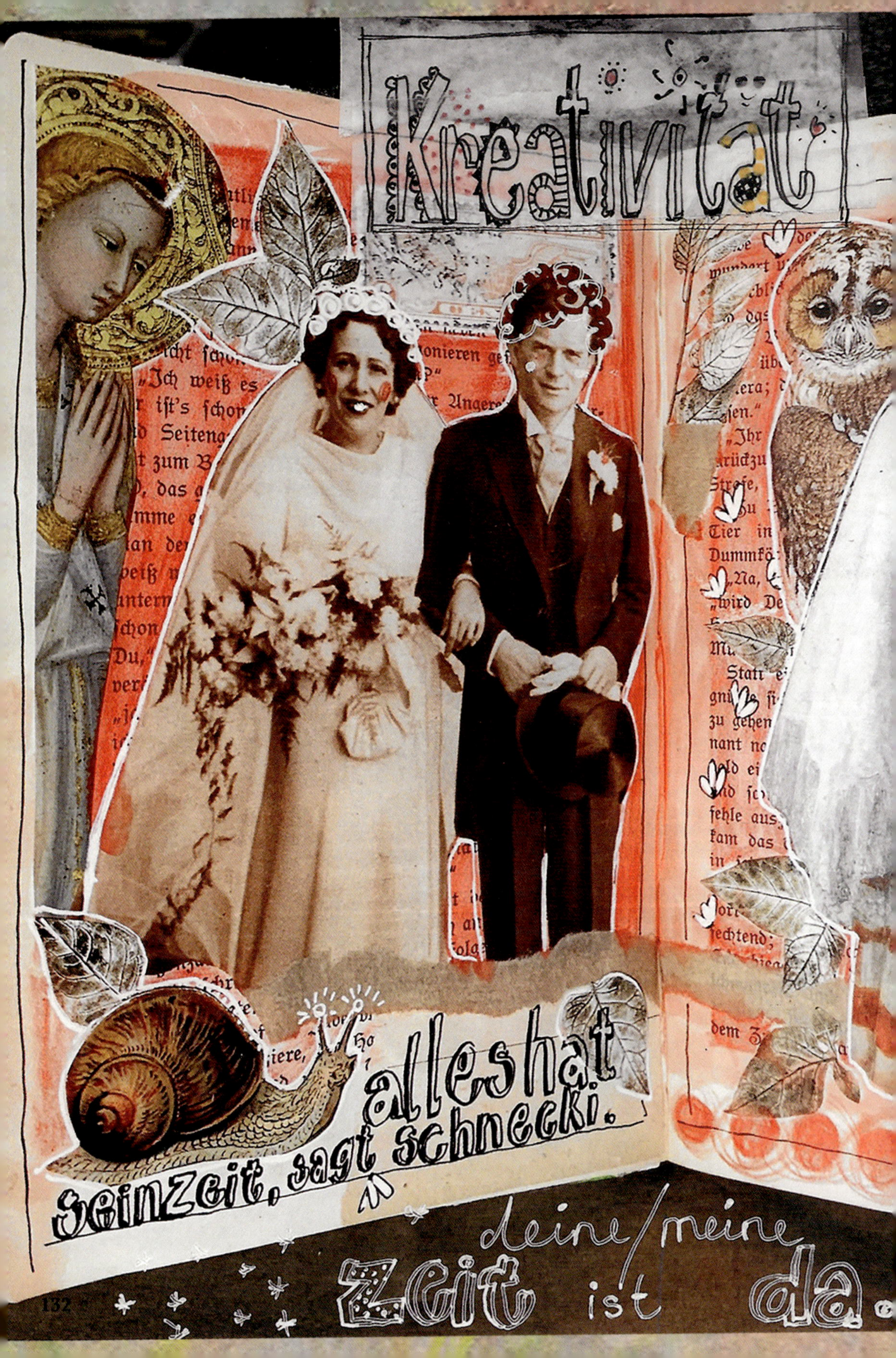

Kreativität
alleshat
seinZeit, sagt schnecki.
deine/meine
Zeit ist da.

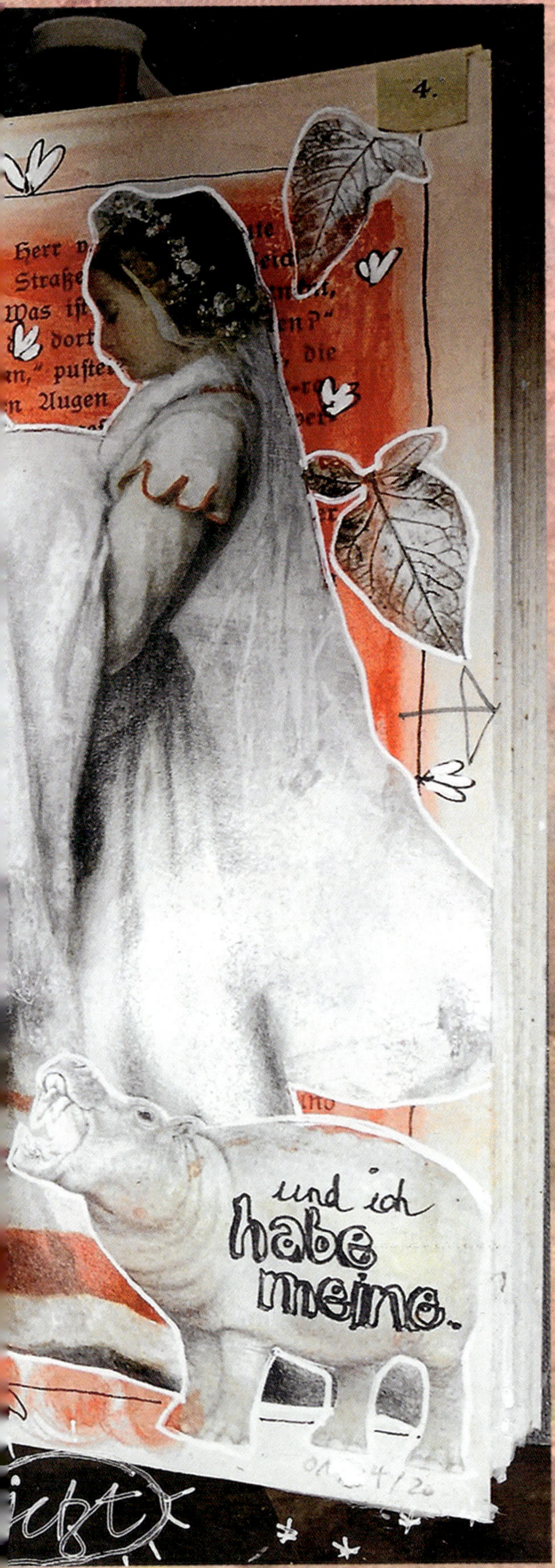

Einen einfachen Schrifttransfer kannst du mit einem matten Klebeband machen. Wähle einen eigenen Schriftzug oder ein Wort in einer Zeitschrift. Klebe das Band darüber und behalte das Ende der Rolle in deiner Hand. Reibe das Klebeband mit einem Falzbein oder Löffel an und ziehe es dann in einem Ruck vom Papier weg. Experimentiere mit Druck und Ruck.

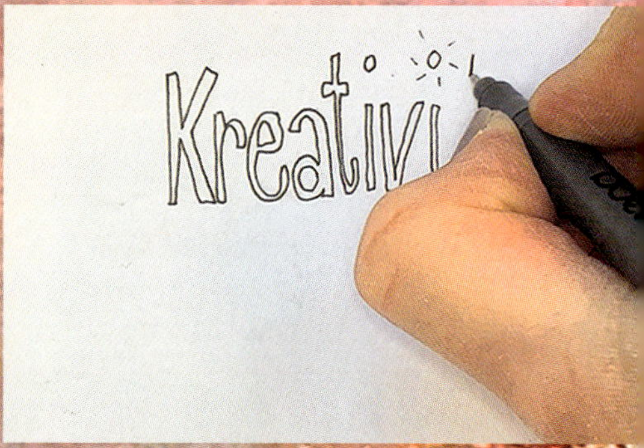

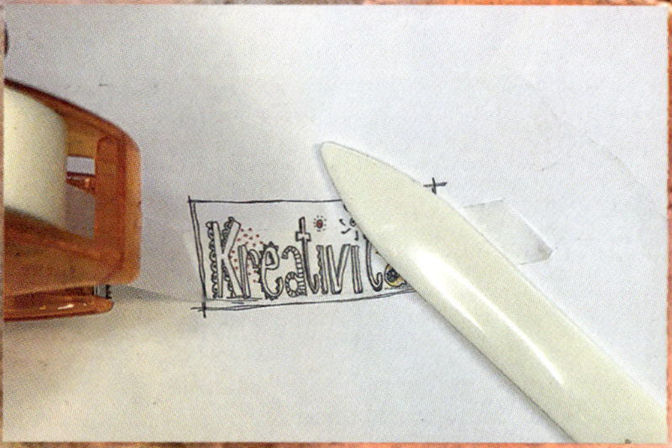

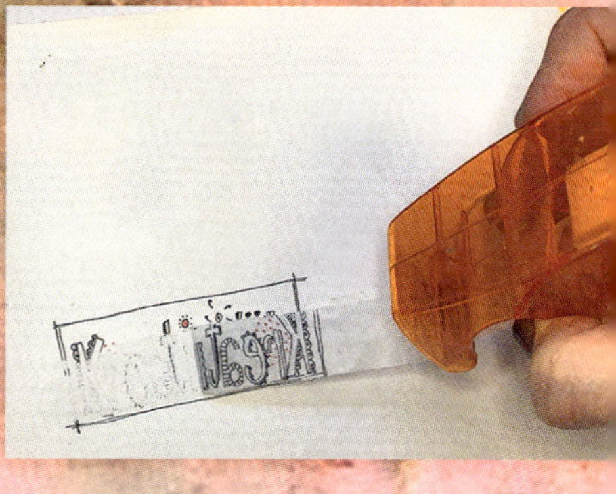

Ich habe diesen Transfer auf Seite 132 wiederverwendet …

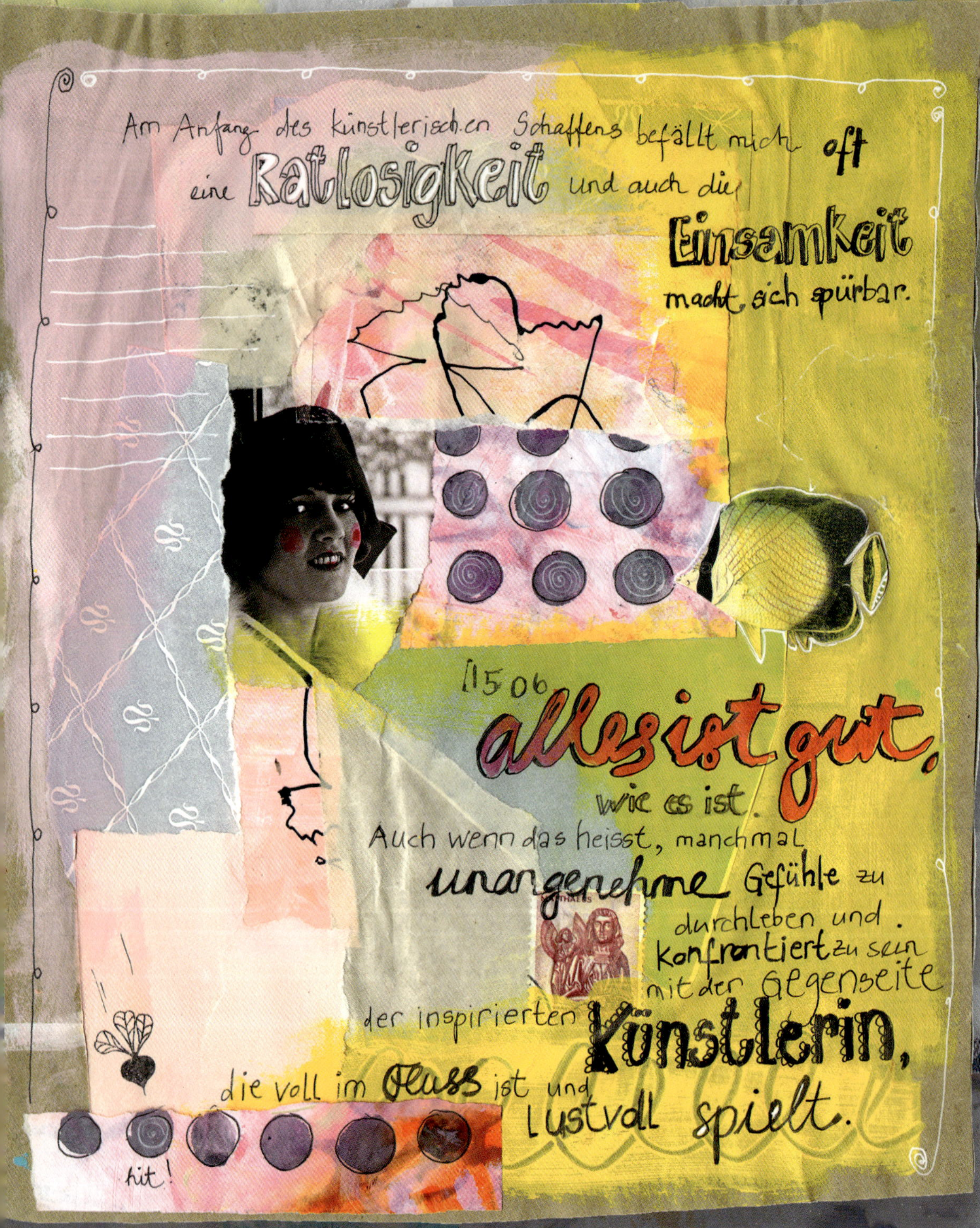
Am Anfang des künstlerischen Schaffens befällt mich oft
eine Ratlosigkeit und auch die
Einsamkeit
macht sich spürbar.
11 5 06
alles ist gut,
wie es ist.
Auch wenn das heisst, manchmal
unangenehme Gefühle zu
durchleben und
konfrontiert zu sein
mit der Gegenseite
der inspirierten Künstlerin,
die voll im Fluss ist und
lustvoll spielt.
hit!

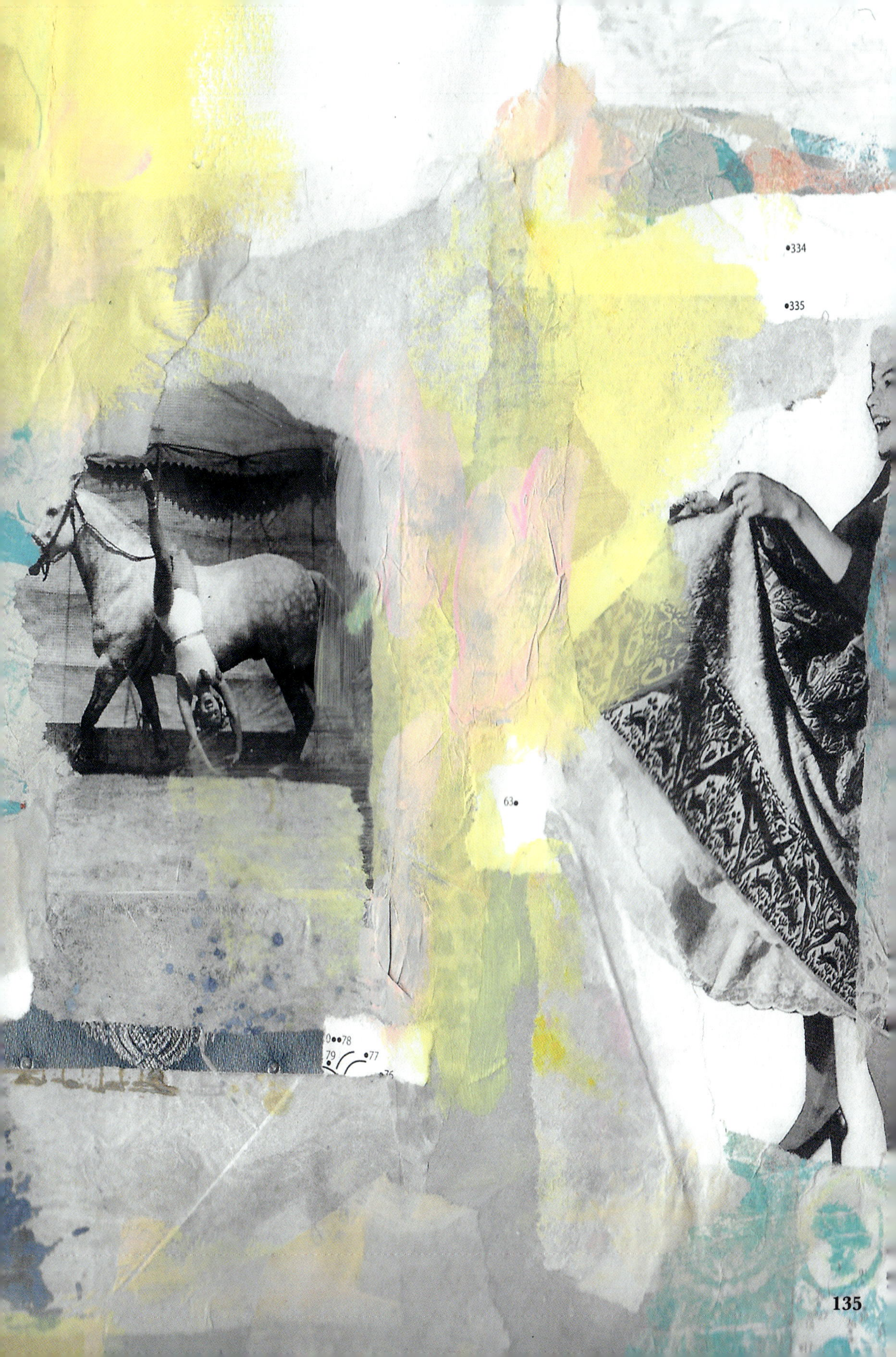

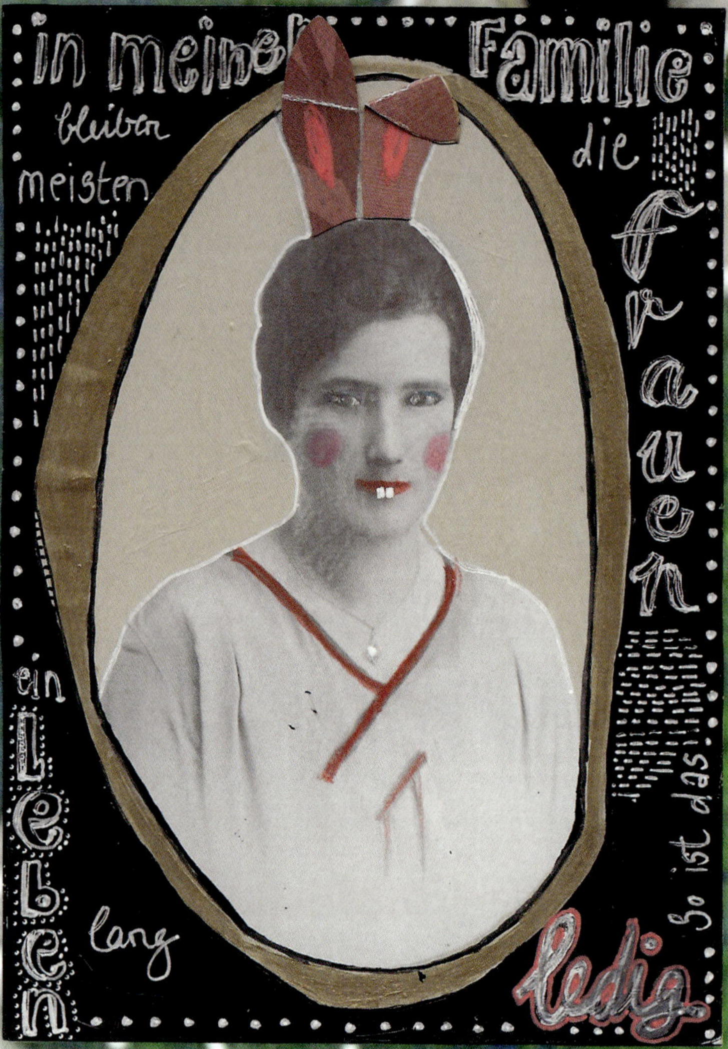
in meine
Familie
bleiben
die
meisten
Frauen
ein
Leben
lang
ledig.
So ist das

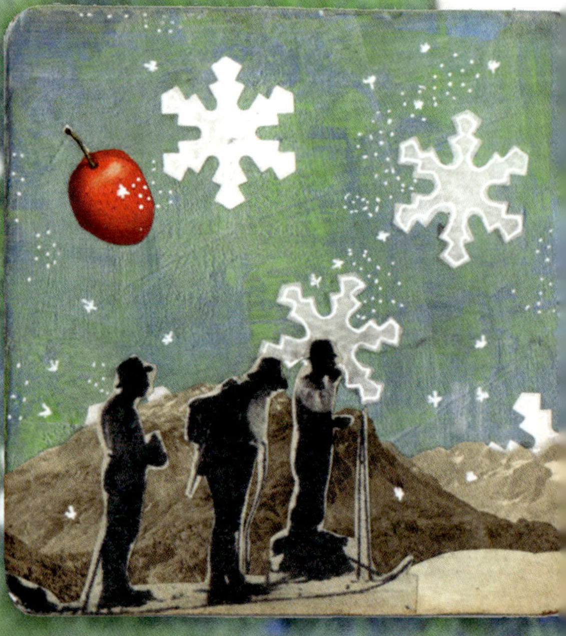

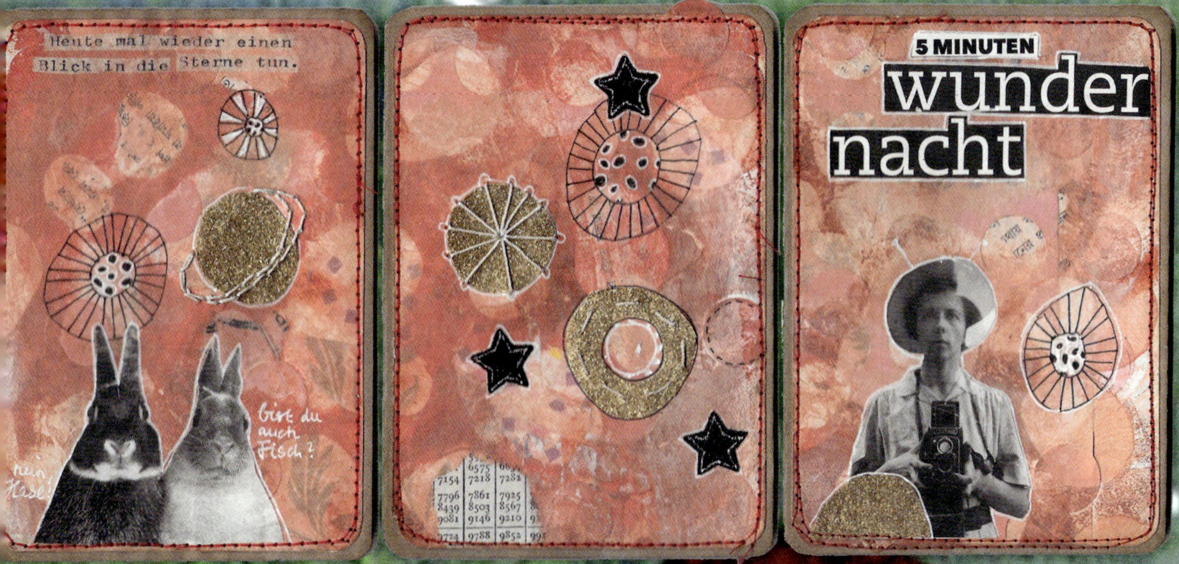

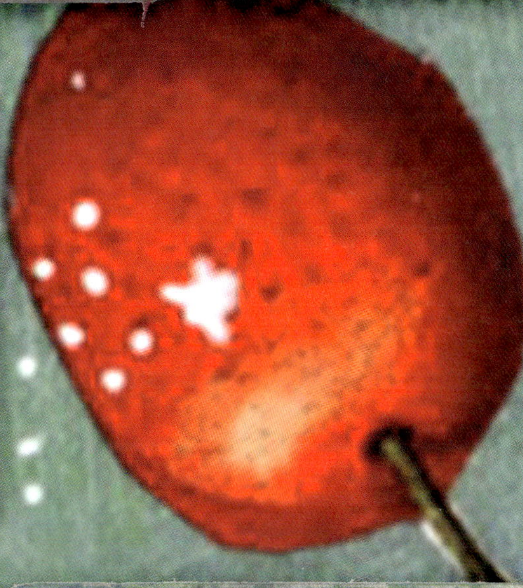

Fabulieren

Papier ist geduldig und deine Fantasie unerschöpflich, du musst dich nur getrauen. Niemand kann dich daran hindern, deine eigenen Geschichten zu spinnen und das Blaue vom Himmel zu erzählen. Deine künstlerische Freiheit ist grenzenlos. Nutze und genieße sie.

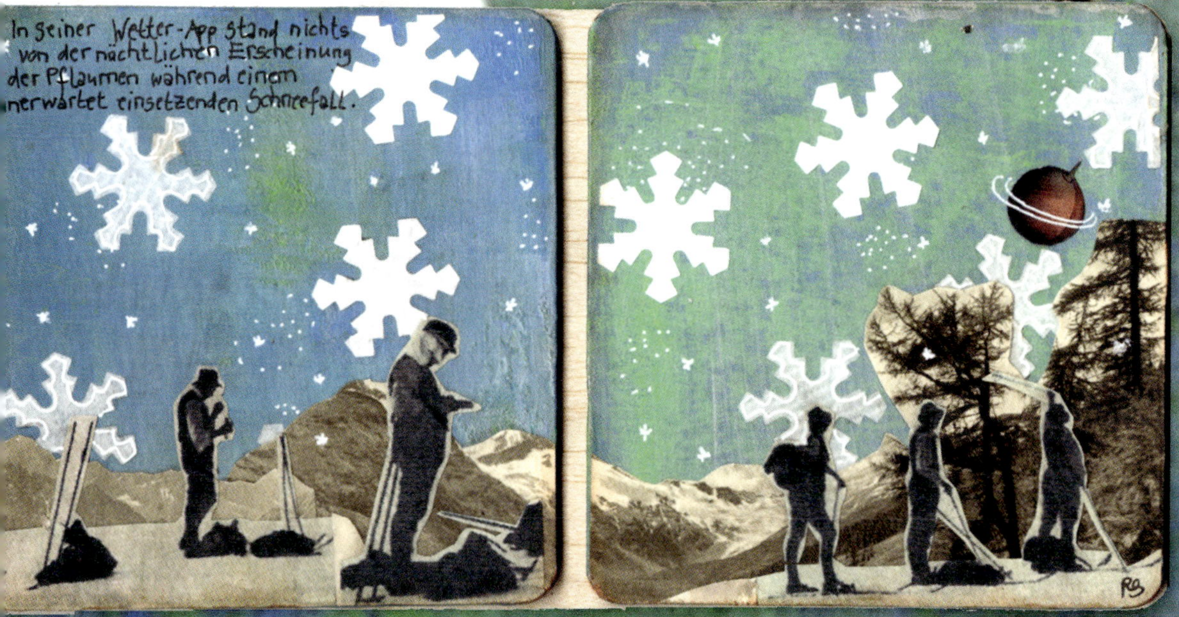

Vielleicht merkst du plötzlich, dass das alles gar nicht bloß erfunden ist, weil jedes Bild etwas mit dir zu tun hat. Mit deinem Erlebten, deinen Träumen und Wünschen. Lasse dich von deinen eigenen Erinnerungen leiten und überraschen.

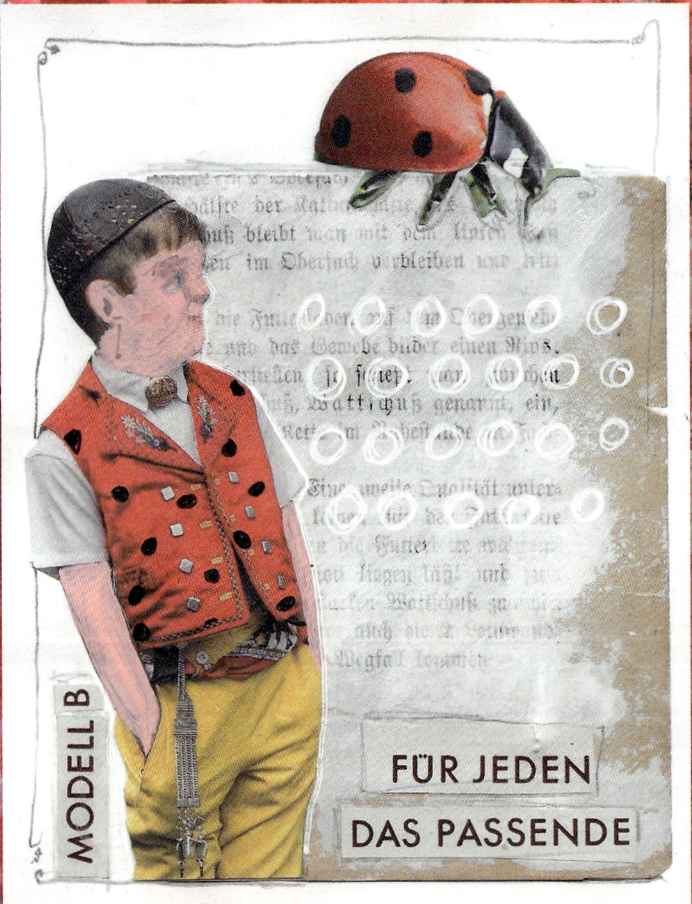

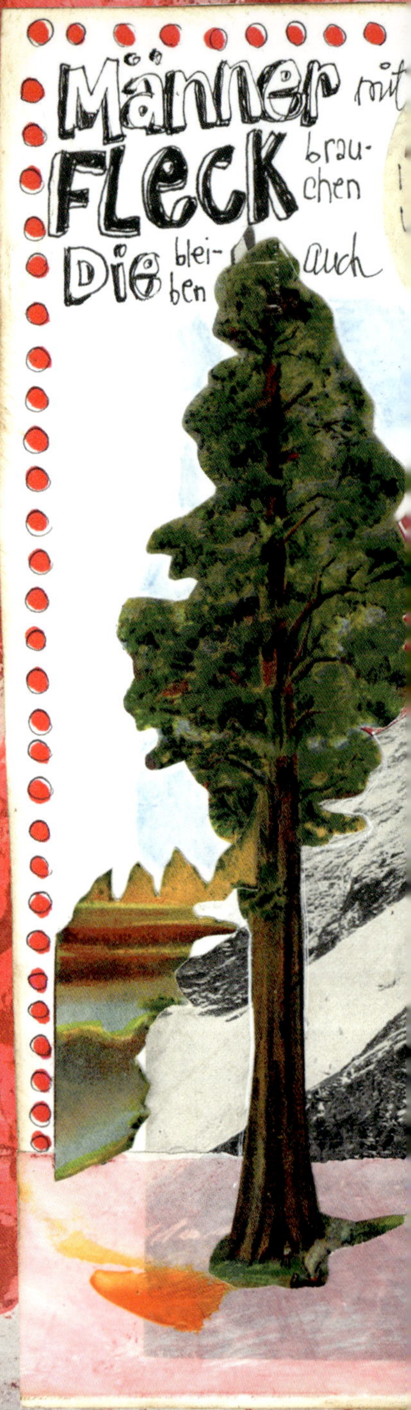

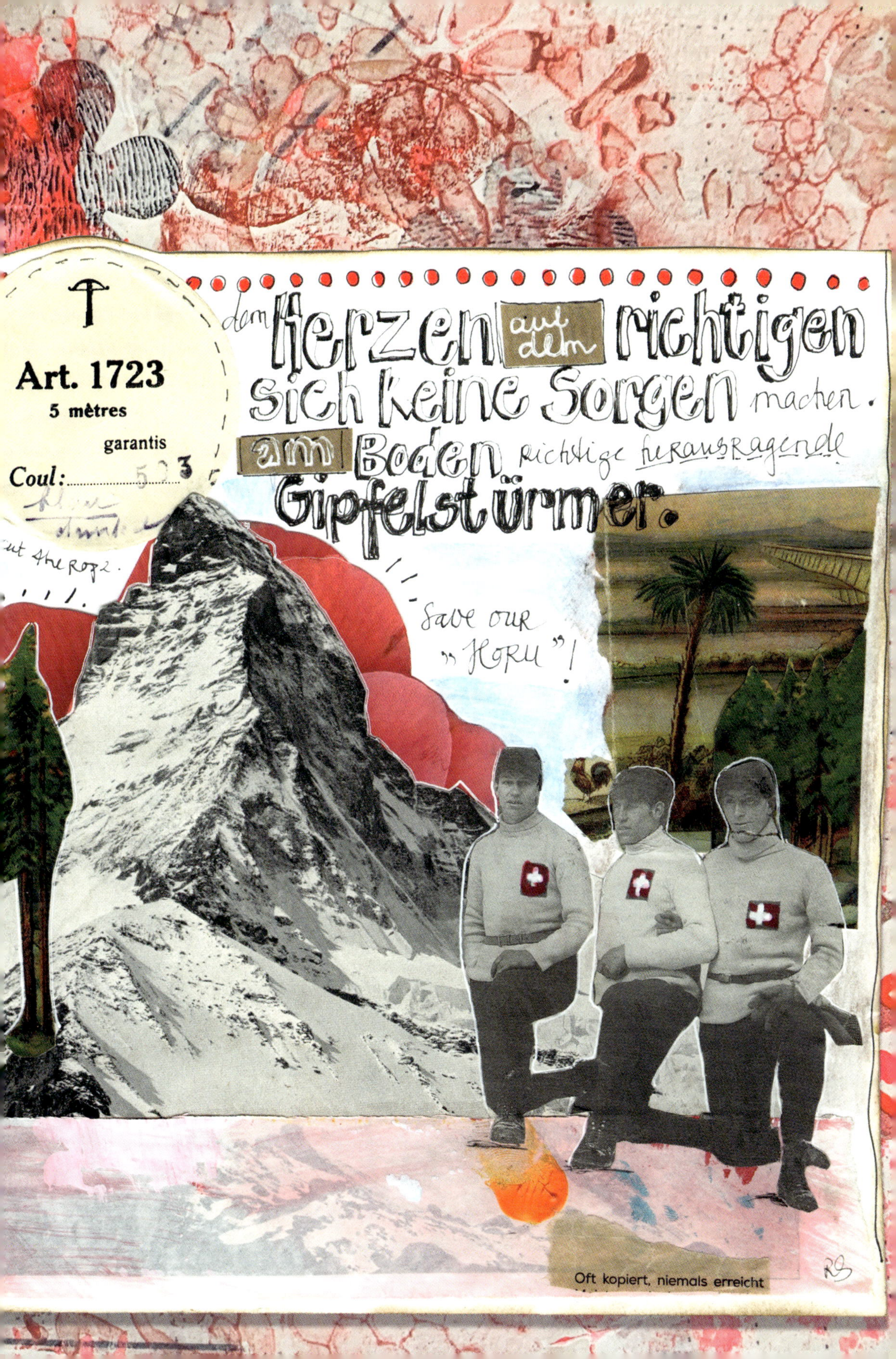
Art. 1723
5 mètres
garantis
Coul:
den Herzen auf dem richtigen
sich keine Sorgen machen.
am Boden richtige herausragende
Gipfelstürmer.
Save our „Horu"!
Oft kopiert, niemals erreicht

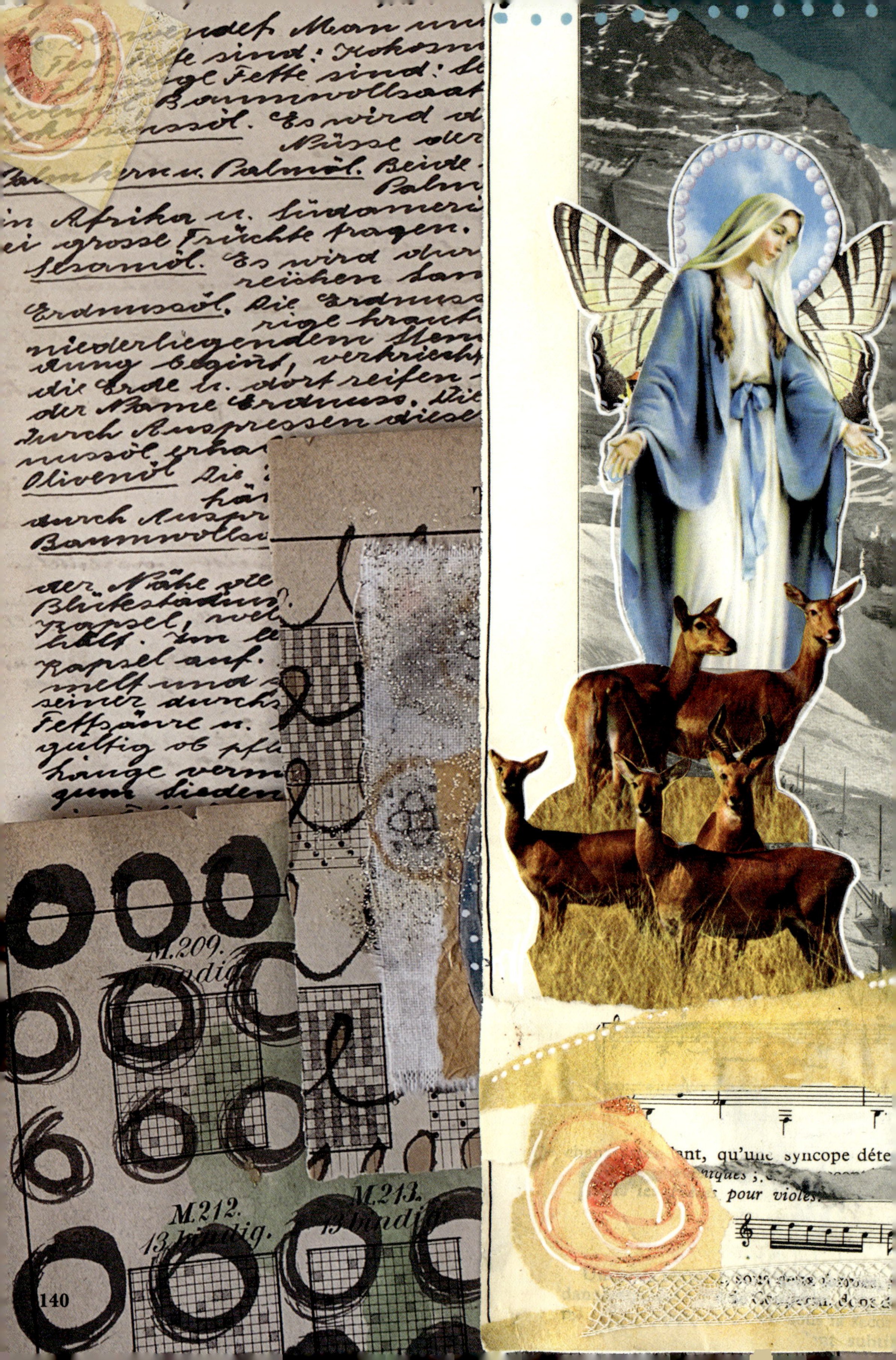
M.209.
M.212.
13 bindig.
M.213.
ant, qu'une syncope déte
pour violes.

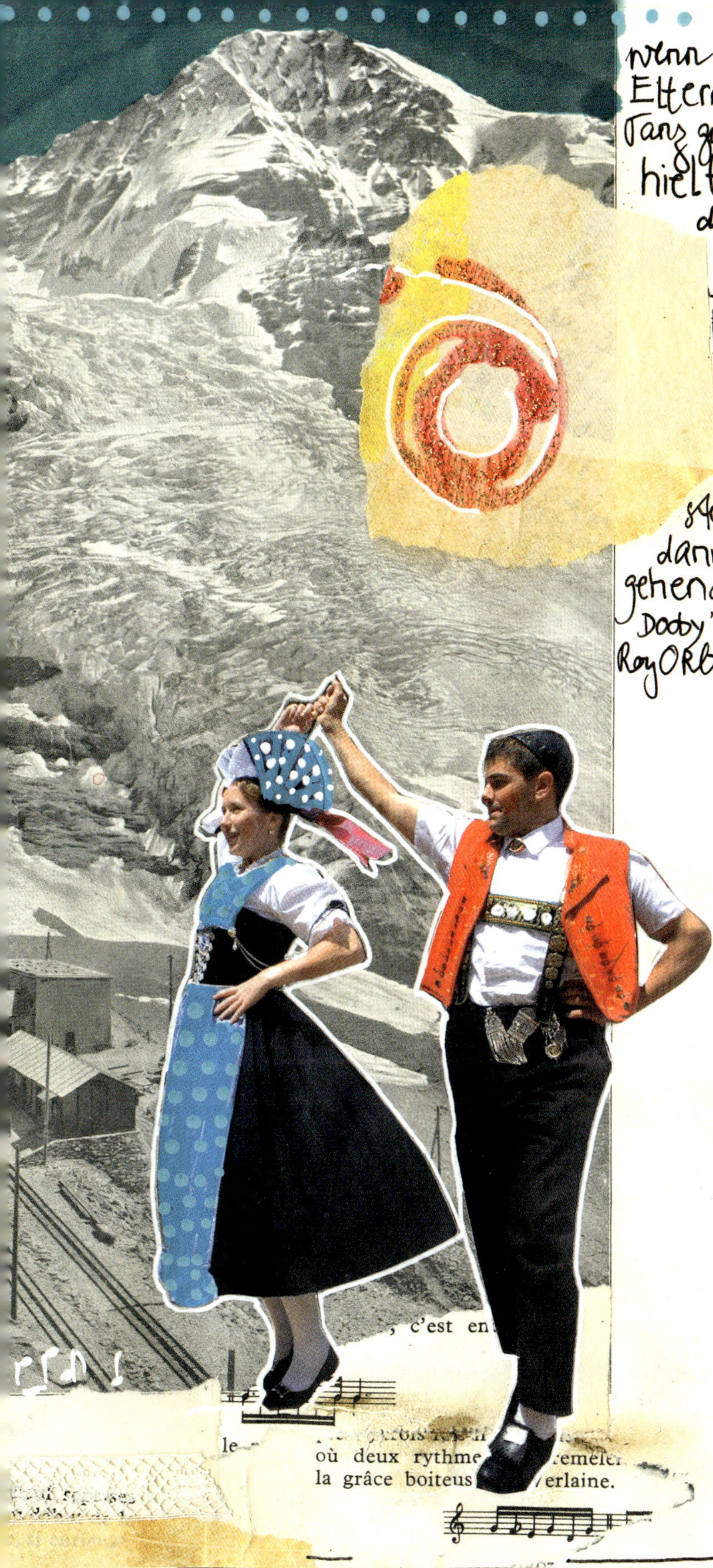

wenn meine Eltern zum Tanz gingen, hielten die Musiker für einen Moment den Atem an und stimmten dann umgehend „Ooby Dooby" von Roy Orbison an.

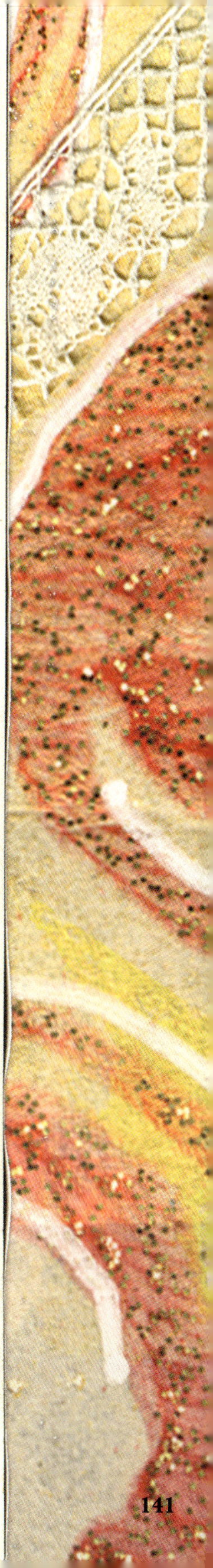

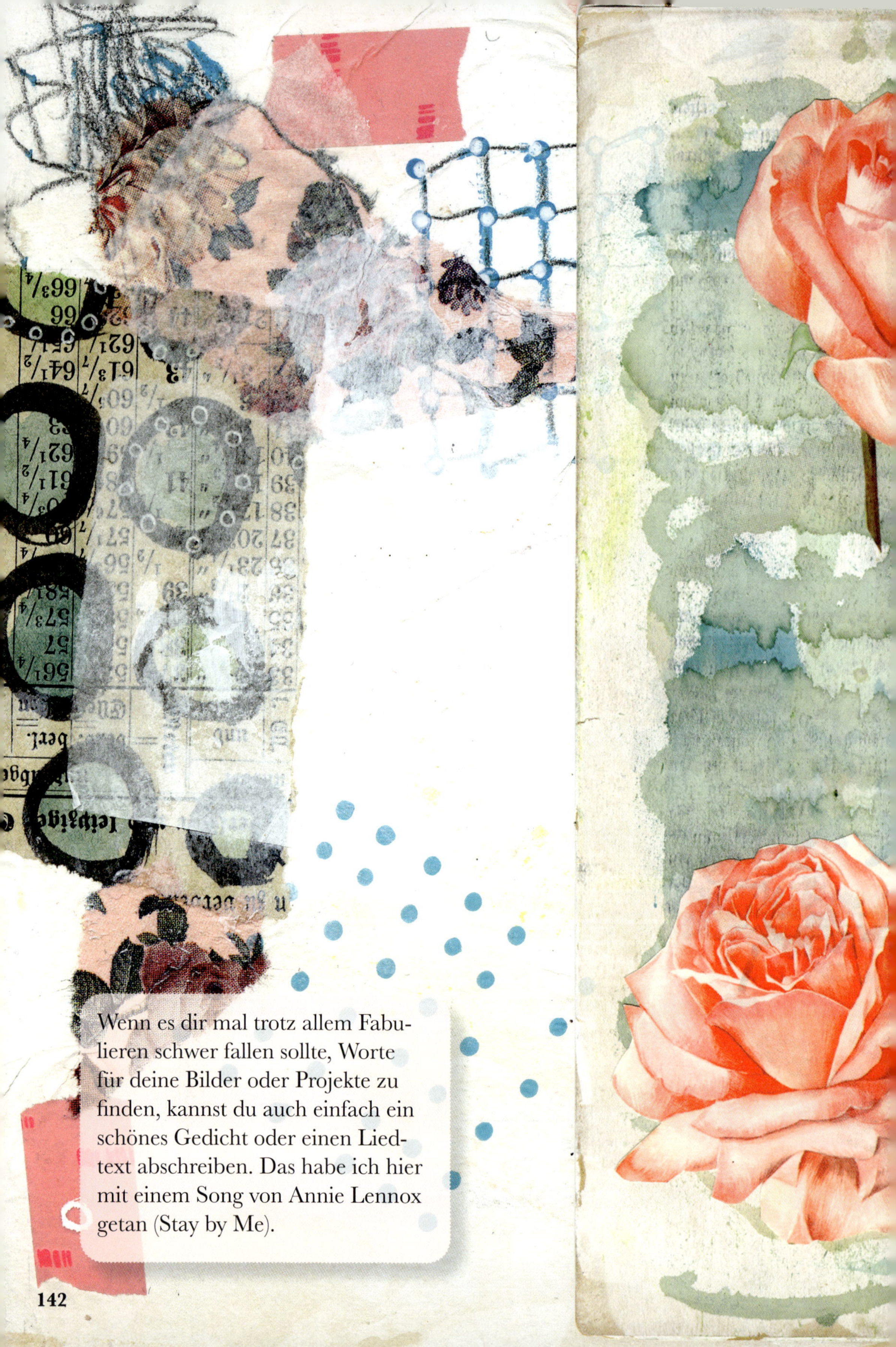

Wenn es dir mal trotz allem Fabulieren schwer fallen sollte, Worte für deine Bilder oder Projekte zu finden, kannst du auch einfach ein schönes Gedicht oder einen Liedtext abschreiben. Das habe ich hier mit einem Song von Annie Lennox getan (Stay by Me).

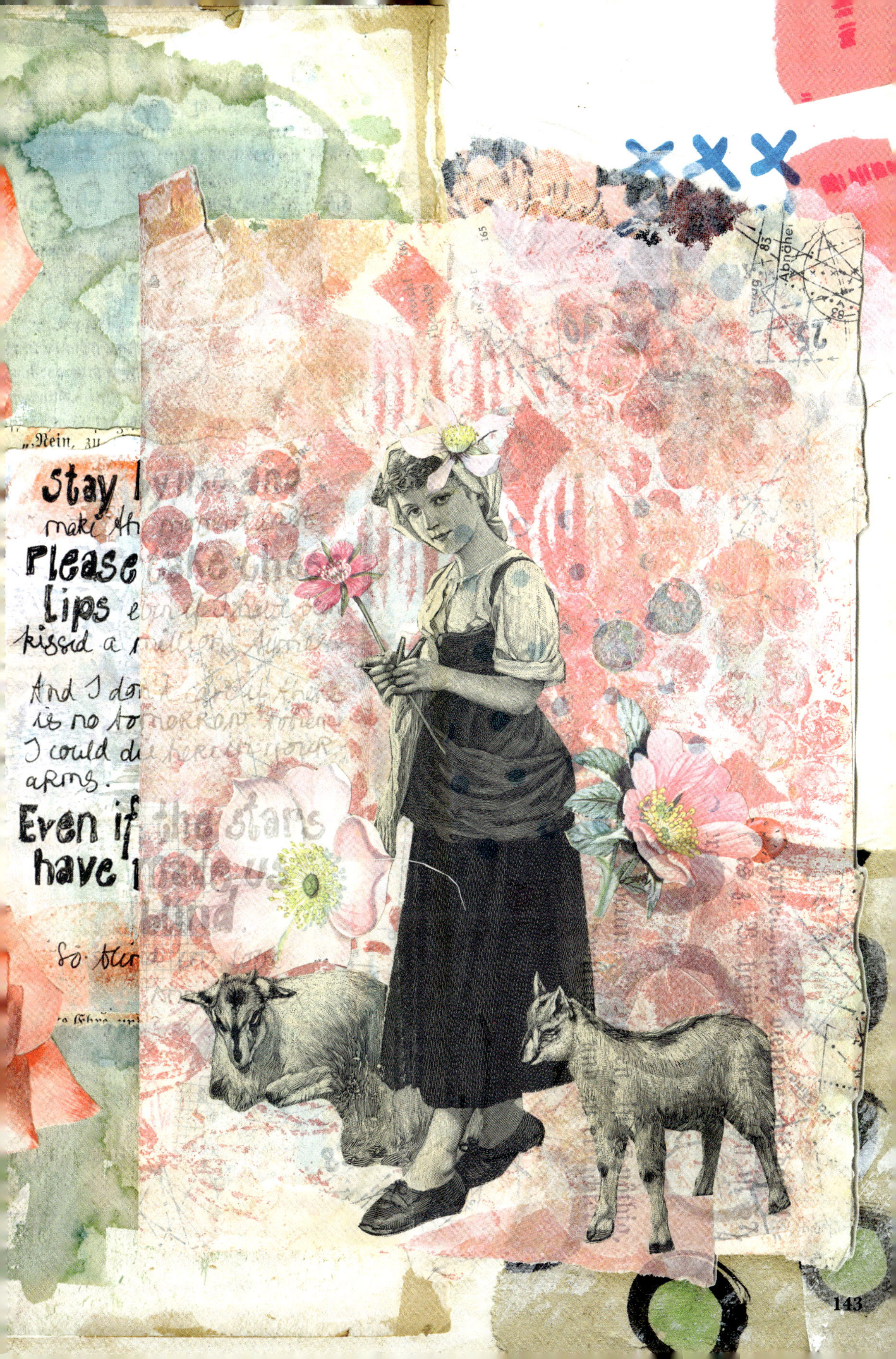
„Nein, zu
Stay
Please
Lips
And I don
is no to
I could di
arms.
Even if
have
the stars

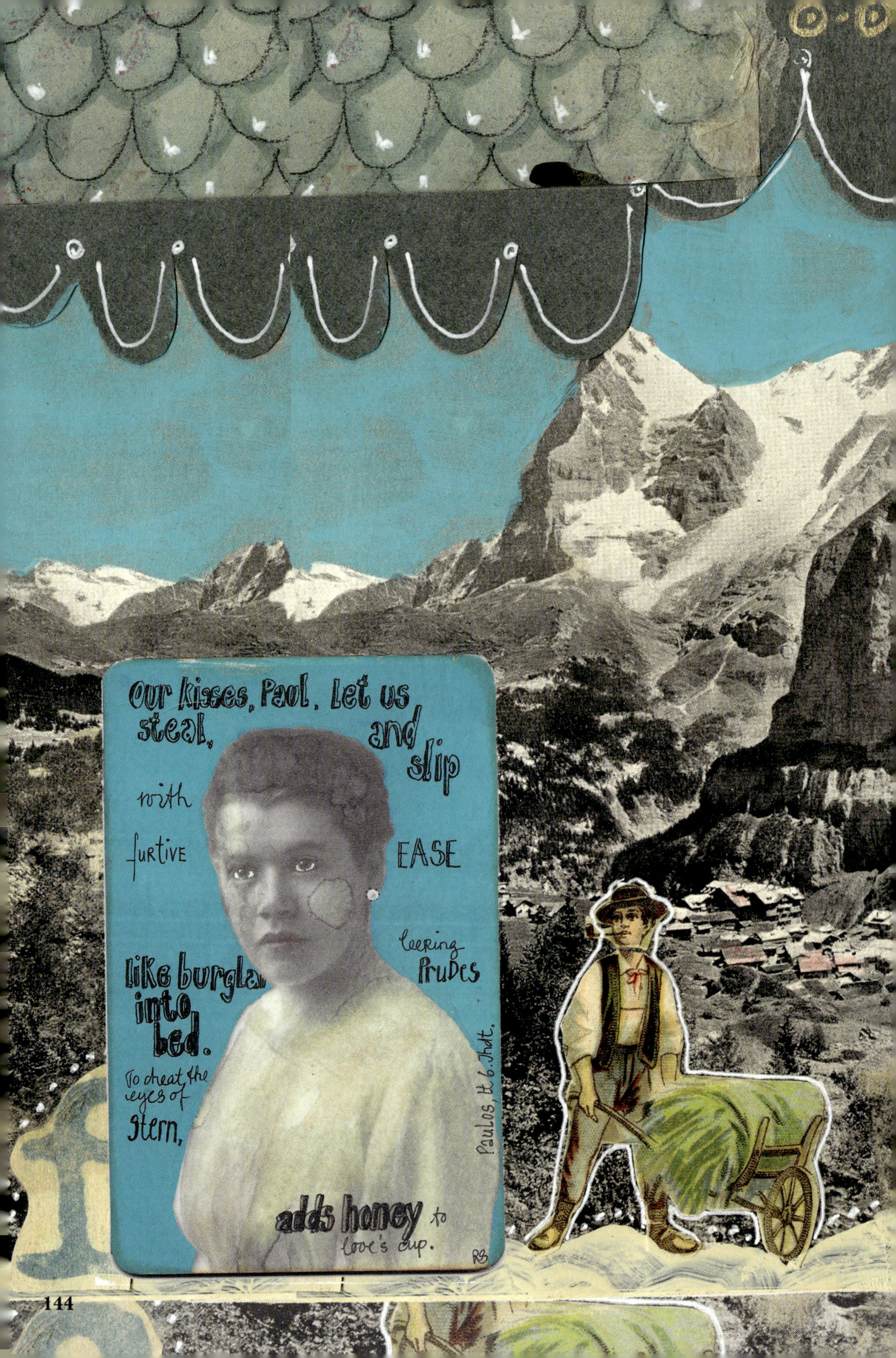
Our kisses, Paul, Let us steal,
and slip
with
furtive
EASE
leering
Prudes
like burgla
into
bed.
To cheat the eyes of
stern,
Paulos, 6. Jhdt.
adds honey to
love's cup.
RS

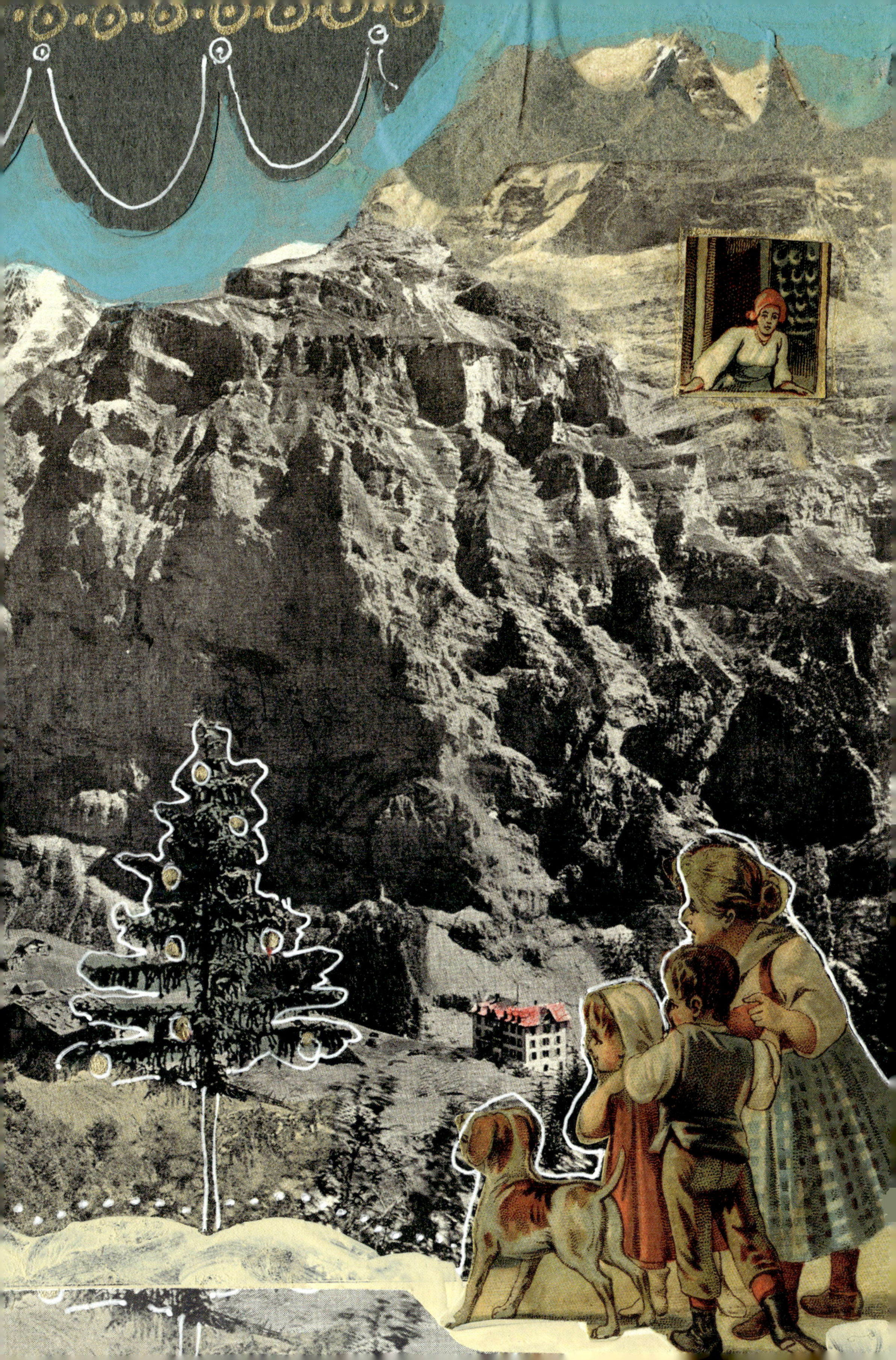

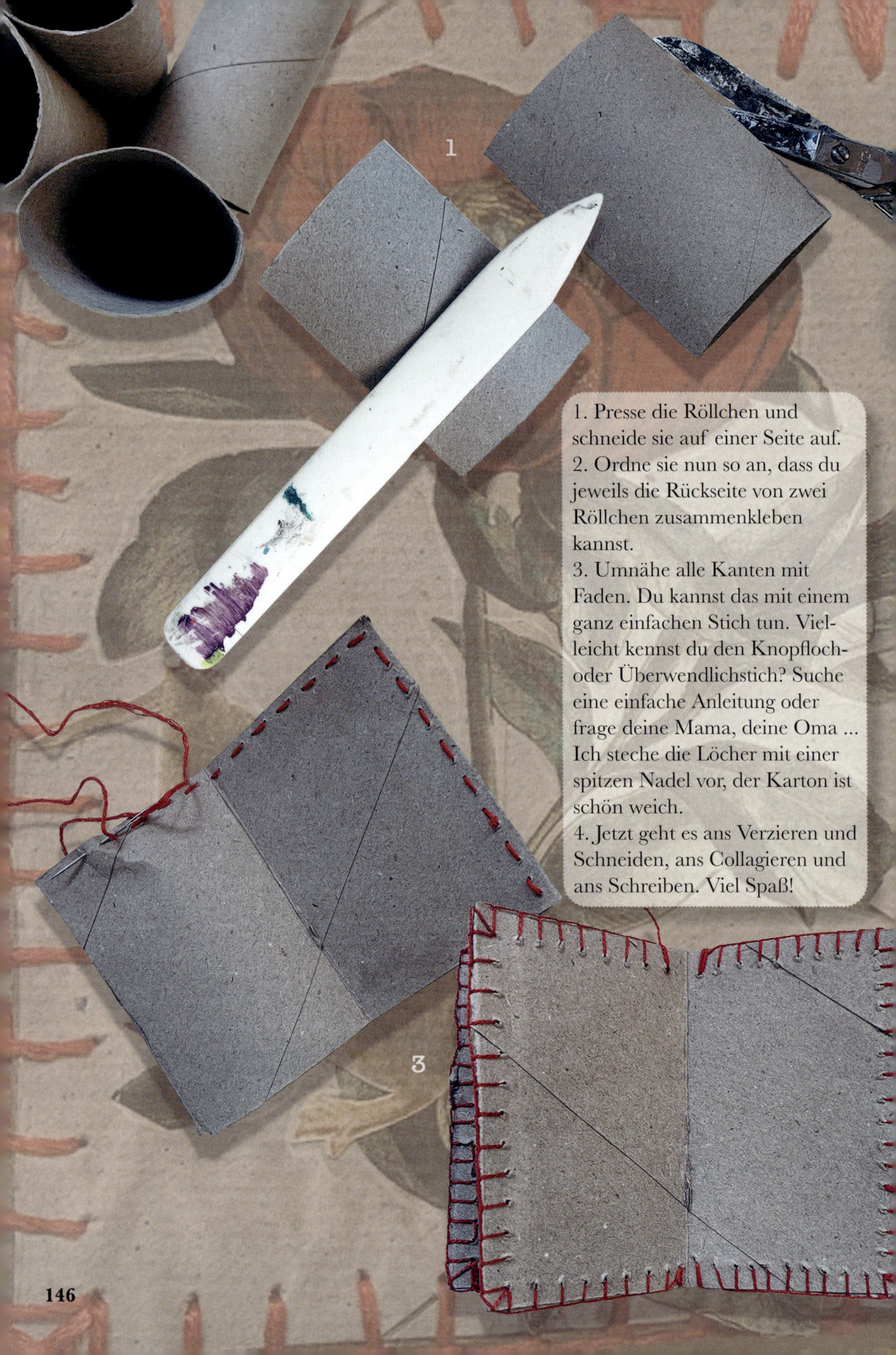

1. Presse die Röllchen und schneide sie auf einer Seite auf.
2. Ordne sie nun so an, dass du jeweils die Rückseite von zwei Röllchen zusammenkleben kannst.
3. Umnähe alle Kanten mit Faden. Du kannst das mit einem ganz einfachen Stich tun. Vielleicht kennst du den Knopfloch- oder Überwendlichstich? Suche eine einfache Anleitung oder frage deine Mama, deine Oma ... Ich steche die Löcher mit einer spitzen Nadel vor, der Karton ist schön weich.
4. Jetzt geht es ans Verzieren und Schneiden, ans Collagieren und ans Schreiben. Viel Spaß!

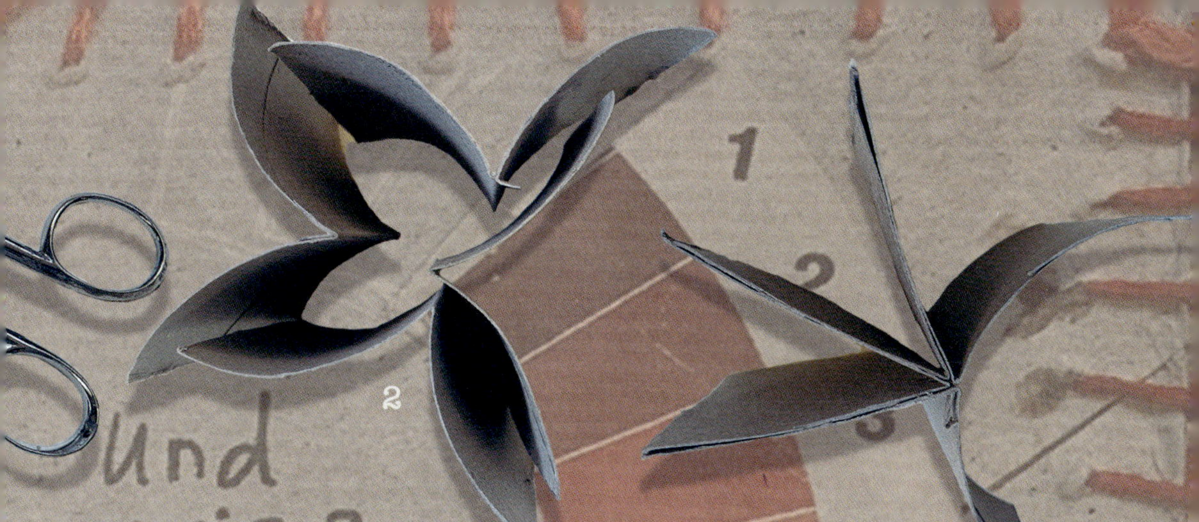

Aus nix mach was mit Papierröllchen

Wir haben mit ein paar leeren Papierröllchen angefangen und so hören wir auch auf. Wir falten, kleben, sticken, collagieren und fabulieren nochmals nach Herzenslust. Schön war`s.

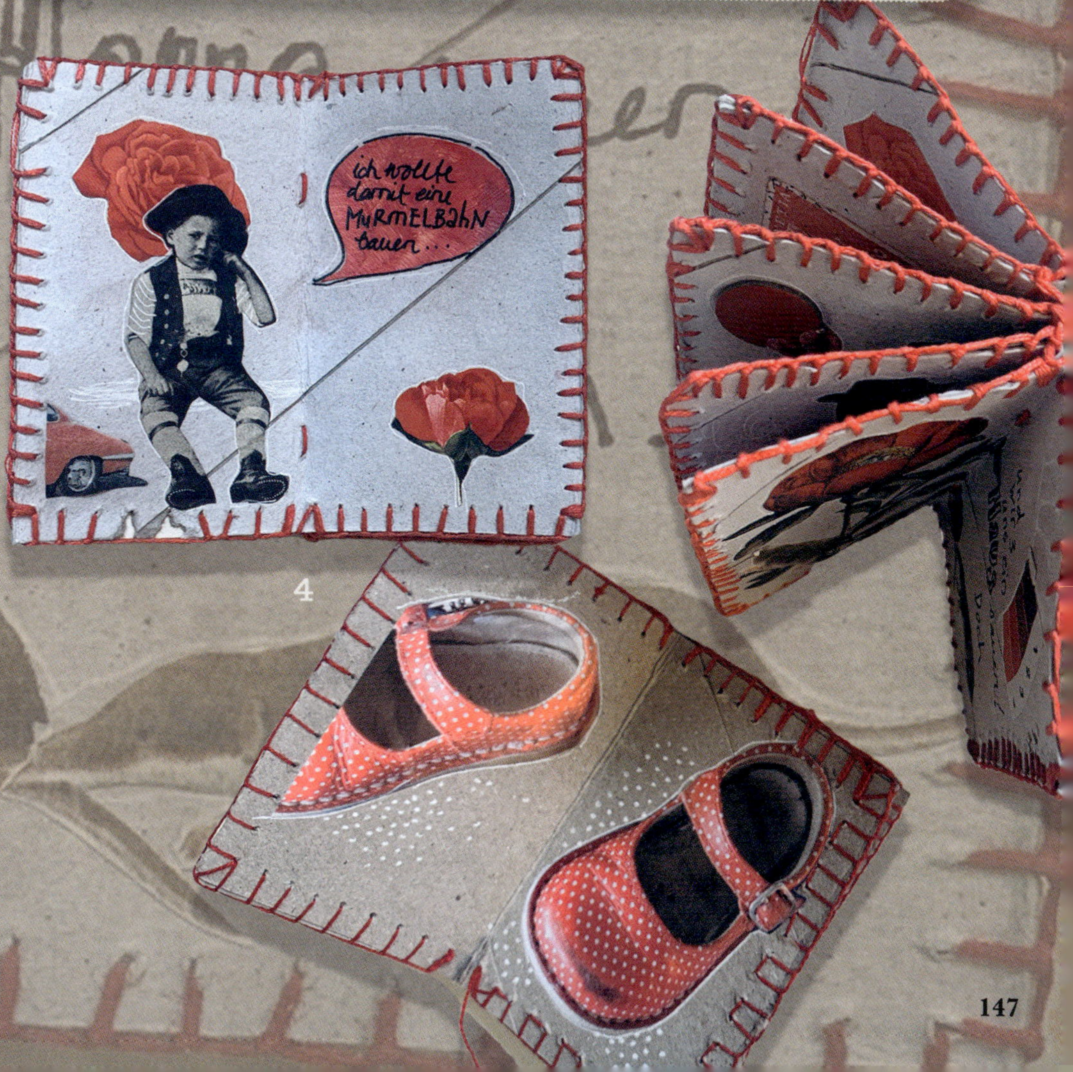

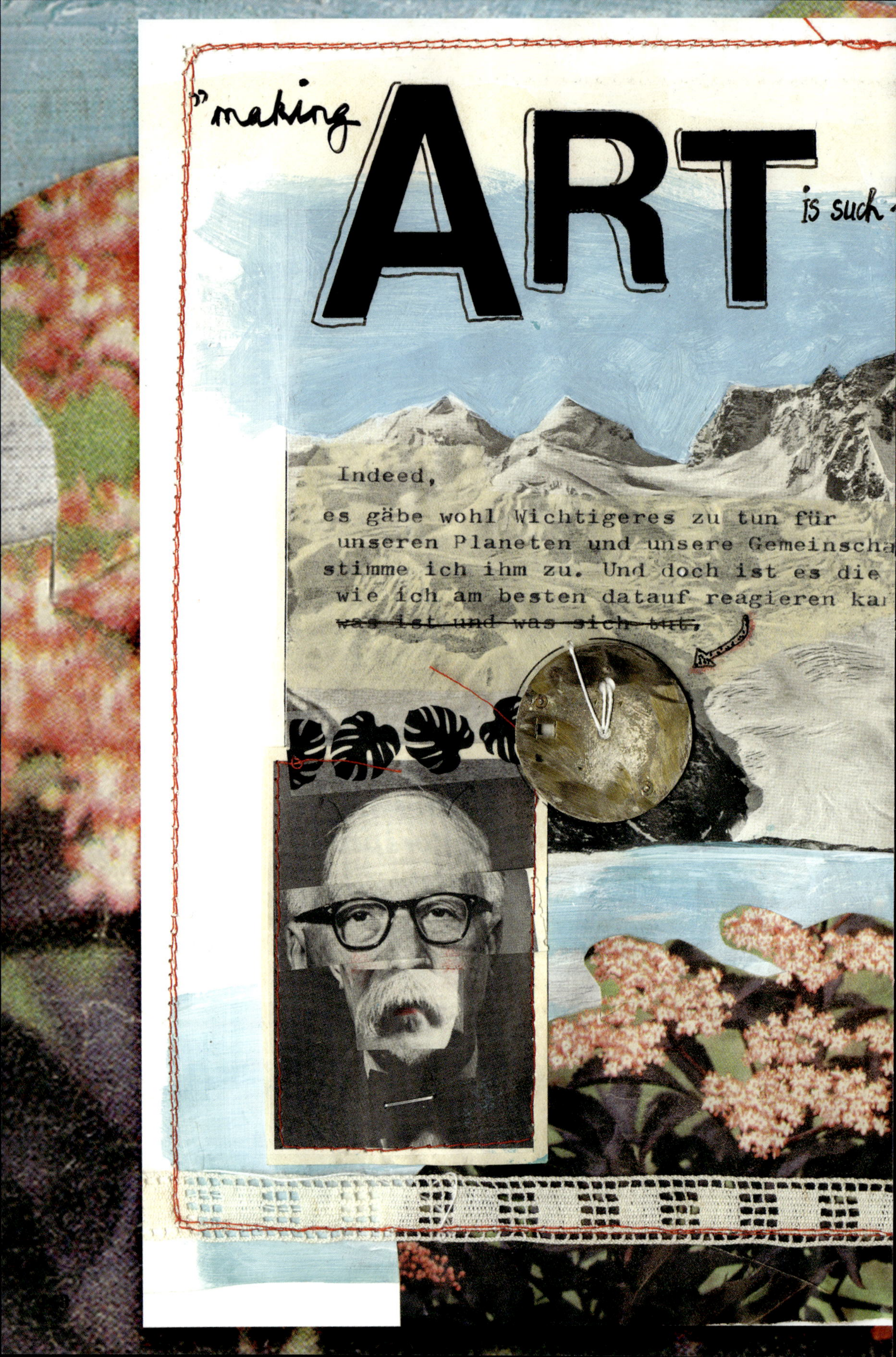
"making
ART
is such
Indeed,
es gäbe wohl Wichtigeres zu tun für
unseren Planeten und unsere Gemeinscha
stimme ich ihm zu. Und doch ist es die
wie ich am besten datauf reagieren kar
~~was ist und was sich tut.~~

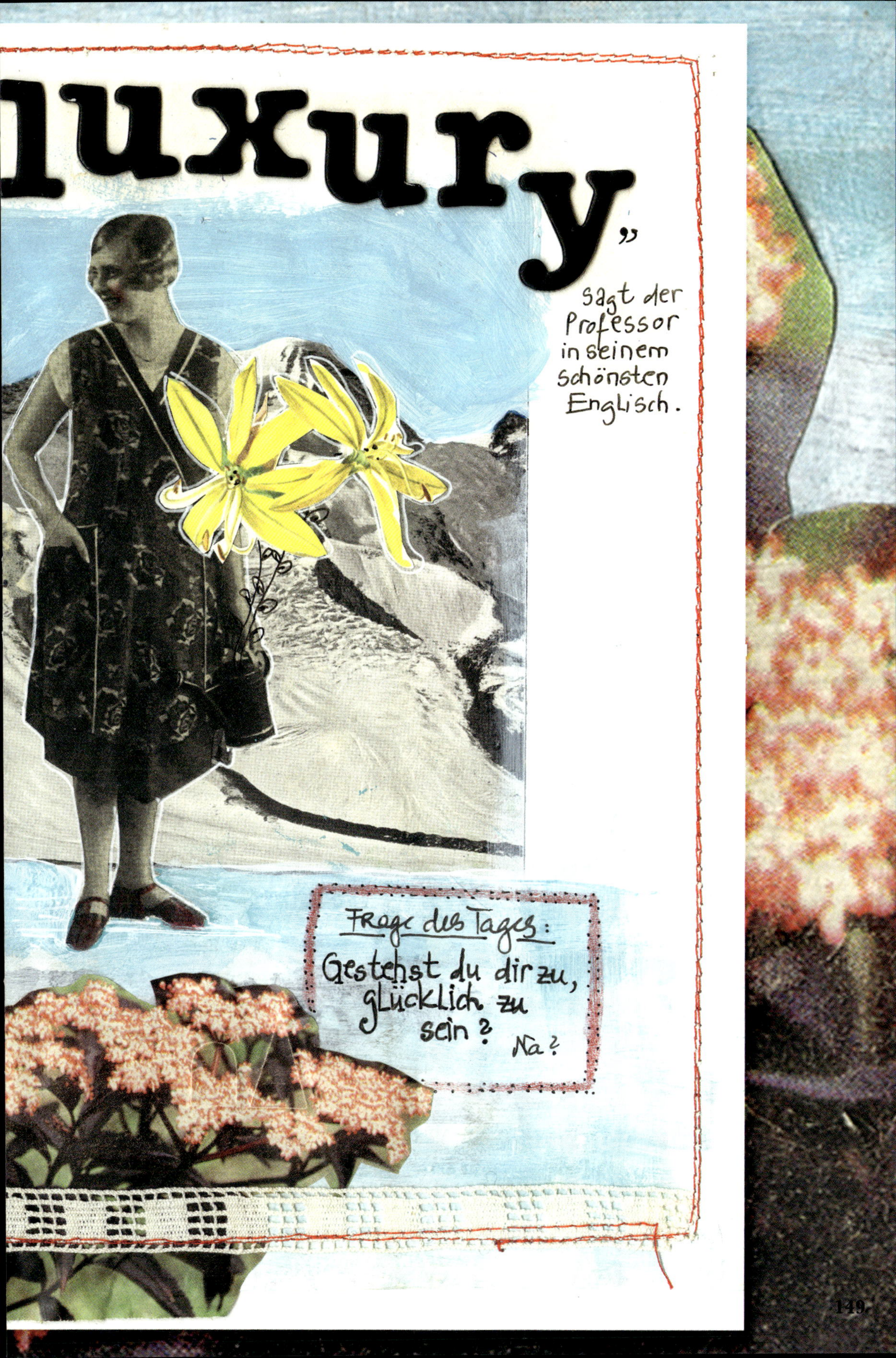
luxury"
sagt der Professor in seinem schönsten Englisch.
Frage des Tages:
Gestehst du dir zu, glücklich zu sein?
Na?

Das wichtigste Werkzeug und

MATERIAL

oder worauf ich nicht verzichten möchte:

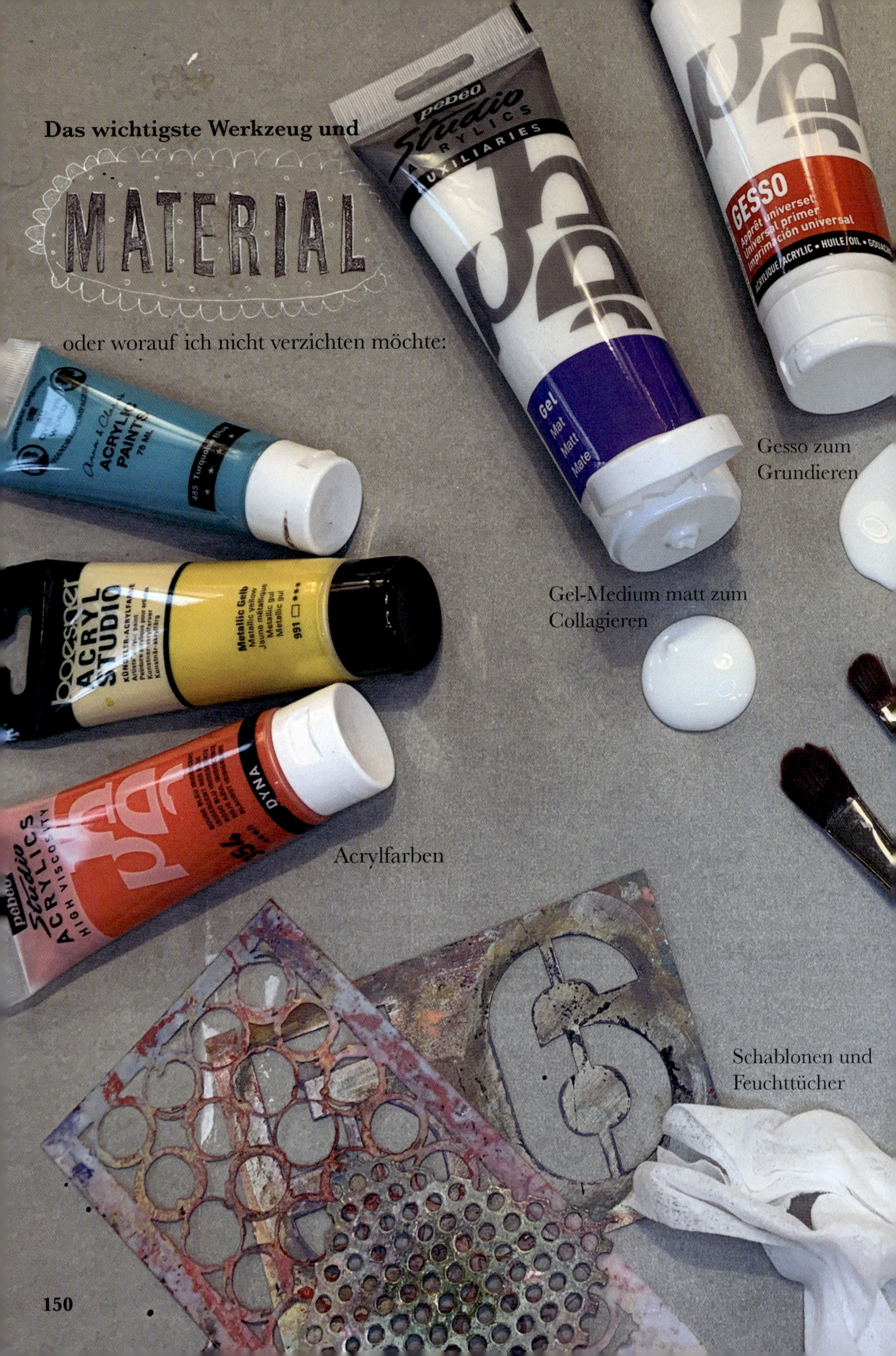

Gesso zum Grundieren

Gel-Medium matt zum Collagieren

Acrylfarben

Schablonen und Feuchttücher

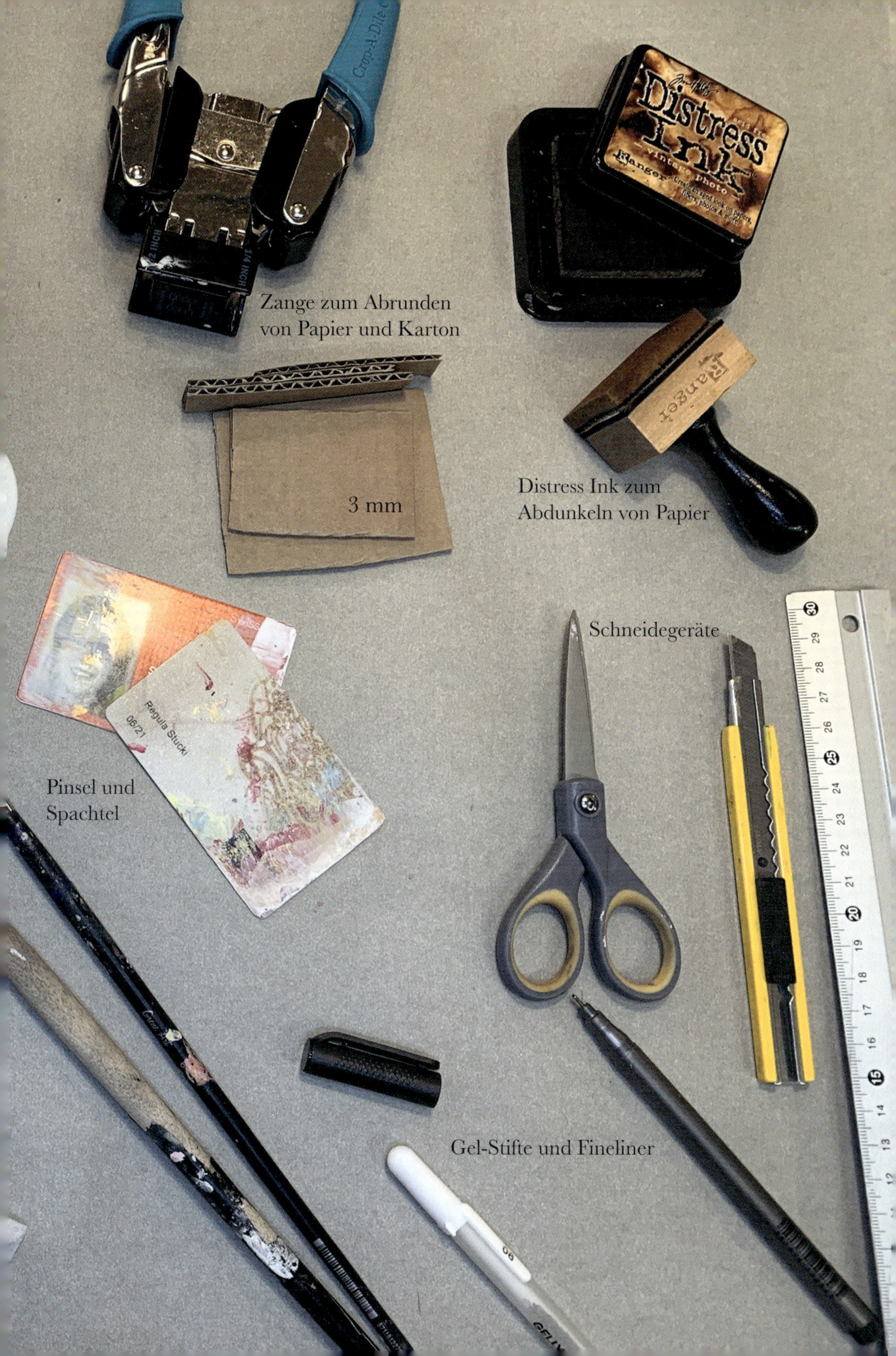

Zange zum Abrunden von Papier und Karton

3 mm

Distress Ink zum Abdunkeln von Papier

Schneidegeräte

Pinsel und Spachtel

Gel-Stifte und Fineliner

Material - persönliche Tipps

Acryl- und andere Farben

Zum Arbeiten mit Schablonen verwende ich Acrylfarbe. Sobald sie trocken ist, bleibt sie wasserfest. Sie lässt sich nur in feuchtem Zustand bearbeiten, ich muss also zügig arbeiten. Die Qualität spielt bei Mixed-Media keine große Rolle. Es heißt einfach, je günstiger, desto weniger Farbpigmente. Wenn ich Gouache oder Deckfarbe verwende, berücksichtige ich, dass die Farbe wasserlöslich ist. Sie eignet sich für die Schablonentechnik mit mehr als einer Ebene nicht.

Bindemittel

Hier lohnt es sich, nicht zu sparen. Die günstigen Produkte enthalten viel Wasser und machen das Papier wellig. Ich arbeite mit Pébéo oder Golden und verwende ausschließlich matten Gel, der den Papieren ihren Glanz nimmt. Brillanter Gel macht die Hintergründe klebrig. In meinen Art Journals haben sich deshalb schon Seiten miteinander verklebt. In diesem Fall hilft es, Back- oder Pergamentpapier zwischen die Seiten zu legen.

Grundiermittel Gesso

Die Qualität des Gesso spielt bei meinen Projekten keine Rolle, ich verwende auch weiße Dispersionsfarbe. Gesso enthält Kreide und bereitet Untergründe wie Papier, Holz, Acryl usw. darauf vor, mit Farbe bearbeitet zu werden. Als dünne Schicht auf Farben- und Schnipsellagen gespachtelt, wirkt es verbindend und mattierend. Gesso gibt es in den Farben Weiß und Schwarz sowie farblos.

„Ecken runden, Kanten bräunen“

Abgerundete Ecken und gebräunte Kanten machen unglaublich viel her. Es gibt verschiedene Geräte zum Abrunden der Ecken. Die Zange hat gegenüber den Eckstanzern den Vorteil, dass sie auch Karton und stärkere Materialien rundet. Die Kanten von Papier bräune ich mit einem Schwämmchen und etwas Distress Ink. Du kannst dafür natürlich auch ein normales Stempelkissen oder braune Kreide verwenden.

Pinsel und Spachtel

Zum Collagieren und zum Malen mit Acrylfarben eignet sich ein Flachpinsel mit künstlichen Haaren. Die Pinsel stehen bei mir manchmal tagelang im Wasser, sie nehmen mir das nicht übel. Auswaschen geht prima mit warmem Wasser und ab und zu etwas Seife. Ausgediente Kredit- oder Kundenkärtchen geben ideale Spachtel zum Verteilen von Gesso oder Farbe ab.

Falzbein

In der Schreibwarenhandlung gibt es Falzbeine aus Knochen oder Plastik. Ich benutze das Falzbein außer zum Falten auch beim Kleben mit Leim und falze die geklebten Flächen glatt. So lassen sich Luftblasen vermeiden. Anstelle eines Falzbeins funktioniert auch ein Löffel oder der Handgriff einer Schere.

Leim

Ich kann keinem Leimstift widerstehen und kaufe jede Marke, die ich noch nicht ausprobiert habe. Ich bin immer noch auf der Suche nach dem perfekten Klebestift. Er soll dauerhaft kleben, darf nicht sofort austrocknen, wenn er länger offen bleibt, und muss sich gut verteilen lassen. Für Tipps bin ich dankbar ... Weißleim braucht lange zum Trocknen, ich nutze ihn für kleine Elemente, die sonst nicht halten würden. Für größere Flächen greife ich zum bewährten Buchbinderleim.

Bilder, Bücher und Zeitschriften

Ich verfüge mittlerweile über eine Fülle an Materialien. Ich habe über die letzten Jahre viel gesammelt, habe auf Flohmärkten und in Brockenhäusern eingekauft, Funde im Internet gemacht und vieles zugetragen bekommen. Es gibt auch immer mehr Initiativen für Materialkreisläufe. In der Schweiz haben wir seit ein paar Jahren Offcut-Materialmärkte (s. Seite 156).

Ich verwende am liebsten Originalmaterial, es fühlt sich für mich anders an, als mit Vervielfältigungen zu arbeiten. Das ist aber Geschmacksache. Es gibt mittlerweile auch Collagenbücher, angefüllt mit schönen Schnipseln.

Die amerikanische Biodiversity Heritage Library sammelt eingescannte naturwissenschaftliche Werke aus der ganzen Welt. Dieses lizenzfreie Material ist auch für Kunstschaffende zu einer unerschöpflichen Quelle von Bildern geworden. Im Internet wirst du auf folgender Seite fündig: https://www.flickr.com/photos/biodivlibrary/

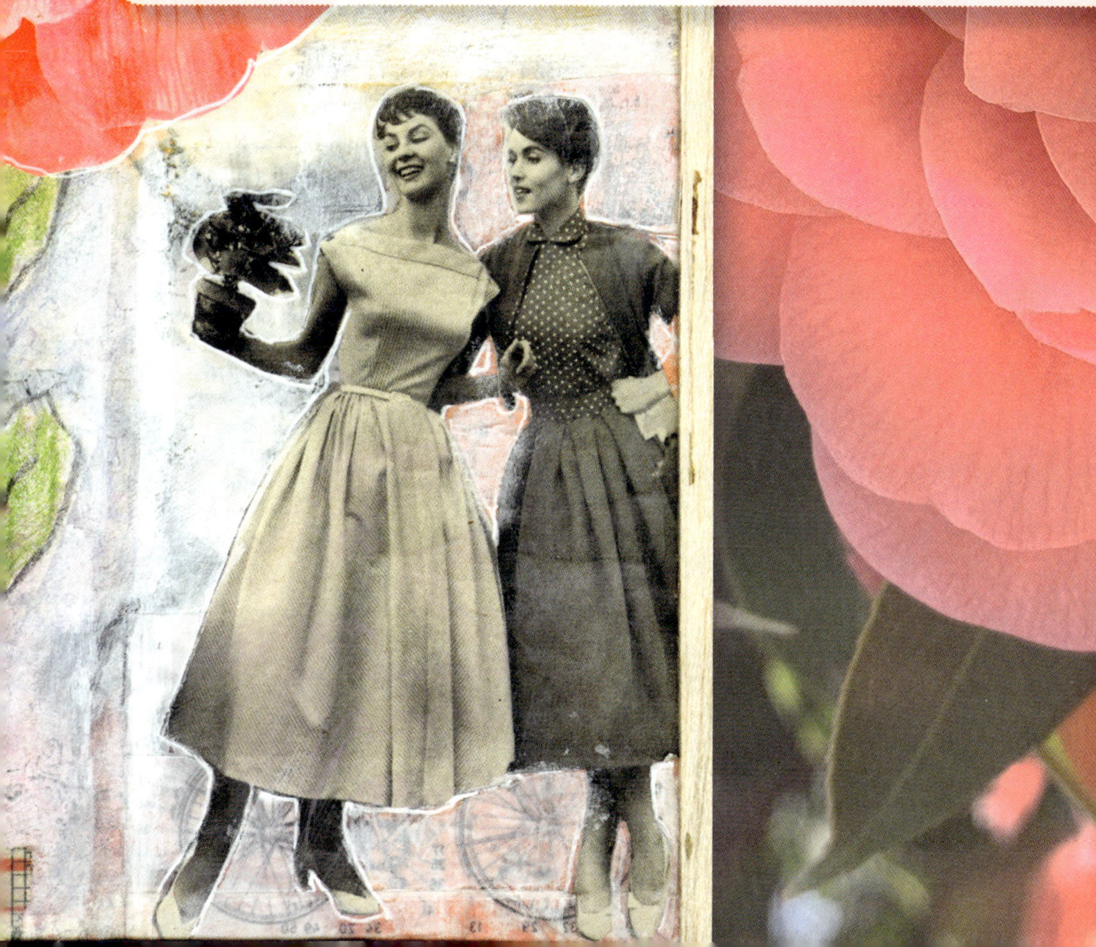

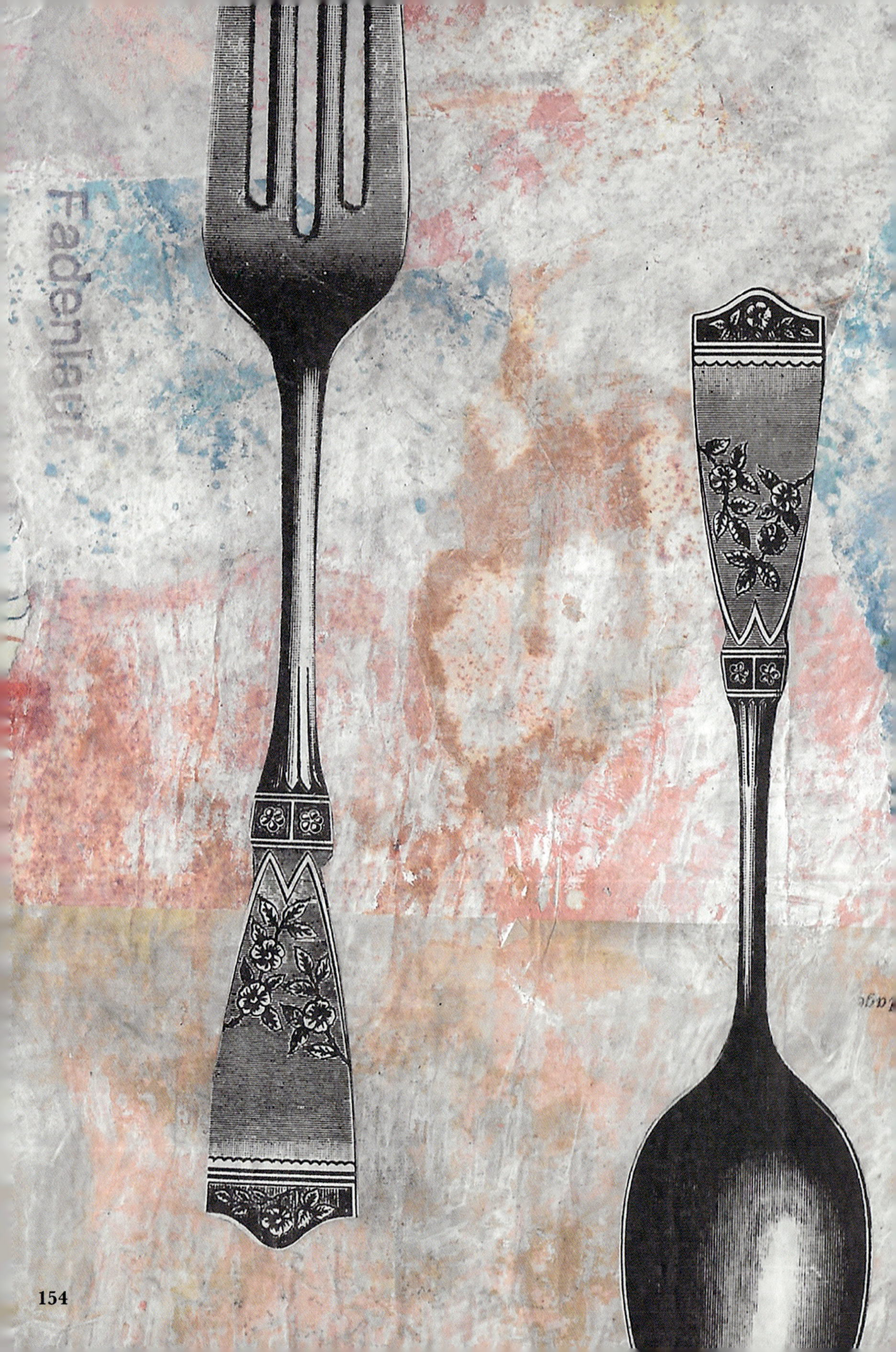

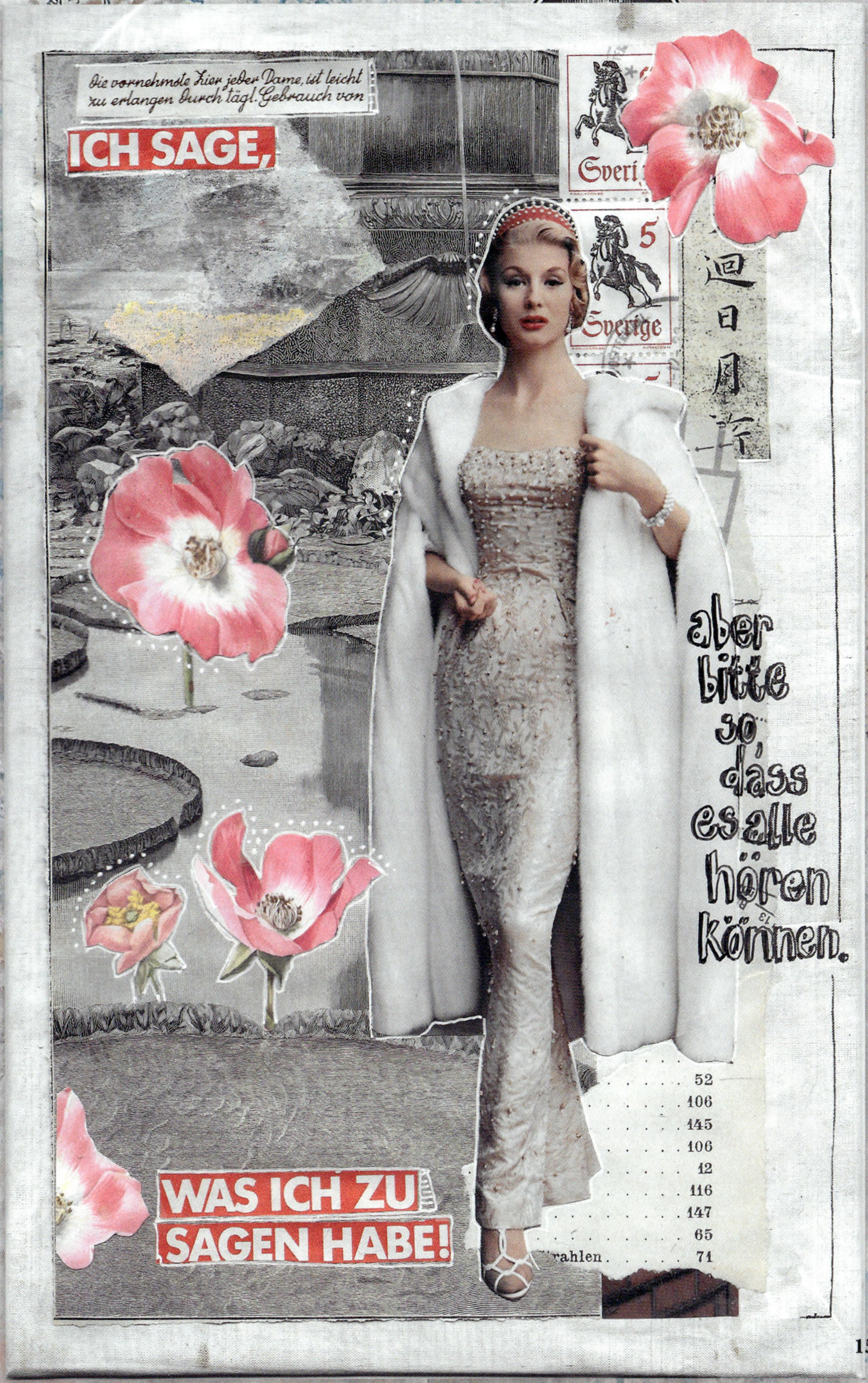
die vornehmste Zier jeder Dame, ist leicht zu erlangen durch tägl. Gebrauch von
ICH SAGE,
Sverige
WAS ICH ZU SAGEN HABE!
aber bitte so, dass es alle hören können.

Materialien entdecken und in Neues verwandeln

Ich habe immer wieder das Gefühl, mit meinen Projekten Schnipsel und Ungebrauchtes zu retten, das sonst im Müll landen würde. Schon als kleines Mädchen habe ich den Papierkorb meines Opas durchwühlt und unbedrucktes Papier, auf das ich zeichnen konnte, herausgeholt. Bei mir zu Hause mag ich es ordentlich und überschaubar. Im Atelier dagegen dürfen die Papierstapel wachsen und inspirierende Materialien sich anhäufen.
Wenn dir dieses Buch gefällt und du fasziniert bist von sogenannten Restmaterialien und ihren Möglichkeiten, interessiert dich sicher auch Folgendes:

Offcut-Materialmarkt in der Schweiz
In der Schweiz sind in den letzten Jahren fünf regionale Offcut-Materialmärkte entstanden. Offcut für Reste oder Abschnitt, oft nicht mehr gebraucht oder gewünscht. Anstatt im Keller oder in der Entsorgung landet das Material nun in einem der kunterbunten Läden. Diese sind aus einer Einzelinitiative entstanden und dank vielen engagierten Mitstreitenden zu beliebten Fundorten mit echten Materialschätzen geworden. Die gespendeten Gebraucht- und Restmaterialien werden in der Regel zur Hälfte des ursprünglichen Warenwertes weiterverkauft. Textilien, Holz, Papier, Schaumstoffe, Glas und Bastelartikel, um nur einen Teil davon zu nennen.
Die Offcut-Märkte werden immer mehr auch zu einer Plattform für Inspiration, Ideenaustausch und Projektentwicklung. Sie vernetzen Menschen aus Schule, bildender Kunst, Theater oder einfach kreativ Interessierte. Mit Teamanlässen und Workshops regen sie zu einem nachhaltigen und verantwortungsbewussten Umgang mit unseren Ressourcen an.
www.offcut.ch

Initiativen für Materialkreisläufe im deutschsprachigen Raum
Die lokalen Materialinitiativen aus Deutschland, Österreich und der Schweiz haben sich vernetzt. Als „IfM – Initiativen für Materialkreisläufe" bieten sie allen, die Material brauchen oder abzugeben haben, eine zentrale Plattform, auf der sie alle wichtigen Infos zu den Materialinitiativen in ihrer Region finden. Es geht dabei nicht nur um den unbestrittenen Sinn der Sache, sondern auch um die Freude, die es macht, Menschen zu bestaunen, die ausrangiertem Material ein zweites Leben einhauchen und daraus kreativ etwas Neues zaubern.
www.material-initiativen.org

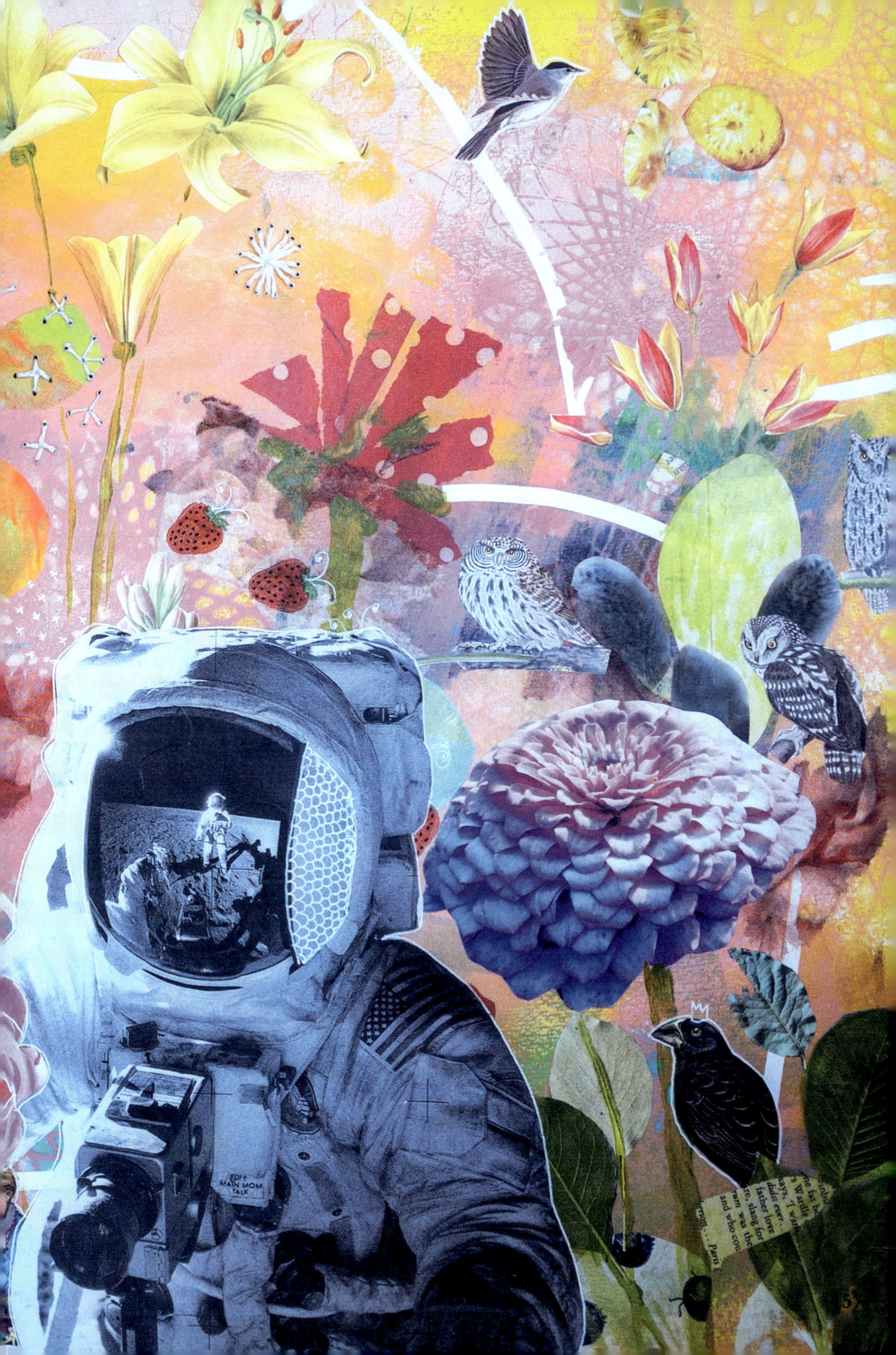
MAIN MOM
TALK

„Das Leben bietet uns einen reichen Schatz an Erlebnissen, Erfahrungen und Geschichten. Let`s do something with it. „

Ich habe mir gewünscht, aus der Inspirationsfülle der letzten zehn Jahre ein Buch zu machen. Dabei kam für mich nur ein Verlag in Frage ... Dass dies so geklappt hat, verdanke ich meinem Dranbleiben, viel Glück und schlussendlich dem Haupt Verlag in Bern. Danke sagen möchte ich insbesondere meiner Lektorin Heidi Müller. Ich schätze ihre Sorgfalt, Herzlichkeit und Professionalität und habe während der Entstehung dieses Buches viel Neues lernen dürfen.
Ich danke meiner Familie, meinen Schwestern, meinem kunstbegeisterten Sohn, meinen Freund:innen und den Teilnehmenden an meinen Workshops. Ich danke den Menschen, die sich von meiner Kunst und meinen Projekten verzaubern lassen.
Danke an alle, die mir in meinem Leben begegnet sind, mich inspiriert und begeistert haben, und auch denen, die es mir nicht so leicht gemacht haben. Dank ihnen allen verfüge ich über einen reichen Schatz an Geschichten und Erfahrungen, die sich in meinen Arbeiten oft unbemerkt ausdrücken und mich dazu drängen, nie mit dem Gestalten aufzuhören.

www.regulastucki.ch

Regula Stucki

lebt und arbeitet in Bern / Schweiz. Hält sich am liebsten in der Stadt oder am Wasser, in ihrem Atelier oder im Theater und in Konzertlokalen auf.

immer mit dabei:

- Schere und Leim
- Clownnase
- Blick für das Schöne
- Glücksschwein Freddie
- Lippenstift
- Wissenshunger

widerspenstige Strähne

mag sehr:

- Papier
- Tupfen
- Rosenduft
- Gesso
- Spaghetti
- Tanzen
  - Lachen
  - Menschen
  - Papiergeraschel
  - english memories
  - N.J.

Lebensmotto: Lobe den Tag schon vor dem Abend.

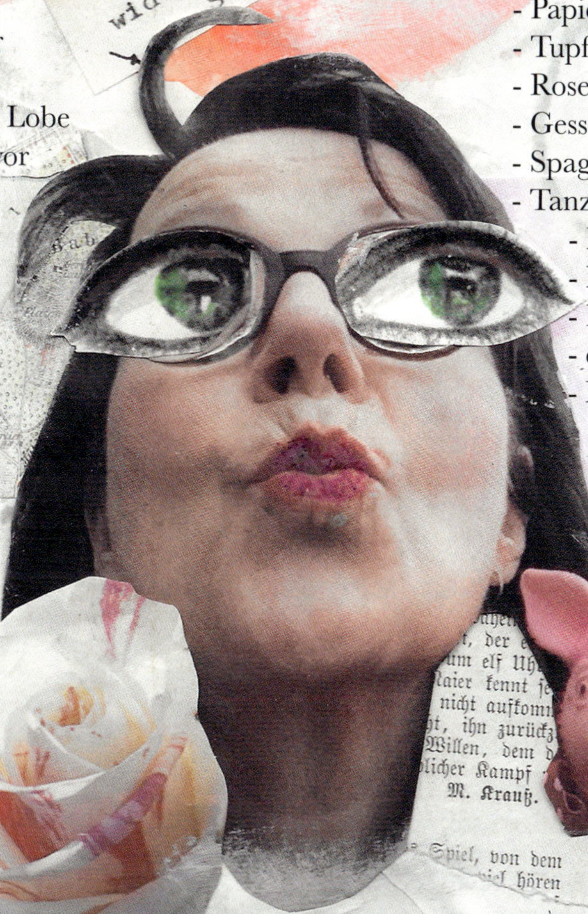

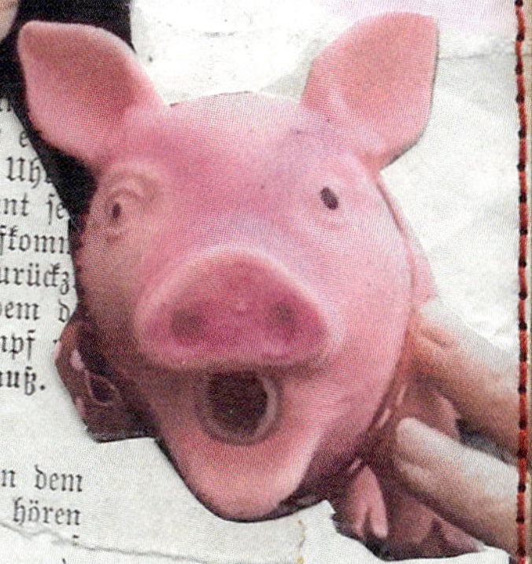

zwilling mit Aszendent SCHÜTZE

Mitbringsel:

Erfahrungen als Schreibende, Gestaltende, Komödiantin und Spitalclown sowie als Mutter, Tochter, Schwester und in vielen anderen Frauenrollen.

1. Auflage: 2024

ISBN 978-3-258-60272-1

Umschlag, Gestaltung und Satz: Regula Stucki
Collagen und Projekte: Regula Stucki
Lektorat: Heidi Müller, Haupt Verlag

Alle Rechte vorbehalten.
Copyright © 2024Haupt Verlag, Bern
Jede Art der Vervielfältigung ohne Genehmigung des Verlags ist unzulässig.

Wir verwenden FSC®-zertifiziertes Papier. FSC® sichert die Nutzung der Wälder gemäß sozialen, ökonomischen und ökologischen Kriterien.
Gedruckt in Slowenien

MIX
Papier | Fördert gute Waldnutzung
FSC® C106954

Diese Publikation ist in der Deutschen Nationalbibliografie verzeichnet. Mehr Informationen dazu findest du unter http://dnb.dnb.de.

Der Haupt Verlag wird vom Bundesamt für Kultur für die Jahre 2021–2024 unterstützt.

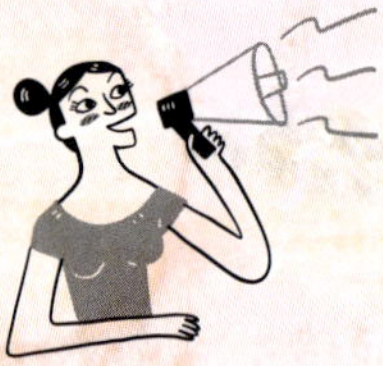

© Huza Studios, Shutterstock

Du möchtest nichts mehr verpassen?

Folge uns auf unseren Social-Media-Kanälen und bleibe via Newsletter auf dem neuesten Stand.

www.haupt.ch/informiert

Wir verlegen unsere Bücher mit Freude und großem Engagement. Daher freuen wir uns immer über Anregungen zum Programm und schätzen Hinweise auf Fehler im Buch, sollten uns welche unterlaufen sein.

www.haupt.ch

Die Quellen von fremden Zitaten sind alle angegeben. Wenn kein Name unter einem Zitat oder einer Behauptung steht, stammen diese aus der Feder von Regula Stucki und dürfen mit Quellenangabe weiterverwendet werden. Etwaige Auslassungen in Bezug auf Kopien oder Danksagungen sind unbeabsichtigt und werden in künftigen Ausgaben angemessen gewürdigt, wenn sich die Urheberrechtsinhaber:innen mit dem Verlag in Verbindung setzen.

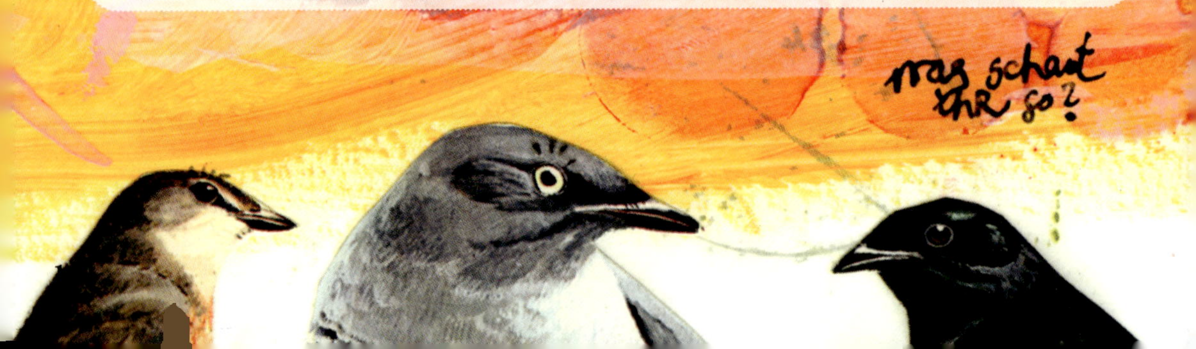